"十三五"国家重点图书出版规划项目

中国北方及其毗邻地区综合科学考察

董锁成　孙九林　主编

中国北方及其毗邻地区土地利用/土地覆被科学考察报告

张树文　朱华忠等　著

科学出版社

北　京

内 容 简 介

本书系统总结了中国北方及其毗邻地区土地利用/土地覆被的基本状况，包括中国北方及其毗邻地区 LUCC 科学考察报告、全球 LUCC 数据对比分析、基于 MODIS 物候特征的黑龙江流域土地覆被分类、考察区中俄蒙三国 LUCC 对比分析、典型土地覆被类型——积雪覆被的时空变化分析、土地覆被发生火灾后火烧迹地的提取与制图、中国东北地区典型的农林交错带时空变化与土地利用景观特征研究。

本书可供国土资源和环境保护机构人员及从事环境生态遥感与地理信息系统等研究的人员、大专院校相关专业师生借鉴与参考。

图书在版编目（CIP）数据

中国北方及其毗邻地区土地利用/土地覆被科学考察报告 / 张树文等著. —北京：科学出版社，2016.4

（中国北方及其毗邻地区综合科学考察）

"十三五"国家重点图书出版规划项目

ISBN 978-7-03-044908-5

Ⅰ.①中… Ⅱ.①张… Ⅲ.①土地利用-科学考察-考察报告-东亚 ②土地-覆被-考察报告-东西 Ⅳ.①F331.011

中国版本图书馆 CIP 数据核字（2015）第 124917 号

责任编辑：李 敏 周 杰／责任校对：钟 洋
责任印制：肖 兴／封面设计：黄华斌 陈 敬

科学出版社 出版
北京东黄城根北街16号
邮政编码：100717
http://www.sciencep.com

中国科学院印刷厂 印刷
科学出版社发行 各地新华书店经销

*

2016年4月第 一 版　　开本：787×1092　1/16
2016年4月第一次印刷　　印张：11 3/4
字数：300 000

定价：**108.00元**
（如有印装质量问题，我社负责调换）

中国北方及其毗邻地区综合科学考察丛书编委会

项目顾问委员会

主　任

孙鸿烈　中国科学院原常务副院长、中国青藏高原研究会名誉理事长、中国科学院院士、研究员

陈宜瑜　国家自然科学基金委员会原主任、中国科学院院士、研究员

委　员

方　磊　中国生态经济学会原副理事长、原国家计划委员会国土地区司司长、教授

李文华　中国生态学学会顾问、中国工程院院士、研究员

田裕钊　原中国科学院-国家计委自然资源综合考察委员会副主任、研究员

刘兴土　中国科学院东北地理与农业生态研究所，中国工程院院士、研究员

周晓沛　外交部原欧亚司司长、中华人民共和国驻哈萨克斯坦共和国大使馆原大使

李静杰　中国社会科学院原苏联东欧所所长、学部委员、研究员

陈　才　吉林大学东北亚研究院名誉院长、东北师范大学终身荣誉教授

刘纪远　中国自然资源学会名誉理事长、资源与环境信息系统国家重点实验室原主任、中国科学院地理科学与资源研究所研究员

中国北方及其毗邻地区综合科学考察丛书编委会

项目专家组

组　长

刘　恕　　中国科学技术协会原副主席、荣誉委员，中国俄罗斯友好协会常务副会长、研究员

副组长

孙九林　　中国工程院院士、中国科学院地理科学与资源研究所研究员

专　家

石玉林　　中国工程院院士、中国自然资源学会名誉理事长、研究员
尹伟伦　　中国工程院院士、北京林业大学原校长、教授
黄鼎成　　中国科学院资源环境科学与技术局原副局级学术秘书、研究员
葛全胜　　中国科学院地理科学与资源研究所所长、研究员
江　洪　　南京大学国际地球系统科学研究所副所长、教授
陈全功　　兰州大学草地农业科技学院教授
董锁成　　中国科学院地理科学与资源研究所研究员

中国北方及其毗邻地区综合科学考察丛书编委会

编辑委员会

主　编　董锁成　孙九林

编　委（中方专家按姓氏笔画排序）

王卷乐　叶舜赞　朱华忠　庄大方　刘曙光
江　洪　孙九林　李　宇　李旭祥　杨雅萍
何德奎　张树文　张　路　陈　才　陈全功
陈毅锋　欧阳华　胡维平　顾兆林　徐兴良
徐新良　董锁成

Tulokhonov Arnold（俄）　　Peter Ya. Baklanov（俄）
Mikail I. Kuzmin（俄）　　Boris A. Voronov（俄）
Viktor M. Plyusnin（俄）　　Endon Zh. Garmayev（俄）
Desyatkin Roman（俄）　　Dechingungaa Dorjgotov（蒙）

编委会办公室　李　宇　王卷乐　李泽红

《中国北方及其毗邻地区
土地利用/土地覆被科学考察报告》
撰写委员会

主　　笔　张树文　朱华忠

执笔人员　于灵雪　杨园园　杨　伟　杨久春
　　　　　　杨朝斌　颜凤芹　王让虎　王　晴
　　　　　　蒲罗曼　宁　佳　吕　妍　刘廷祥
　　　　　　李天奇　李　飞　贯　丛　杜云霞
　　　　　　陈　静　常丽萍　蔡红艳　卜　坤
　　　　　　贯　丛　石广义　万永坤

序 一

科技部科技基础性工作专项重点项目"中国北方及其毗邻地区综合科学考察"经过中、俄、蒙三国 30 多家科研机构 170 余位科学家 5 年多的辛勤劳动，终于圆满完成既定的科学考察任务，形成系列科学考察报告，共 10 册。

中国北方及其毗邻的俄罗斯西伯利亚、远东地区及蒙古国是东北亚地区的重要组成部分。除了 20 世纪 50 年代对中苏合作的黑龙江流域综合考察外，长期以来，中国很少对该地区进行综合考察，尤其缺乏对俄蒙两国高纬度地区的考察研究。因此，该项考察成果的出版将为填补中国在该地区数据资料的空白做出重要贡献，且将为全球变化研究提供基础数据支持，对东北亚生态安全和可持续发展、"丝绸之路经济带"和"中俄蒙经济走廊"的建设具有重要的战略意义。

这次考察面积近 2000 万 km^2，考察内容包括地理环境、土壤、植被、生物多样性、河流湖泊、人居环境、经济社会、气候变化、东北亚南北生态样带、综合科学考察技术规范等，是一项科学价值大、综合性强的跨国科学考察工作。系列科学考察报告是一套资料翔实，内容丰富，图文并茂的重要成果。

我相信，《中国北方及其毗邻地区综合科学考察》丛书的出版是一个良好的开端，这一地区还有待进一步深入全面考察研究。衷心希望项目组再接再厉，为中国的综合科学考察事业做出更大的贡献。

2014 年 12 月

序　　二

  2001 年，科技部启动科技基础性工作专项，明确了科技基础性工作是指对基本科学数据、资料和相关信息进行系统的考察、采集、鉴定，并进行评价和综合分析，以加强我国基础数据资料薄弱环节，探求基本规律，推动科学基础资料信息流动与利用的工作。近年来，科技基础性工作不断加强，综合科学考察进一步规范。"中国北方及其毗邻地区综合科学考察"正是科技部科技基础性工作专项资助的重点项目。

  中国北方及其毗邻的俄罗斯西伯利亚、远东地区和蒙古国在地理环境上是一个整体，是东北亚地区的重要组成部分。随着全球化和多极化趋势的加强，东北亚地区的地缘战略地位不断提升，越来越成为大国竞争的热点和焦点。东北亚地区生态环境格局复杂多样，自然过程和人类活动相互作用，对中国资源、环境与社会经济发展具有深刻的影响。长期以来，中国缺少对该地区的科学研究和数据积累，尤其缺乏对俄蒙两国高纬度地区的考察研究。因此，该项综合科学考察成果的出版将填补我国在该地区长期缺乏数据资料的空白。该项综合科学考察工作必将极大地支持中国在全球变化领域中对该地区的创新研究，支持东北亚国际生态安全、资源安全等重大战略决策的制定，对中国社会经济可持续发展特别是丝绸之路经济带和中俄蒙经济走廊的建设都具有重要的战略意义。

  《中国北方及其毗邻地区综合科学考察》丛书是中俄蒙三国 170 余位科学家通过 5 年多艰苦科学考察后，用两年多时间分析样本、整理数据、编撰完成的研究成果。该项科学考察体现了以下特点：

  一是国际性。该项工作联合俄罗斯科学院、蒙古国科学院及中国 30 多家科研机构，开展跨国联合科学考察，吸收俄蒙资深科学家和中青年专家参与，使中断数十年的中苏联合科学考察工作在新时期得以延续。项目考察过程中，科考队员深入俄罗斯勒拿河流域、北冰洋沿岸、贝加尔湖流域、远东及太平洋沿岸等地区，采集到大量国外动物、植物、土壤、水样等标本。该项考察工作还探索出利用国外生态观测台站和实验室观测、实验获取第一手数据资料，合作共赢的国际合作模式。如此大规模的跨国科学考察，必将有力地推进中国综合科学考察工作的国际化。

  二是综合性。从考察内容看，涉及地理环境、土壤植被、生物多样性、河流湖泊、人居环境、社会经济、气候变化、东北亚南北生态样带以及国际综合科学考察技术规范等内容，是一项内容丰富、综合性强的科学考察工作。

  三是创新性。该项考察范围涉及近 2000 万 km^2。项目组探索出点、线、面结合，遥感监测与实地调查相结合，利用样带开展大面积综合科学考察的创新模式，建立 E-Science 信息化数据交流和共享平台，自主研制便携式野外数据采集仪。上述创新模式和技术保障了各项考察任务的圆满完成。

  考察报告资料翔实，数据丰富，观点明确，在科学分析的基础上还提出中俄蒙跨国合作的建议，有许多创新之处。当然，由于考察区广袤，环境复杂，条件艰苦，对俄罗斯和蒙古全境自然资源、地理环境、生态系统与人类活动等专题性系统深入的综合科学考察还有待下一步全面展开。我相信，《中国北方及其毗邻地区综合科学考察》丛书的面世将对中国国际科学考察事业产生里程碑式的推动作用。衷心希望项目组全体专家再接再厉，为中国的综合科学考察事业做出更大的贡献。

2014 年 12 月

序 三

　　进入 21 世纪以来，我国启动实施科技基础性工作专项，支持通过科学考察、调查等过程，对基础科学数据资料进行系统收集和综合分析，以探求基本的科学规律。科技基础性工作长期采集和积累的科学数据与资料，为我国科技创新、政府决策、经济社会发展和保障国家安全发挥了巨大的支撑作用。这是我国科技发展的重要基础，是科技进步与创新的必要条件，也是整体科技水平提高和经济社会可持续发展的基石。

　　2008 年，科技部正式启动科技基础性工作专项重点项目"中国北方及其毗邻地区综合科学考察"，标志着我国跨国综合科学考察工作迈出了坚实的一步。这是我国首次开展对俄罗斯和蒙古国中高纬度地区的大型综合科学考察，在我国科技基础性工作史上具有划时代的意义。在该项目的推动下，以董锁成研究员为首席科学家的项目全体成员，联合国内外 170 余位科学家，利用 5 年多的时间连续对俄罗斯远东地区、西伯利亚地区、蒙古国、中国北方地区展开综合科学考察，该项目接续了中断数十年的中苏科学考察。科考队员足迹遍布俄罗斯北冰洋沿岸、东亚太平洋沿岸、贝加尔湖沿岸、勒拿河沿岸、阿穆尔河沿岸、西伯利亚铁路沿线、蒙古沙漠戈壁、中国北方等人迹罕至之处，历尽千辛万苦，成功获取考察区范围内成系列的原始森林、土壤、水、鱼类、藻类等珍贵样品和标本 3000 多个（号），地图和数据文献资料 400 多套（册），填补了我国近几十年在该地区的资料空白。同时，项目专家组在国际上首次尝试构建东北亚南北生态样带，揭示了东北亚生态、环境和经济社会样带的梯度变化规律；在国内首次制定 16 项综合科学考察标准规范，并自主研制了野外考察信息采集系统和分析软件；与俄蒙科研机构签署 12 项合作协议，创建了中俄蒙长期野外定位观测平台和 E-Science 数据共享与交流网络平台。项目取得的重大成果为我国今后系统研究俄蒙地区资源开发利用和区域可持续发展奠定了坚实的基础。我相信，在此项工作基础上完成的《中国北方及其毗邻地区综合科学考察》丛书，将是极富科学价值的。

　　中国北方及其毗邻地区在地理环境上是一个整体，它占据了全球最大的大陆——欧亚大陆东部及其腹地，其自然景观和生态格局复杂多样，自然环境和经济社会相互影响，在全球格局中，该地区具有十分重要的地缘政治、地缘经济和地缘生态环境战略地位。中俄蒙三国之间有着悠久的历史渊源、紧密联系的自然环境与社会经济活动，区内生态建设、环境保护与经济发展具有强烈的互补性和潜在的合作需求。在全球变化的背景下，该地区在自然环境和经济社会等诸多方面正发生重大变化，有许多重大科学问题亟待各国科学家共同探索，共同寻求该区域可持续发展路径。当务之急是摸清现状。例如，在当前应对气候变化的国际谈判、履约和节能减排重大决策中，迫切需要长期采集和积累的基础性、权威性全球气候环境变化基础数据资料作为支撑。在能源资源越来越短缺的今天，我国要获取和利用国内外的能源资源，首先必须有相关国家的资源环境基础资料。俄蒙等周边国家在我国全球资源战略中占有极其重要的地位。

中国科学家十分重视与俄、蒙等国科学家的学术联系，并与国外相关科研院所保持着长期良好的合作关系。1998年、2004年，全国人大常委会副委员长、中国科学院院长路甬祥两次访问俄罗斯，并代表中国科学院与俄罗斯科学院签署两院院际合作协议。2005年、2006年，中国科学院地理科学与资源研究所等单位与俄罗斯科学院、蒙古科学院中亚等国科学院相关研究所成功组织了一系列综合科学考察与合作研究。近年来，各国科学家合作交流更加频繁，合作领域更加广泛，合作研究更加深入。《中国北方及其毗邻地区综合科学考察》丛书正是基于多年跨国综合科学考察与合作研究的成果结晶。该项成果包括：《中国北方及其毗邻地区科学考察综合报告》、《中国北方及其毗邻地区土地利用/土地覆被科学考察报告》、《中国北方及其毗邻地区地理环境背景科学考察报告》、《中国北方及其毗邻地区生物多样性科学考察报告》、《中国北方及其毗邻地区大河流域及典型湖泊科学考察报告》、《中国北方及其毗邻地区经济社会科学考察报告》、《中国北方及其毗邻地区人居环境科学考察报告》、《东北亚南北综合样带的构建与梯度分析》、《中国北方及其毗邻地区综合科学考察数据集》、*Proceedings of the International Forum on Regional Sustainable Development of Northeast and Central Asia*。

2013年9月，习近平主席访问哈萨克斯坦时提出"共建丝绸之路经济带"的战略构想，得到各国领导人的响应。中国与俄蒙正在建立全面战略协作伙伴关系，俄罗斯科技界和政府部门正在着手建设欧亚北部跨大陆板块的交通经济带。2014年9月，习近平主席提出建设中俄蒙经济走廊的战略构想，从我国北方经西伯利亚大铁路往西到欧洲，有望成为丝绸之路经济带建设的一条重要通道。在上海合作组织的框架下，巩固中俄蒙以及中国与中亚各国之间的战略合作伙伴关系是丝绸之路经济带建设的基石。资源、环境及科技合作是中俄蒙合作的优先领域和重要切入点，迫切需要通过科技基础工作加强对俄蒙的重点考察、调查与研究。在这个重大的历史时刻，中国北方及其毗邻地区综合科学考察丛书的出版，对广大科技工作者、政府决策部门和国际同行都是一项非常及时的、极富学术价值的重大成果。

2014年12月

前　言

土地是人类赖以生存和发展的物质基础。随着人口的急剧增长和科学技术水平的不断提高，土地利用/土地覆被变化速率明显加快，土地覆被格局发生了巨大的转变，对地理环境等方面产生了深刻的影响，从而加剧了全球环境的变化。因此，我们全球变化研究的主要科学问题及研究战略，将土地利用/覆被变化（简称LUCC）研究遴选为优先领域。

中国北方及其毗邻地区在地理环境上是一个整体，生态环境格局复杂多样，气候条件和生态环境相互影响和制约。随着全球化、国际化趋势的不断增强，国与国之间、国家与区域之间在能源、资源、科技、军事、政治、经济等各个方面的竞争和合作都在不断加强。在该区域开展综合科学考察活动将极大地支持我国在全球变化领域的创新研究，支持国家生态安全、资源安全等重大战略决策的制定，对我国社会经济可持续发展具有重要意义。具体可通过以下五个方面的需求来反映：①自然资源开发利用和我国资源安全的战略需求；②地缘生态服务功能和我国生态安全的需要；③区域社会经济可持续发展的需求；④全球变化与区域响应研究的需要；⑤国际合作与区域科学综合研究的需要。

21世纪初期，中国科学院加强了与俄罗斯科学院、蒙古科学院等机构的科研合作，在该区域联合开展了一系列综合科学考察。中国科技部于2008年专门资助并启动了科技基础性工作科学考察项目"中国北方及其毗邻地区综合科学考察"，希望能通过联合科学考察和调查，加强对该区域本底资料的获取和分析，为在这一区域深入开展地球系统、全球变化和区域可持续发展研究提供数据支撑。

本书的目的是利用遥感技术对中国北方及其毗邻地区进行综合科学考察，获取土地利用/土地覆被野外考察数据，并系统获取该地区的基础地理数据，编制百万比例尺地理底图，制作系列地图图集，并通过国家科技基础条件平台，提供数据共享服务。

本书是在对中国北方及其毗邻地区开展科学考察的基础上，通过资料搜集、整理以及相关数据的综合分析，对该地区土地利用/土地覆被状况的系统归纳和总结。全书共分为三部分。第一部分为中国北方及其毗邻地区土地利用/土地覆被科学考察内容，系统总结了中国北方及其毗邻地区科学考察的过程。第二部分为黑龙江（阿穆尔河）流域土地覆被制图分析。该部分包括4个章节（第2章~第5章）：第2章对全球的土地覆被数据集进行了对比分析，并在黑龙江（阿穆尔河）流域进行不同数据集的精度验证与评估；第3章利用基于MODIS物候特征的方法对黑龙江（阿穆尔河）流域进行土地覆被分类，并在此基础上分析2000~2009年黑龙江（阿穆尔河）流域土地覆被的时空变化，在生成的2000~2009年土地覆被数据的基础上，对比分析了黑龙江（阿穆尔河）流域中俄蒙三国土地利用/土地覆被时空变化情况；第4章，对典型的季节性土地覆被类型——积雪进行遥感监测与时空特征分析，并分析其在全球变化背景下的变化趋势；第 5 章是对环境变化造成的火灾发生后火烧迹地的提取与分析，也是土地覆被变化的一个重要方面。最后一部分是中国东北地区的土地覆被制图，选择东北地区典型的生态脆弱区农林交错带进行提取、制图与分析，也反映了东北地区人类活动影响下土地覆被状态的一种响应。

本书由张树文、朱华忠负责全书的设计、组织和审定。各章节的主要作者如下：第 1 章张树文，朱华忠；第 2 章宁佳；第 3 章蔡红艳，张树文；第 4 章于灵雪；第 5 章杨伟；第 6 章刘廷祥。

由于本书涉及地理环境背景的各个方面，受专业水平和写作能力的限制，可能会有错误或不足之处，恳请读者批评指正。

作　者

2015 年 2 月

目　　录

第1章　中国北方及其毗邻地区土地利用/土地覆被科学考察 ⋯⋯⋯⋯⋯⋯⋯⋯ 1
　1.1　中国北方及其毗邻地区概述 ⋯⋯⋯⋯⋯⋯⋯⋯⋯⋯⋯⋯⋯⋯⋯⋯⋯⋯ 1
　1.2　土地利用/土地覆被科学考察 ⋯⋯⋯⋯⋯⋯⋯⋯⋯⋯⋯⋯⋯⋯⋯⋯⋯ 1
　1.3　俄罗斯贝加尔湖地区和蒙古科学考察 ⋯⋯⋯⋯⋯⋯⋯⋯⋯⋯⋯⋯⋯⋯ 4
　1.4　东北亚南北样带土地利用/土地覆被的梯度分布及其变化 ⋯⋯⋯⋯⋯⋯ 25
　1.5　中国北方地区考察区土地利用/土地覆被遥感调查考察 ⋯⋯⋯⋯⋯⋯ 28

第2章　全球土地覆被数据集对比分析 ⋯⋯⋯⋯⋯⋯⋯⋯⋯⋯⋯⋯⋯⋯⋯⋯⋯ 36
　2.1　数据集介绍与处理 ⋯⋯⋯⋯⋯⋯⋯⋯⋯⋯⋯⋯⋯⋯⋯⋯⋯⋯⋯⋯ 36
　2.2　数据集对比分析 ⋯⋯⋯⋯⋯⋯⋯⋯⋯⋯⋯⋯⋯⋯⋯⋯⋯⋯⋯⋯⋯ 38
　2.3　数据集验证 ⋯⋯⋯⋯⋯⋯⋯⋯⋯⋯⋯⋯⋯⋯⋯⋯⋯⋯⋯⋯⋯⋯⋯ 42

第3章　基于MODIS物候特征的黑龙江（阿穆尔河）流域土地覆被分类 ⋯⋯⋯ 46
　3.1　主要思路 ⋯⋯⋯⋯⋯⋯⋯⋯⋯⋯⋯⋯⋯⋯⋯⋯⋯⋯⋯⋯⋯⋯⋯⋯ 46
　3.2　数据处理及MODIS物候特征提取 ⋯⋯⋯⋯⋯⋯⋯⋯⋯⋯⋯⋯⋯⋯ 55
　3.3　生态气候分区 ⋯⋯⋯⋯⋯⋯⋯⋯⋯⋯⋯⋯⋯⋯⋯⋯⋯⋯⋯⋯⋯⋯ 64
　3.4　土地覆被分类系统 ⋯⋯⋯⋯⋯⋯⋯⋯⋯⋯⋯⋯⋯⋯⋯⋯⋯⋯⋯⋯ 65
　3.5　2001~2009年黑龙江（阿穆尔河）流域土地覆被变化分析 ⋯⋯⋯⋯⋯ 71
　3.6　黑龙江（阿穆尔河）流域植被物候特征时空动态格局分析 ⋯⋯⋯⋯ 73
　3.7　黑龙江（阿穆尔河）流域中、俄、蒙三国土地利用/土地覆被对比分析 ⋯⋯ 92

第4章　典型土地覆被类型——积雪时空变化分析 ⋯⋯⋯⋯⋯⋯⋯⋯⋯⋯⋯⋯ 96
　4.1　积雪数据集综述 ⋯⋯⋯⋯⋯⋯⋯⋯⋯⋯⋯⋯⋯⋯⋯⋯⋯⋯⋯⋯⋯ 96
　4.2　黑龙江（阿穆尔河）流域积雪覆盖时空变化分析 ⋯⋯⋯⋯⋯⋯⋯⋯ 100
　4.3　本章小结 ⋯⋯⋯⋯⋯⋯⋯⋯⋯⋯⋯⋯⋯⋯⋯⋯⋯⋯⋯⋯⋯⋯⋯⋯ 110

第5章　火烧迹地提取与制图 ⋯⋯⋯⋯⋯⋯⋯⋯⋯⋯⋯⋯⋯⋯⋯⋯⋯⋯⋯⋯ 112
　5.1　林火发生特征 ⋯⋯⋯⋯⋯⋯⋯⋯⋯⋯⋯⋯⋯⋯⋯⋯⋯⋯⋯⋯⋯⋯ 112
　5.2　基于MODIS时序数据的火烧迹地提取方法 ⋯⋯⋯⋯⋯⋯⋯⋯⋯⋯ 115
　5.3　2000~2011年黑龙江（阿穆尔河）流域火烧迹地制图及其分布特征 ⋯⋯ 126

第6章　中国东北地区农林交错带时空变化与土地利用景观特征研究 ⋯⋯⋯⋯ 130
　6.1　东北地区生态交错带空间分布与变化 ⋯⋯⋯⋯⋯⋯⋯⋯⋯⋯⋯⋯⋯ 130

6.2 东北地区农林交错带基本特征和时空变化 …………………………………… 134
6.3 东北地区农林交错带土地利用剖面分析 …………………………………… 141
6.4 基于景观指数的农林交错带土地利用格局变化分析 ……………………… 145
参考文献 ………………………………………………………………………… 154

第1章　中国北方及其毗邻地区土地利用/土地覆被科学考察

1.1　中国北方及其毗邻地区概述

中国北方及其毗邻地区（简称东北亚）的空间范围包括秦岭-淮河一线以北的中国北方地区（包括东北、华北和西北地区）、俄罗斯西伯利亚（包括外贝加尔边疆区[①]、伊尔库茨克、布里亚特等）及远东地区、蒙古。东北亚是一个资源相对集中、生态环境格局复杂、气候地带性多样、人地关系显著的地区。该地区海拔高度为 50~4000m，主要由平原、丘陵、山地等组成。由于纬度跨度大，该地区内的自然资源、生态环境与人类活动等具有典型的梯度变化特点。在气候上有大陆性气候和海洋性气候，温差较大，冬季 1 月平均气温-37~-2.5℃，夏季 7 月平均气温 11~30℃。该地区降水量有巨大差异，年降水量为 150~3500mm。人口密度从每平方千米人数小于 10 人到大于 1000 人，土地利用从集约化程度非常高到人类活动干预非常少，等等。

在全球变化的背景下，东北亚的地区特征对研究全球变化在该地区的响应、自身可持续发展等方面具有重要意义。美国、德国，以及亚洲的日本、韩国等国家在该地区开展了大量的科学研究合作和综合科学调查活动。21 世纪初，中国科学院加强了与俄罗斯科学院、蒙古科学院等机构的科研合作，联合在该地区开展综合科学考察。科技部于 2008 年专门资助并启动科技基础性工作专项重点项目"中国北方及其毗邻地区综合科学考察"，希望通过联合科学考察和调查，加强对该地区本底资料的获取和分析，为在该地区深入开展地球系统、全球变化和区域可持续发展研究提供数据支撑。

1.2　土地利用/土地覆被科学考察

本研究利用遥感技术对中国北方及其毗邻地区进行综合科学考察，获取了土地利用/土地覆被野外考察数据，系统获取了该地区的基础地理数据，绘制了 1∶100 万比例尺地理底图，制作了系列地图图集，并通过国家科技基础条件平台，提供数据共享服务。中国北方及其毗邻地区在地理环境上是一个整体，生态环境格局复杂多样，气候条件和生态环境相互影响和制约。随着全球化、国际化趋势的不断增强，国与国之间、国家与地区之间在能源、资源、科技、军事、政治、经济等各个方面的竞争和合作都在不断加强。在该地区开展综合科学考察活动将极大地支持中国在全球变化领域的创新研究，支持国家生态安全、资源安全等重大战略决策的制定，对中国社会经济可持续发展

[①] 2008 年 3 月 1 日，俄罗斯赤塔州和阿加布里亚特自治区正式合并为外贝加尔边疆区。

具有重要意义。具体可通过以下 5 个方面来反映：

1）自然资源开发利用和中国资源安全的战略需求；
2）地缘生态服务功能和中国生态安全的需要；
3）区域社会经济可持续发展的需求；
4）全球变化与区域响应研究的需要；
5）国际合作与区域科学综合研究的需要。

研究人员进行了 3 次中俄蒙联合考察、两次国内考察（东北和西北），获取了 270 个 GPS 点（图 1-1～图 1-3）。

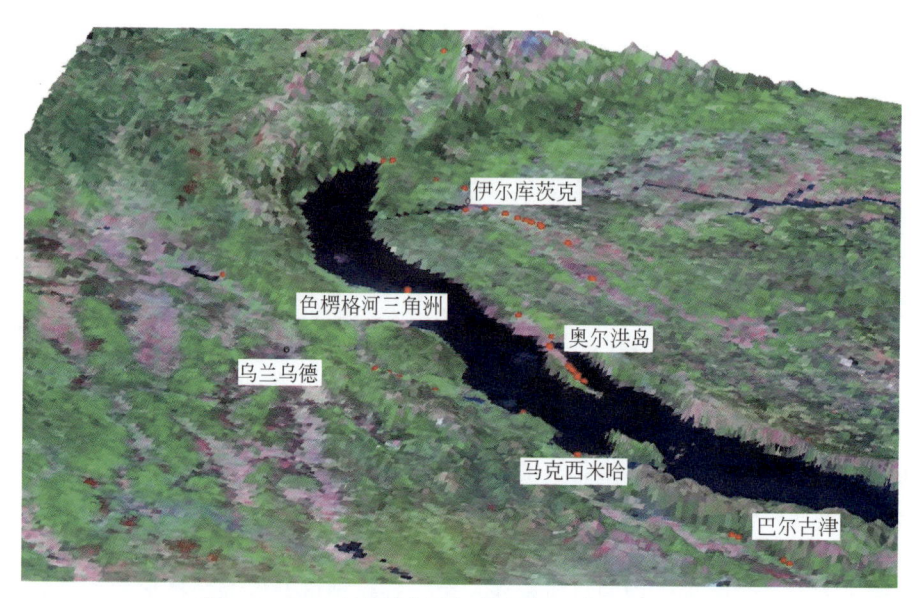

图 1-1　2008 年俄罗斯贝加尔湖科学考察 GPS 点位

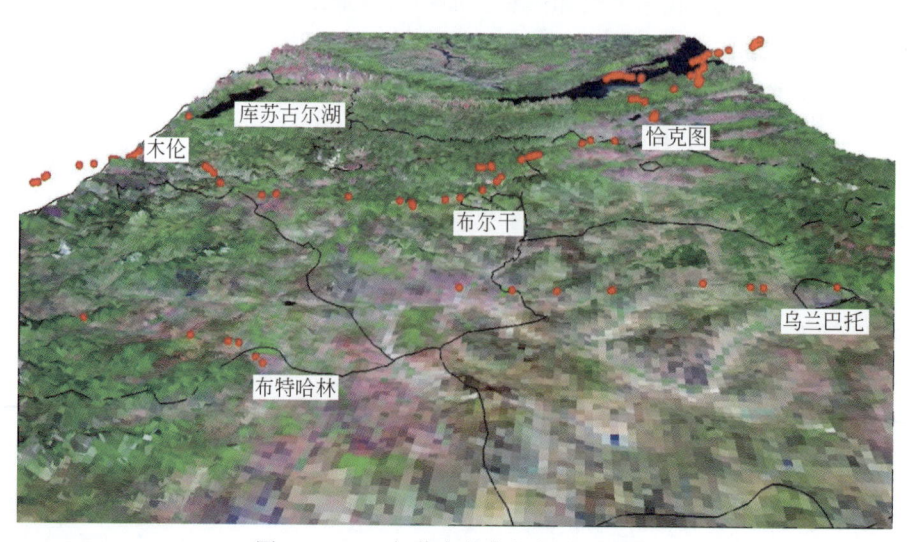

图 1-2　2008 年蒙古科学考察 GPS 点位

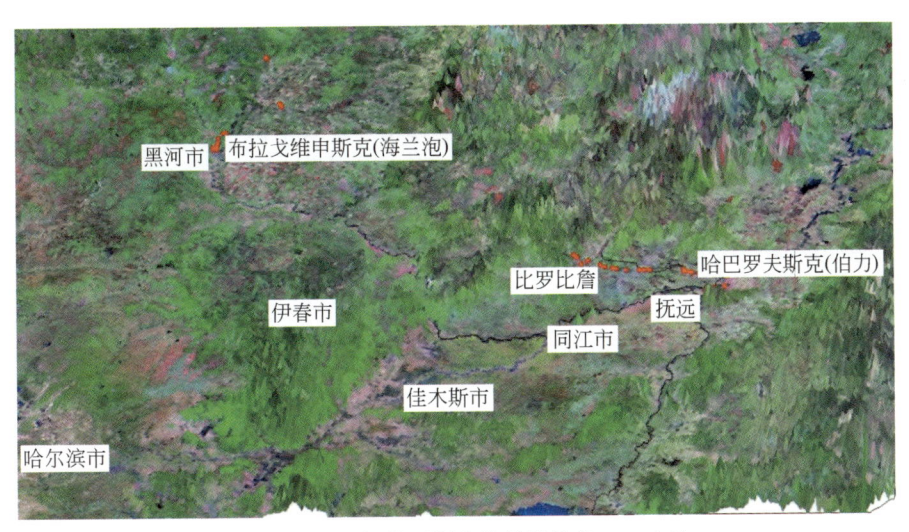

图 1-3 2010 年俄罗斯中线科学考察 GPS 点位

按照任务要求，收集、翻译并整合了考察区的行政界线、交通、水系分布［包括贝加尔湖流域（图 1-4）］、地形地貌以及数字高程模型（DEM）等系列空间数据，覆盖整个考察区的不同时相中低分辨率的 MODIS、TM/ETM+和中巴资源卫星等数据。编制了规范：①中国北方及其毗邻地区土地利用/土地覆被分类体系标准；②中国北方及其毗邻地区专题制图规范。编制了勒拿河考察参考图集。

在总结全球主要土地覆被分类系统的基础上，建立了基于 FAO 土地覆被分类框架的黑龙江（阿穆尔河）流域土地覆被分类系统；结合 MODIS 地表物候数据及地理数据集，利用监测决策树算法，提出了适合温带及北方地区的土地覆被分类方法框架。以此为基础，生成 2001~2009 年两期黑龙江（阿穆尔河）流域土地覆被数据（1：100 万比例尺精度）。收集了 5 类全球土地覆被产品，从数据使用者的角度，对比了 MODIS 和 GlobCover 数据集在黑龙江流域数量和空间分布的差异，并采用 Landsat TM/ETM+影像随机采样和野外照片验证两种方式对两个数据集的分类精度进行了验证。

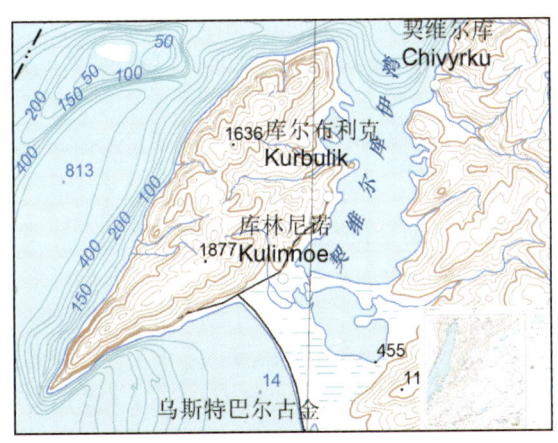

图 1-4 贝加尔湖流域 1：100 万地形图

收集 Bartalev 等（2003）利用 1999 年 SPOT 4-VEGETATION 遥感资料分类得到的东亚地区 1km 格网土地利用/土地覆被数据。基于该数据，提取了贝加尔湖地区土地利用各类型分布情况，并结合有关统计资料和土地政策分析了农业用地和人口变化的相关关系。完成并提交了《俄罗斯贝加尔湖地区土地利用考察报告》。完成了 2005 年中国北方 1 : 25 万土地利用/土地覆被遥感专题图编制。

1.3 俄罗斯贝加尔湖地区和蒙古科学考察

1.3.1 考察区要素基本情况及考察信息、样本收获

1.3.1.1 考察区基本情况介绍

（1）俄罗斯土地利用相关政策法规

1917 年，俄国发生二月资产阶级民主革命和十月无产阶级革命，统治俄国 300 多年的罗曼诺夫王朝被推翻，建立了第一个社会主义国家。1917 年 11 月 8 日（俄历 10 月 26 日），苏维埃第二次代表大会通过了《土地法令》。《土地法令》宣布立即没收地主、皇族和教会的土地，废除土地私有制，全部土地归国家所有，并无代价地交由农民使用。1922 年，《苏俄土地法典》永远地废除了土地、地下矿藏、水流和森林的私有权，使全部农业用地成为统一的国有土地，由农业人民委员部管理，而使用者则是农民和各种联合组织、城市的移民、国家机关和国家企业，买卖、赠送、抵押土地以及类似的行为都是不允许的。1968 年 12 月，苏联最高苏维埃通过了《苏联和各加盟共和国土地基本法》，这是苏联在相当长的一段历史时期内据以调整土地关系和进行土地管理的基本法律。在这个基本法律中，再次肯定了苏联的土地是国家所有的全民财产，供全民使用，禁止以任何方式破坏国家土地所有制。1990 年 2 月，苏联最高苏维埃通过了新的《苏联和各加盟共和国土地基本法》（简称《土地基本法》），以取代 1968 年的《苏联和各加盟共和国土地基本法》。《土地基本法》的显著特点是，它不像苏联以往任何有关土地的法律那样突出土地所有权属于国家，而是避开了土地所有制这一关键问题。该法没有明确提及土地所有权的归属，而是规定由苏维埃政府从自己掌管的土地中向苏联公民提供终身的、可被继承的土地。这一规定使苏联公民得到了土地使用权，但土地所有权仍然属于国家。

苏联解体后，独联体各国在经济上实行市场化，并在法律上确认私有财产权。俄罗斯联邦于 1991 年 4 月 21 日发布了《俄罗斯联邦土地法典》，正式确认公民私人土地所有权，并规定所有权人可以按照自己的意愿，在不改变土地用途的前提下占有和使用土地。2001 年，俄罗斯对 1991 年《俄罗斯联邦土地法典》进行了修订。除《俄罗斯联邦土地法典》之外，俄罗斯还颁布实施了一些与土地政策相关的重要法规（表 1-1）。俄罗斯新农业法——《联邦农业发展法》于 2006 年 12 月 27 日获得俄罗斯联邦委员会批准，29 日经普京总统签署，2007 年 1 月 11 日颁布生效。《联邦农业发展法》规定了农业发展的定义，规定了包括个人和法人团体在内的农产品生产者与其他个人、法人团体和政府部门之间的关系，阐述了政府农业政策的总体目标、原则、方向和措施，为在农

业发展领域实施社会经济政策确立了法律基础。《联邦农业发展法》还规定，政府必须每5年制定一个农业发展和市场调节规划，以确定具体的配套措施和预算。

表1-1 俄罗斯土地利用相关法规

序号	名称	发布时间
1	《土地法令》	1917年11月8日
2	《苏俄土地法典》	1922年
3	《苏联和各加盟共和国土地基本法》	1968年12月13日
4	《俄罗斯农民农场法》	1990年12月
5	《俄罗斯联邦土地法典》	1991年4月21日 2001年10月25日
6	《俄罗斯联邦宪法》	1993年12月12日
7	《俄罗斯联邦民法典》	1995年
8	《联邦关于非商业性公民园艺、蔬菜种植和别墅团体法》	1998年3月11日
9	《农用土地流通法》	2002年6月26日
10	《联邦农户（农场）经济法》	2003年6月11日
11	《联邦个人家庭副业法》	2003年6月21日
12	《俄罗斯联邦森林法典》	2006年12月4日
13	《联邦农业发展法》	2007年1月11日
14	《2008~2012年农业发展、农产品市场调节、农村发展规划》	2007年7月

（2）俄罗斯土地利用/土地覆被基本情况

俄罗斯布里亚特共和国位于东西伯利亚南部，98°38′E~116°55′E、49°57′N~57°15′N。南邻蒙古，西邻俄罗斯图瓦共和国，北部、西北部与俄罗斯伊尔库茨克州接壤，东邻俄罗斯外贝加尔边疆区，南北长840km，东西长1160km，面积约为35万km²，人口约100万，是俄罗斯联邦21个加盟共和国之一。布里亚特共和国地形为典型的山地，海拔为500~700m。布里亚特共和国处于自然气候带的亚寒带，为明显的大陆性气候。气候特点为冬季漫长严寒，冬季气温处于-28~-18℃；夏季短促温暖，温度为14~22℃。年均降水量300mm左右，蒸发弱，相对湿度较高。布里亚特共和国有4/5的面积被森林覆盖，其他类型（包括草地、农田等）面积占1/5。树木种类主要是红松和冷杉，木材储备量达20亿m³。

俄罗斯伊尔库茨克州位于东西伯利亚南部，贝加尔湖以西，95°32′E~119°10′E、50°55′N~64°15′N。南邻蒙古，西邻俄罗斯图瓦共和国、克拉斯诺亚尔斯克边疆区和埃文基自治区，北部与俄罗斯萨哈（雅库特）共和国接壤，东邻俄罗斯布里亚特共和国和外贝加尔边疆区，南北长约1400km，东西约1500km，面积约76万km²，大部为山地，平均海拔500~700m，人口约278万。北、中部为中西伯利亚高原的一部分，西南为东萨彦岭，东为贝加尔湖沿岸山脉和斯塔诺夫高原。伊尔库茨克处于自然气候带的亚寒带，为明显的大陆性气候，气候特点为冬季漫长严寒，气温处于 $-33 \sim -15$℃；夏季短促温暖，温度为 $17 \sim 19$℃。年均降水量 $350 \sim 430$mm，蒸发弱，相对湿度较高。伊尔库茨克大约有 76% 的面积被森林覆盖，草地、农田约占 24%。木材储量达 92 亿 m^3，占俄罗斯木材储量的 10% 以上。

俄罗斯外贝加尔边疆区在东西伯利亚贝加尔湖以东。东南和南部分别同中国和蒙古毗邻，面积 43.15 万 km^2，人口约 136 万。全境以山地为主，最高点海拔约 3000m。中部和东南部有宽广的山间河谷平原。全州 60% 的土地资源被森林覆盖，木材蓄积量达 20 多亿立方米，主要树种为落叶松，占该州原始森林带的 70%，其他土地利用覆盖类型（草地、农田等）占 40%。外贝加尔边疆区贝加尔湖以东部分是巨大的农业区域，是专业细毛绵羊的放牧地，肉奶和肉类动物养殖业、养猪业、家禽养殖业在这里都有很大的发展。外贝加尔边疆区中心区、南部区和东南区是植物（含作物）栽培的主要地带。

（3）蒙古土地利用相关政策法规

1921 年至今，蒙古土地相关法规随着社会制度的变化经历了从土地公有化时期到土地人民公社化时期再到现在的土地所有权和使用权双轨制度。

1921 年 5 月 21 日，蒙古人民临时政府出台了《关于消除土地私有化问题的规定》。这是蒙古独立以来第一部关于土地方面的宪法性文件，该文件规定："土地是蒙古的基本生产资料，应消除土地上个人无限的使用权。"本条规定的言外之意是历史上蒙古土地是归私人所有的，但此条规定的目的是"禁止任何土地交易的行为，着重声明土地是属蒙古国家所有的财产。"该文件的出台标志着蒙古土地从此开始归国家所有，并消除私人的土地所有权，新土地制度建立。1924 年的《蒙古人民共和国宪法》第 3 条规定："在蒙古人民共和国范围内的土地、矿产、森林、水域及其资源只属于人民，从古到今蒙古的土地都归全体人民所有。"为了贯彻落实宪法的规定，蒙古政府颁布了多部行政法规。蒙古土地管理局于 1926 年颁布的第 227 号文件《关于使用土地、草原的规定》中指出："禁止牧民之间发生任意占用草场、利用草场纠纷等现象。当地的领导机构根据牧民居住和草场利用的情况，及牲畜的多寡，平衡当地牧民草场分配的利益。"1928 年 6 月 29 日，蒙古政府颁布《牧民在本国范围内占有草原的暂行规定》，明确指出"禁止牧民跨旗游牧，但遇到自然灾害确有必要跨旗游牧的，应提前获得进入草场的批准"。1935 年 9 月 25 日，蒙古上议会颁布《利用土地草场的规定》："本国公民、国家或合作社的工厂企业、公共机构可以无偿无期限地使用土地和草原，外国人可以有偿租用本国的土地和草原。"

1940 年 6 月 30 日通过的《蒙古人民共和国宪法》规定："土地及地下资源、森林、水域等都是人民共同所有的财产，不得私人所有。"该法第 8 条规定："土地是人民的共同财产，公民、劳动人民自愿合作社可以无偿地占有土地，进行放牧或耕种。"该法第 13 章"公民基本权利义务"第 88 条"……为了发展畜牧业，无偿使用草场……"的规定和第一部宪法的规定基本相同。1942 年通过的《土地法》允许公民、生产队或合作社、工厂等无偿地、无期地使用草原和耕地。

1960 年 7 月 6 日通过的《蒙古人民共和国宪法》第 10 条规定："土地及地下资源、

森林、水域、国家工厂、矿产、发电厂、铁路、汽车、水运、空运、公路、通信设施、银行、农村工厂企业（金融经济、畜牧业、机械厂等）、城市房地产、国家生产原料、资源、产品、国家供销社、科学文化处和国家机关单位的所有财产属于国家所有，即全体人民所有。"1971 年 11 月 30 日通过的《土地法》的目的是建立科学有效的土地利用制度，保护土地，提高土地使用的效率。在蒙古土地法律历史上，此部法律首次以土地的使用方式为分类标准，将土地分为以下 6 类：①农业用地；②城市占有土地；③专用土地；④国家的森林储备地；⑤国家储备地；⑥国家水资源储备地等。

20 世纪 80 年代末 90 年代初，蒙古社会体制发生了巨大变化，国家性质由社会主义转为资本主义，经济制度则从社会主义计划经济体制转变为资本主义市场经济体制。1992 年颁布的《蒙古国宪法》成为建立国家土地制度的宪法依据。该法在土地制度方面有以下重要的规定：①土地属于全蒙古国人民，受国家保护。②除分给蒙古国公民所有以外，土地均为国家所有。③除草场、公用和国家特需地外，土地可以分给蒙古国公民所有。④禁止公民以出让、赠送、抵押等方式将私有土地转移外国公民或无国籍人所有；占有、使用土地，必须经国家主管部门批准，否则不得占有和利用。⑤国家有权规定土地所有者承担与其占有地相适应的义务，因国家专用利益，可有偿调整或收回土地。使用土地时，若危害人民健康、自然环境和国家安全，国家有权没收。⑥国家允许外国公民、法人、无国籍人有偿、有期限或依照法律的特殊规定使用土地。蒙古现行宪法允许私人拥有土地所有权，在以国家为所有权主体的土地上设定占有权和使用权，为本国公民、法人、其他组织及外国人充分利用土地提供了宪法依据。在 1992 年宪法的基础上，1994 年蒙古国制定了《土地法》，落实国有土地占有使用权的宪法规定。该法主要调整公民、法人、其他组织土地占有使用权方面的法律关系。蒙古国政府为了保障土地法的有效实施，颁布了一系列相应的行政法规。如 1995 年蒙古国政府颁布的《关于土地法实施办法》、《土地规划规定》、《将土地归入国家专有土地的规定》等。为了适应土地方面出现的新情况，蒙古国大呼拉尔（国会）2002 年 6 月 7 日修订了《蒙古国土地法》，2002 年 6 月 28 日制定了《蒙古国公民土地私有化法》，并制定了国家土地保护以及环境保护方面的法律，如 1995 年的《自然环境保护法》、《保护国家特殊地法》、1997 年的《国家特殊保护地带法》、1998 年的《评估影响自然环境因素法》、1999 年的《土地规划法》，2002 年的《土地费用法》，还有民事、行政、刑事法律法规中调整土地法律关系的规定。1992 年规定的《蒙古国宪法》成为蒙古国建立平等、自由、民主社会的宪法依据，当然也是建立国家土地制度的宪法依据。

(4) 蒙古土地利用/土地覆被基本情况

蒙古国土面积约 156.65 万 km^2，蒙古地形、地貌特征呈多样化状态。北部、西部为多山高原森林地区，南部、东部为戈壁平原地区。戈壁荒漠地区约占国土面积的 35%，山地森林带约占 5%，森林间草地约占 25%，典型草原约占 25%，其余 10% 为其他类型区。草原面积（含荒漠）占土地利用面积的 76%，适宜种植业的面积占 2%，水域面积占 1%。

1.3.1.2 考察区信息、样本的获取

三次中蒙俄联合考察获取了 270 个 GPS 点，并建立了遥感解译标志（表 1-2）；收

集并整理了水、土壤、大气、生物相关的专题图集,形成专题数据库(图1-5)。另外,收集了大量的图册(见1.2节)。

表1-2 通过考察建立了ETM遥感影像土地利用解译标志

序号	地物类型	ETM合成图像特征(波段7、波段4、波段2)	备注
1	赤松、落叶松林		呈深绿
2	白桦、杨树林、湿地灌丛		呈浅绿
3	草地		呈紫红色
4	耕地		纹理整齐清晰
5	退耕地		纹理是行道树,特征表现为粗纹理,颜色同草地

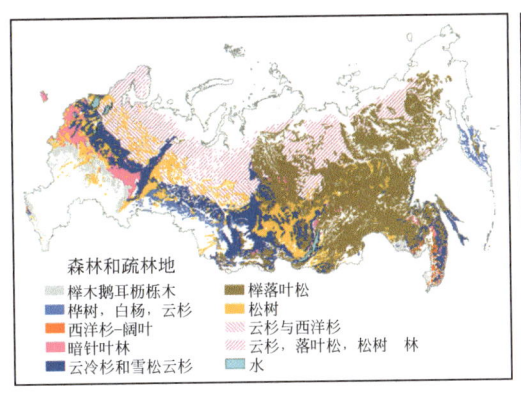

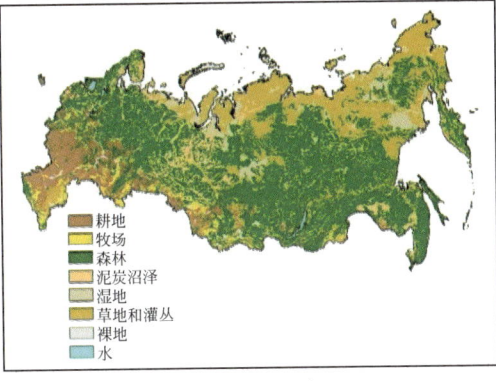

(a) 森林

(b) 土地覆被

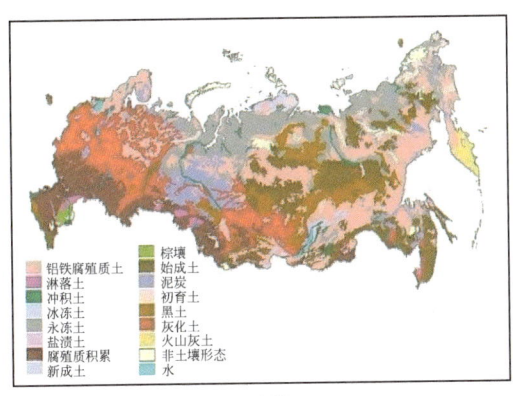

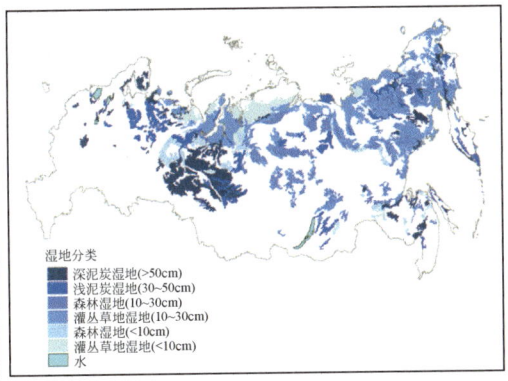

(c) 土壤

(d) 湿地

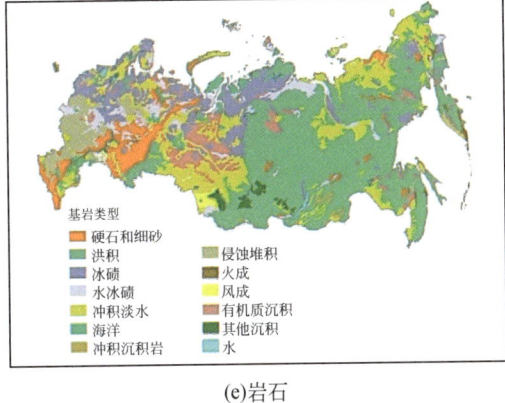

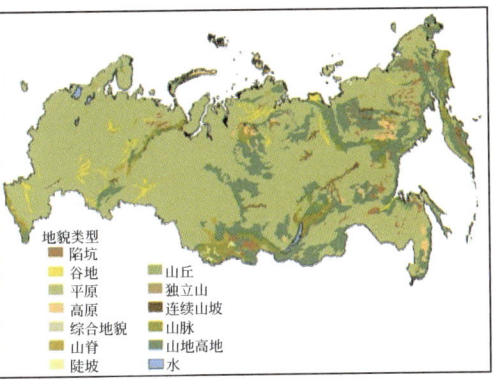

(e) 岩石

(f) 地貌

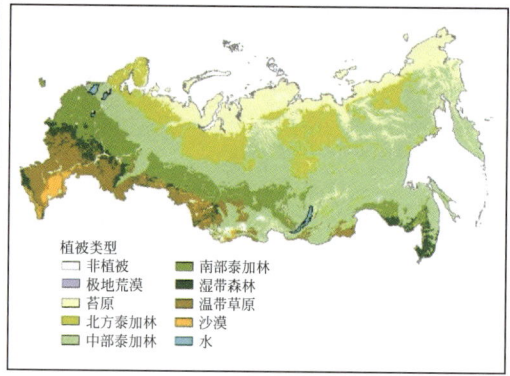

(g) 气象站

(h) 植被

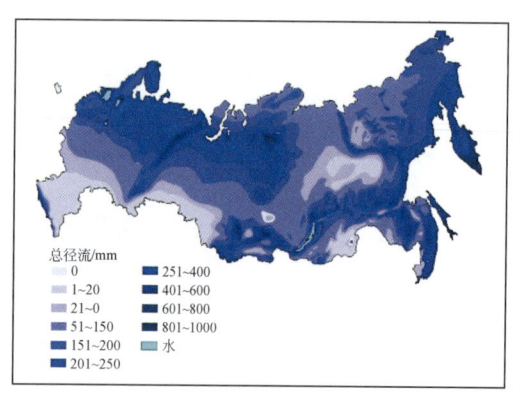

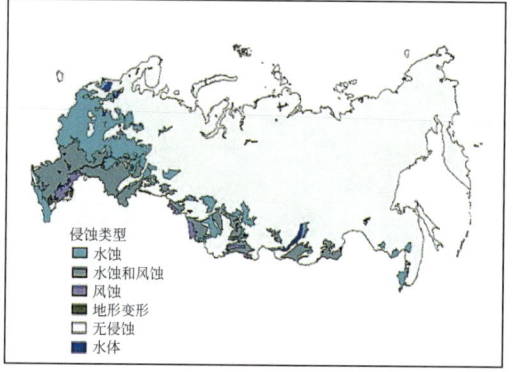

(i) 径流

(j) 侵蚀区

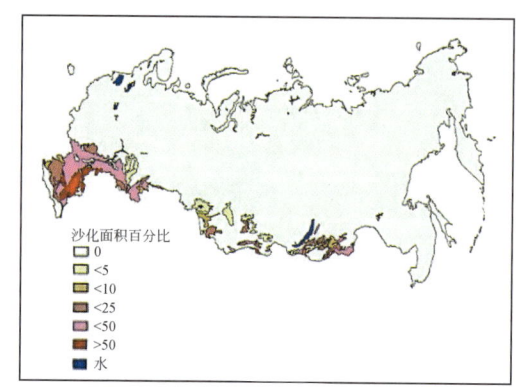

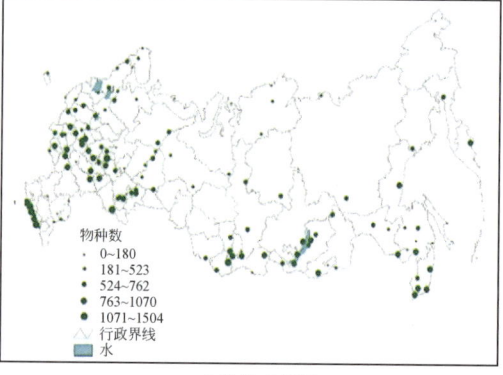

(k) 土壤沙化

(l) 生物多样性

图 1-5　与水、土壤、大气、生物相关的专题图集

1.3.2 考察区要素及生态和环境时空演变特点及地域分异规律

1.3.2.1 俄罗斯布里亚特共和国土地利用/土地覆被状况

根据 Bartalev 等（2003）1999 年 SPOT 4-VEGETATION 遥感资料分类结果（图 1-6）统计，布里亚特共和国的土地利用/土地覆被类型中，森林占主导地位（图 1-7～图 1-9），森林总面积 1977.5 万 hm^2，占布里亚特共和国面积的 55.9%。其中，落叶针叶林（主要树种为落叶松）面积 1405.5 万 hm^2，常绿针叶林（主要树种为云冷杉、红松、欧洲赤松）面积 364.1 万 hm^2，针阔混交林（主要树种为白桦、杨树、落叶松、欧洲赤松、红松等）面积 166.8 万 hm^2，落叶阔叶林（主要树种为白桦、杨树）面积 41.1 万 hm^2。灌丛面积 10.17 万 hm^2，占布里亚特共和国面积的 2.9%。草地面积 260.5 万 hm^2，占布里亚特共和国面积的 7.4%。沼泽湿地面积 79.1 万 hm^2，占布里亚特共和国面积的 2.2%。农田面积 263 万 hm^2，占布里亚特共和国面积的 7.4%，主要分布在布里亚特共和国南部的河谷地带。荒漠（苔原、裸岩等）面积 488.9 万 hm^2，占布里亚特共和国面积的 13.8%，主要分布在布里亚特共和国北部高山地带。火烧迹地（植被正处于恢复阶段）面积 125.9 万 hm^2，占布里亚特共和国面积的 3.6%。聚落（城镇用地）面积 2.3 万 hm^2，占布里亚特共和国面积的 0.1%。水体面积 238.5 万 hm^2，占布里亚特共和国面积的 6.7%（表 1-3）。

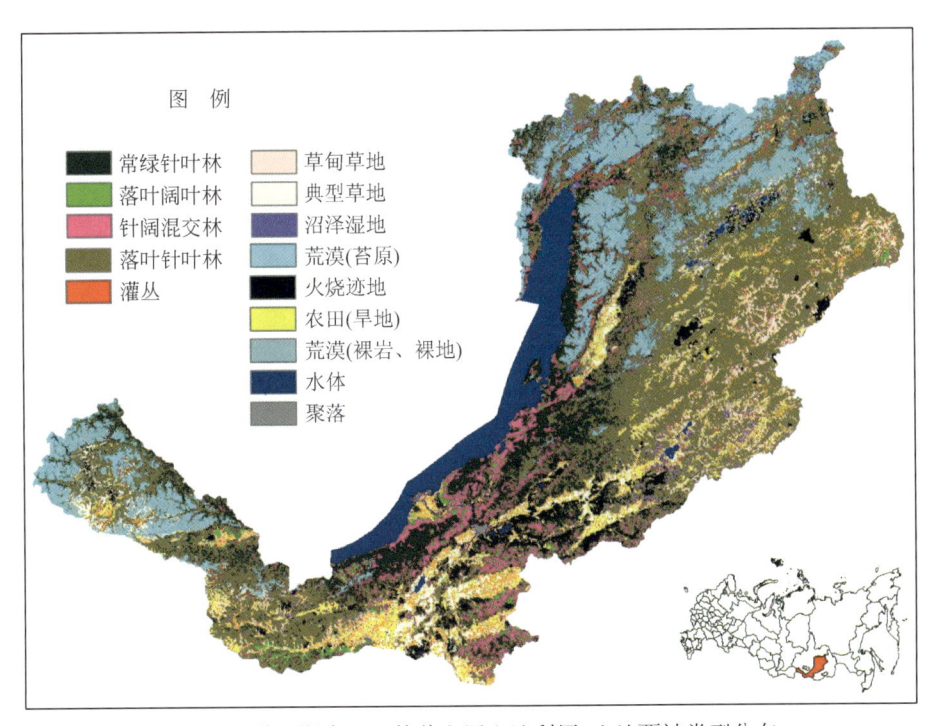

图 1-6 俄罗斯布里亚特共和国土地利用/土地覆被类型分布

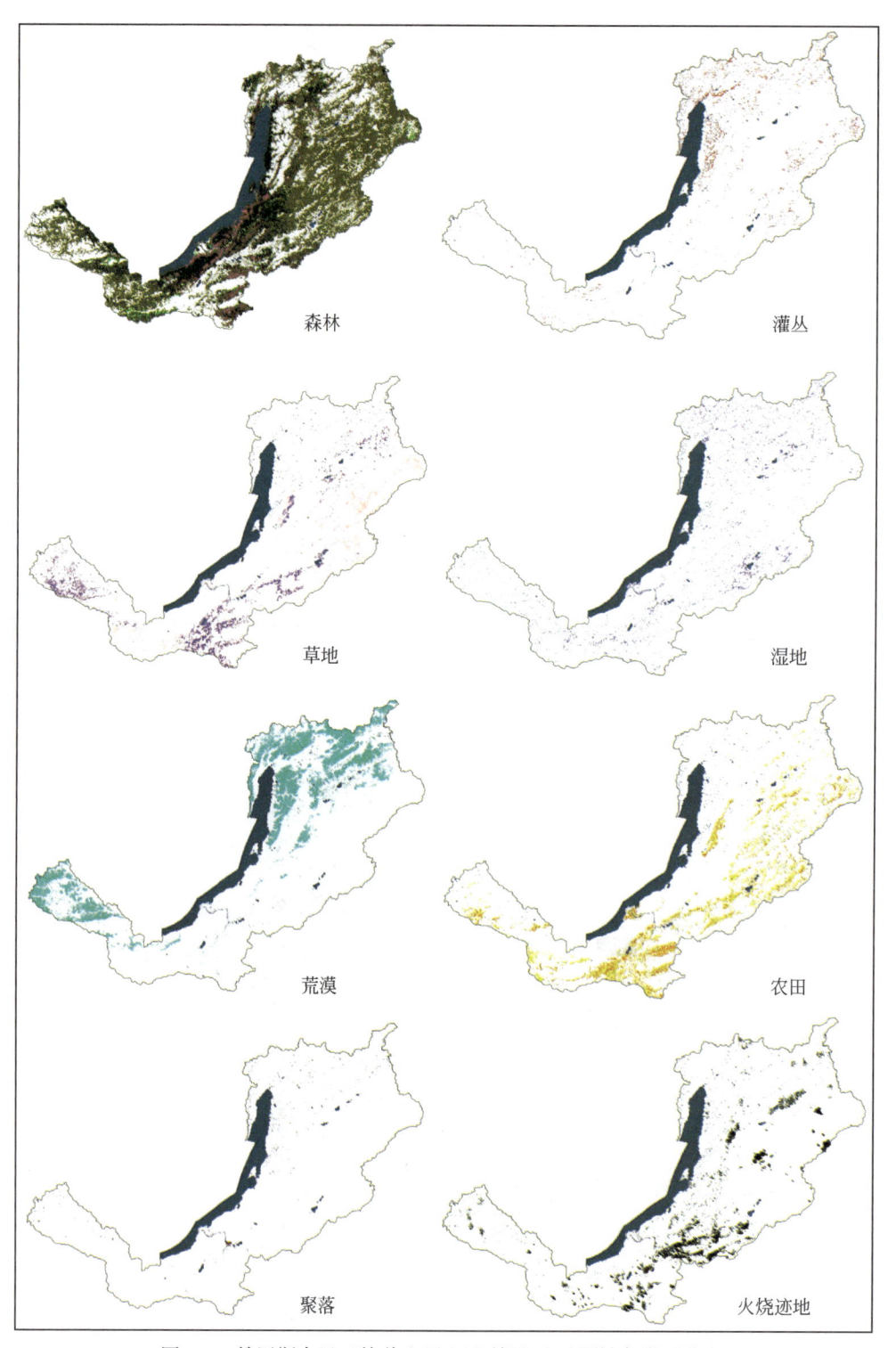

图1-7 俄罗斯布里亚特共和国土地利用/土地覆被各类型分布

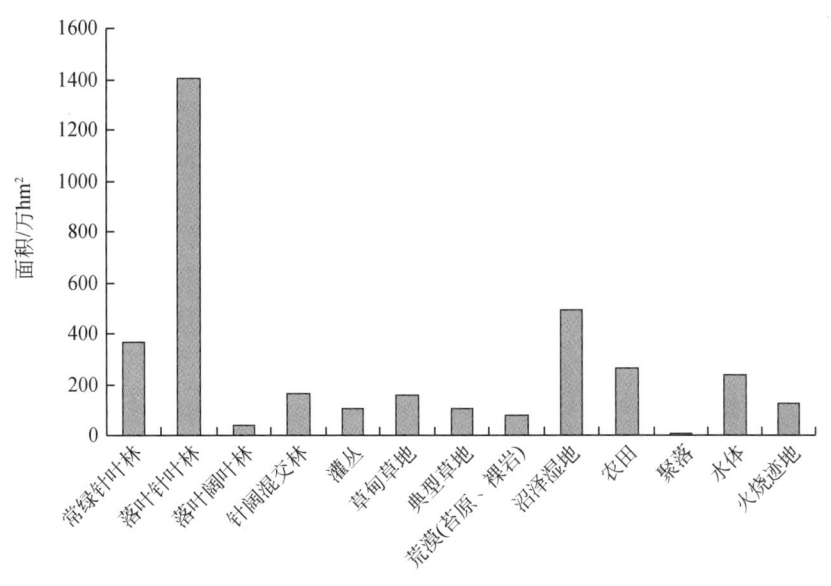

图 1-8　俄罗斯布里亚特共和国土地利用/土地覆被各类型面积

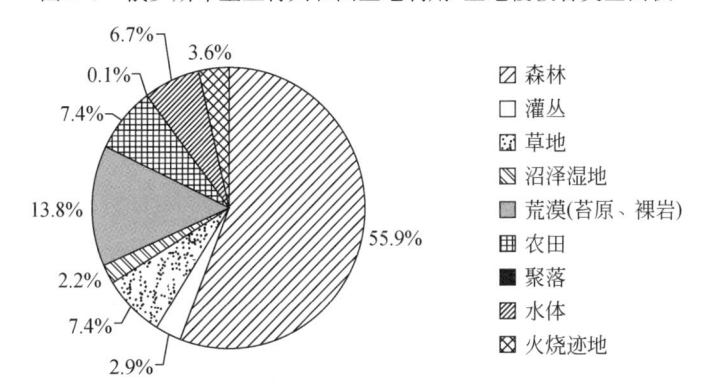

图 1-9　俄罗斯布里亚特共和国土地利用/土地覆被主要类型面积比例

表 1-3　俄罗斯布里亚特共和国土地利用/土地覆被类型面积统计

地区	序号	土地覆被类型	面积/万 hm²
布里亚特共和国	1	常绿针叶林	364.1
	2	落叶针叶林	1405.5
	3	落叶阔叶林	41.1
	4	针阔混交林	166.8
	5	灌丛	101.7
	6	草甸草地	156.1
	7	典型草地	104.4
	8	沼泽湿地	79.1
	9	荒漠（苔原、裸岩）	488.9
	10	农田	263
	11	聚落	2.3
	12	水体	238.5
	13	火烧迹地	125.9
		合计	3537.4

13

1.3.2.2 俄罗斯伊尔库茨克州土地利用/土地覆被状况

根据 Bartalev 等（2003）1999 年 SPOT 4-VEGETATION 遥感资料分类结果（图 1-10）统计，伊尔库茨克州的土地利用/土地覆被类型中，森林占主导地位（图 1-11、图 1-12、图 1-13）。森林总面积 6380.9 万 hm^2，占州面积的 85%。其中，落叶针叶林（主要树种为落叶松）面积 2598.2 万 hm^2，常绿针叶林（主要树种为云冷杉、红松、欧洲赤松）面积 2074.4 万 hm^2，针阔混交林（主要树种为白桦、杨树、落叶松、欧洲赤松、红松等）面积 1405.7 万 hm^2，落叶阔叶林（主要树种为白桦、杨树）面积 302.6 万 hm^2。灌丛面积 194.5 万 hm^2，占州面积的 2.6%。草地面积 43.7 万 hm^2，占州面积的 0.6%。沼泽湿地面积 130 万 hm^2，占州面积的 1.7%。农田面积 114.7 万 hm^2，占州面积的 1.5%，主要分布在州南部的河谷地带。荒漠（苔原、裸岩等）面积 356.2 万 hm^2，占州面积的 4.7%，主要分布在州北部高山地带。火烧迹地（植被正处于恢复阶段）面积 61.9 万 hm^2，占州面积的 0.8%。聚落（城镇用地）面积 8.3 万 hm^2，占州面积的 0.1%。水体面积 219.6 万 hm^2，占州面积的 2.9%（表 1-4）。

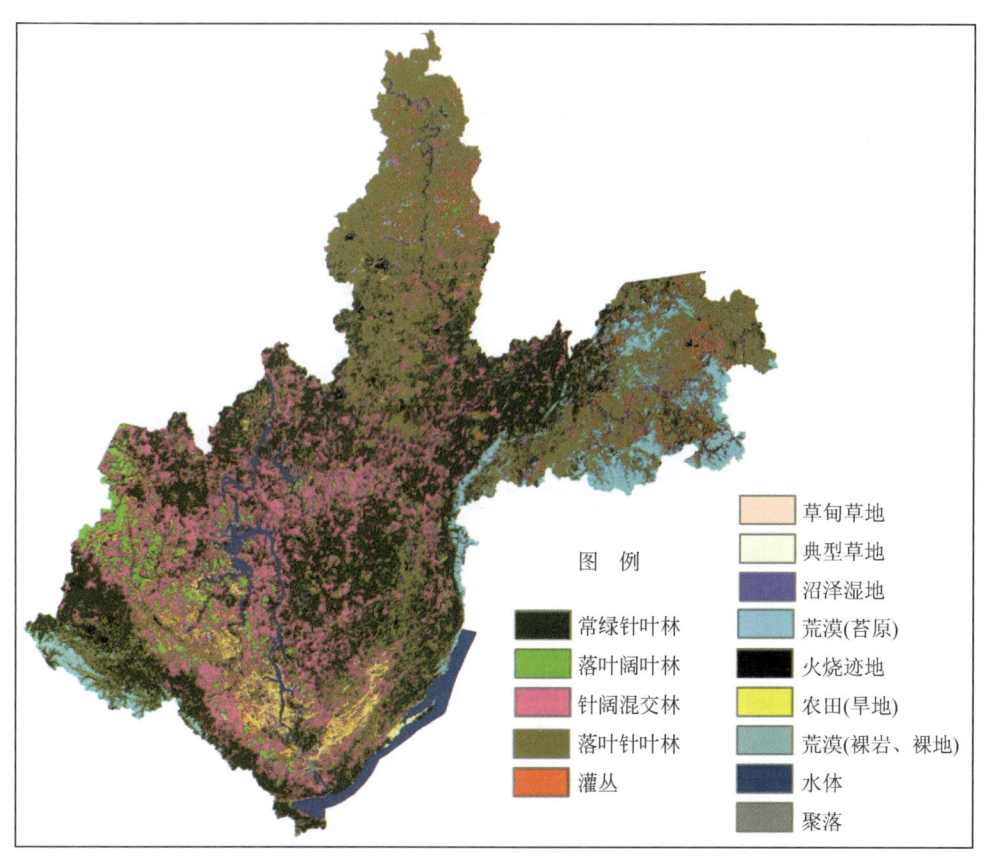

图 1-10 俄罗斯伊尔库茨克州土地利用/土地覆被类型分布

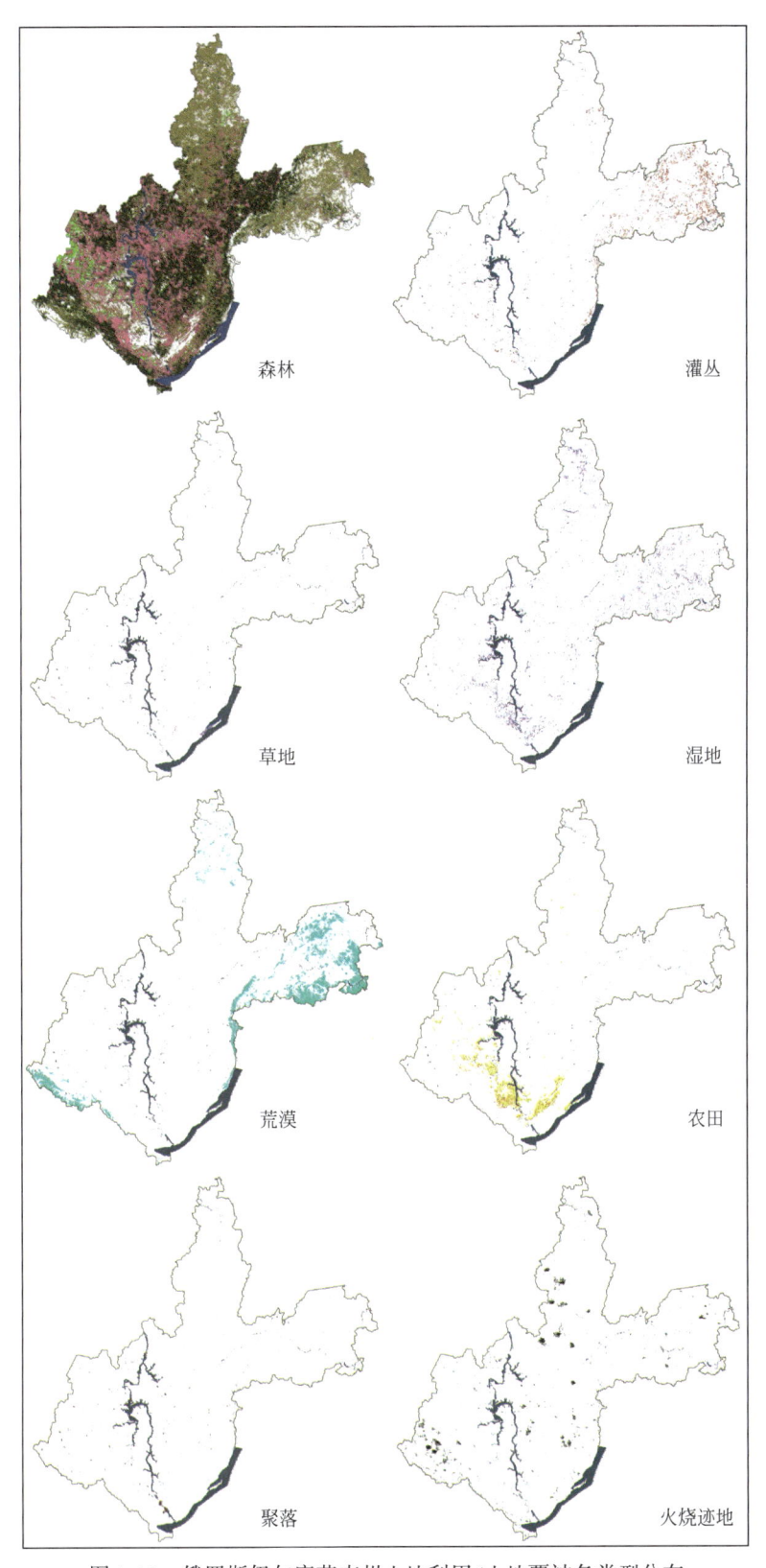

图 1-11　俄罗斯伊尔库茨克州土地利用/土地覆被各类型分布

表1-4　俄罗斯伊尔库茨克州土地利用/土地覆被类型面积统计

地区	序号	土地覆被类型	面积/万 hm²
伊尔库茨克	1	常绿针叶林	2074.4
	2	落叶针叶林	2598.2
	3	落叶阔叶林	302.6
	4	针阔混交林	1405.7
	5	灌丛	194.5
	6	草甸草地	37
	7	典型草地	6.7
	8	沼泽湿地	130
	9	荒漠（苔原、裸岩）	356.2
	10	农田	114.7
	11	聚落	8.3
	12	水体	219.6
	13	火烧迹地	61.9
		合计	7509.8

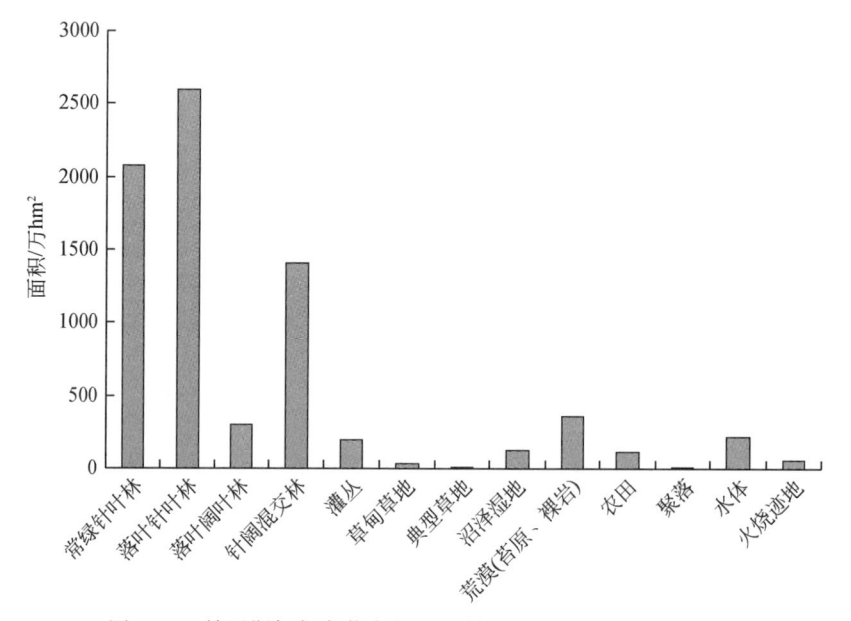

图1-12　俄罗斯伊尔库茨克州土地利用/土地覆被各类型面积

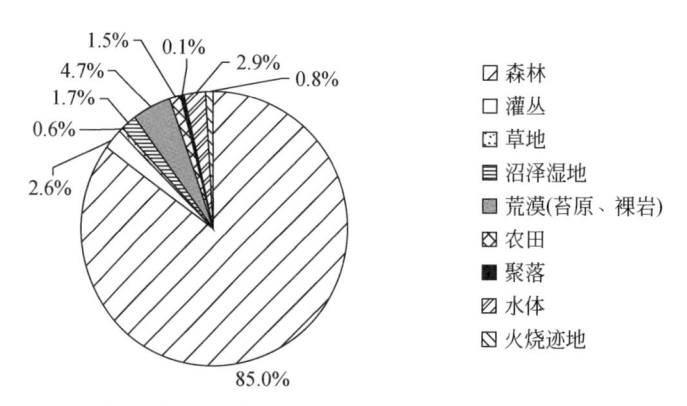

图1-13　俄罗斯伊尔库茨克州土地利用/土地覆被主要类型面积比例

1.3.2.3　俄罗斯赤塔州土地利用/土地覆被状况

根据 Bartalev 等（2003）1999 年 SPOT 4-VEGETATION 遥感资料分类结果（图 1-14）统计，赤塔州的土地利用/土地覆被类型中，森林占主导地位（图 1-15～图 1-17），森林总面积 2527.2 万 hm^2，占州面积的 61.1%。其中，落叶针叶林（主要树种为落叶松）面积 1888.8 万 hm^2，常绿针叶林（主要树种为云冷杉、红松、欧洲赤松）面积 123.5 万 hm^2，针阔混交林（主要树种为白桦、杨树、落叶松、欧洲赤松、红松等）面积 307.4 万 hm^2，落叶阔叶林（主要树种为白桦、杨树）面积 207.5 万 hm^2。灌丛面积 245.4 万 hm^2，占州面积的 5.9%。草地面积 542.7 万 hm^2，占州面积的 13.1%；沼泽湿地面积 59.9 万 hm^2，占州面积的 1.4%。农田面积 515.6 万 hm^2，占州面积的 12.5%，主要分布在州南部的河谷地带。荒漠（苔原、裸岩等）面积 64 万 hm^2，占州面积的 1.6%，主要分布在州北部高山地带。火烧迹地（植被正处于恢复阶段）面积 157.9 万 hm^2，占州面积的 3.8%。聚落（城镇用地）面积 1.5 万 hm^2，占州面积的 0.03%。水体面积 16 万 hm^2，占州面积的 0.39%（表 1-5）。

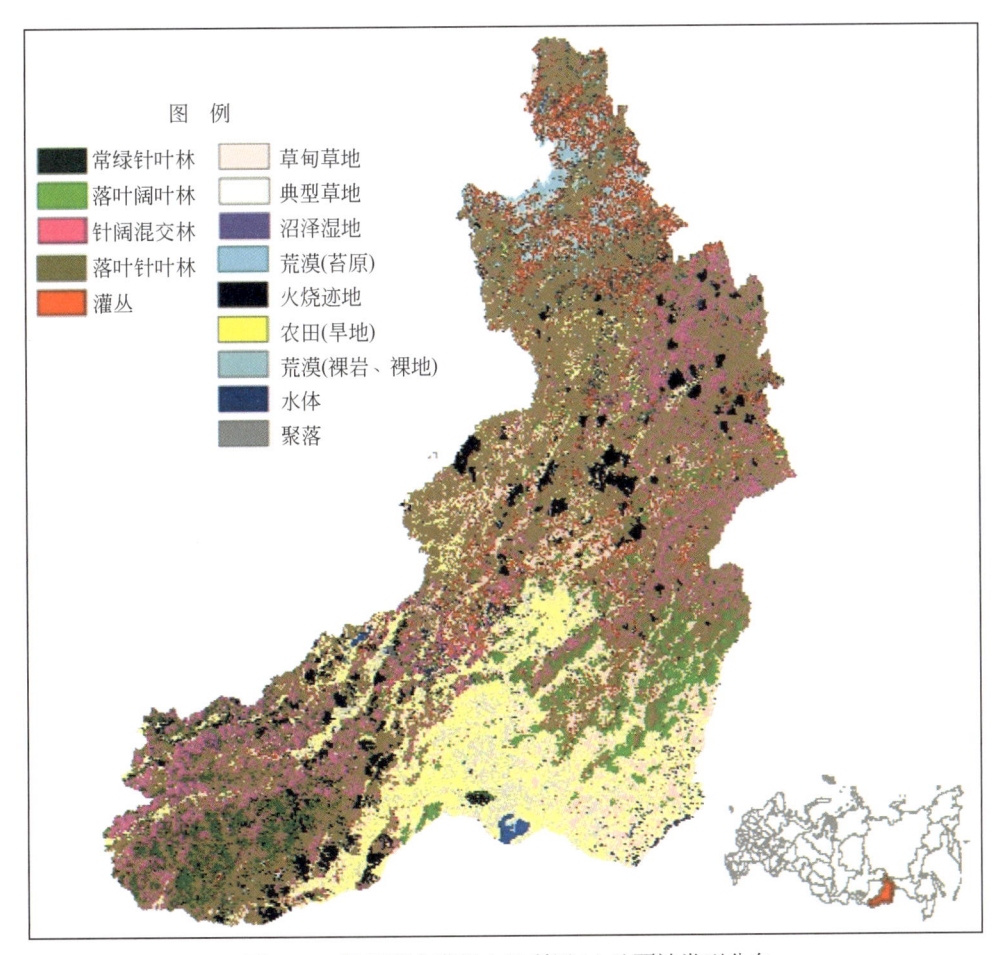

图 1-14　俄罗斯赤塔州土地利用/土地覆被类型分布

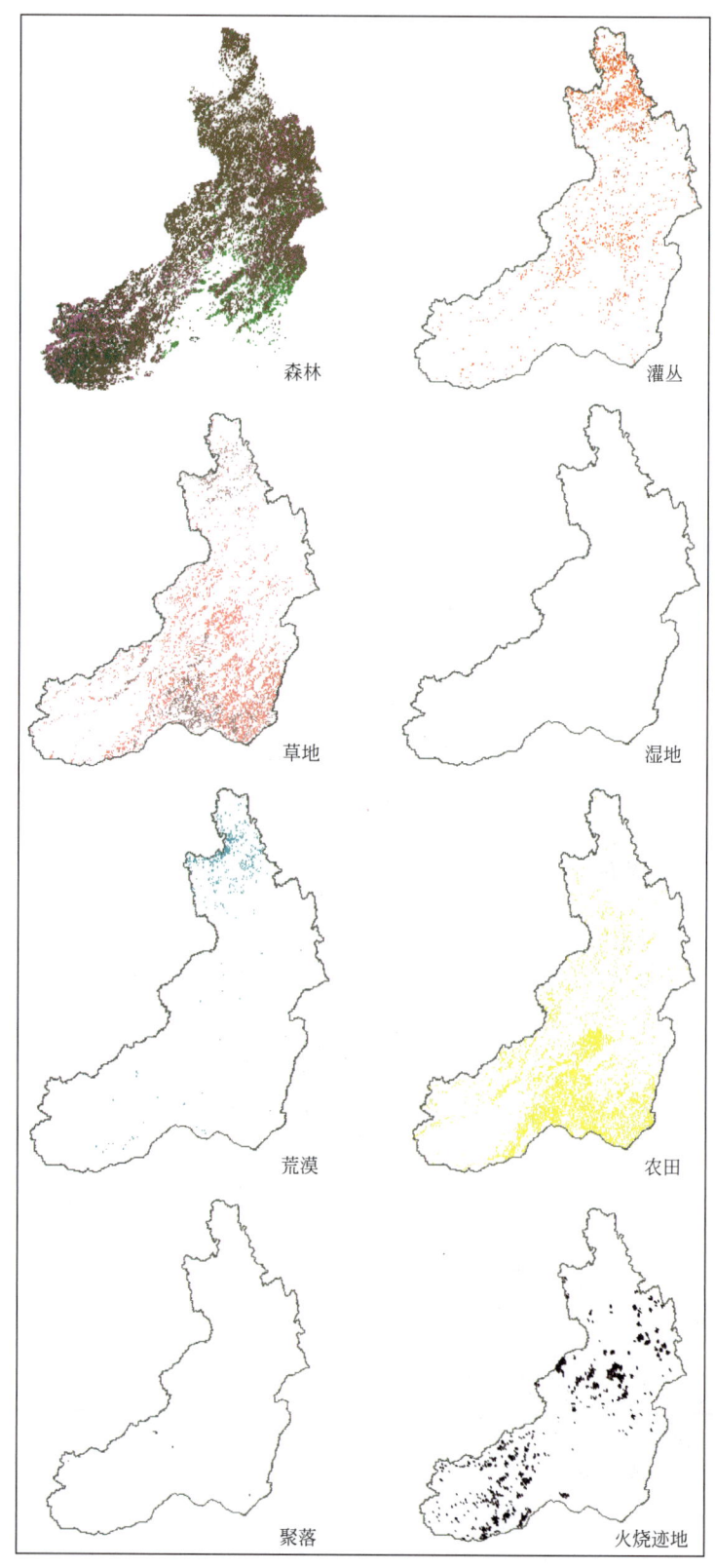

图 1-15　俄罗斯赤塔州土地利用/土地覆被各类型分布

表1-5 俄罗斯赤塔州土地利用/土地覆被类型面积统计

地区	序号	土地覆被类型	面积/万 hm²
赤塔	1	常绿针叶林	123.5
	2	落叶针叶林	1888.8
	3	落叶阔叶林	207.5
	4	针阔混交林	307.4
	5	灌丛	245.4
	6	草甸草地	405.1
	7	典型草地	137.6
	8	沼泽湿地	59.9
	9	荒漠（苔原、裸岩）	64
	10	农田	515.6
	11	聚落	1.5
	12	水体	16
	13	火烧迹地	157.9
		合计	4130.2

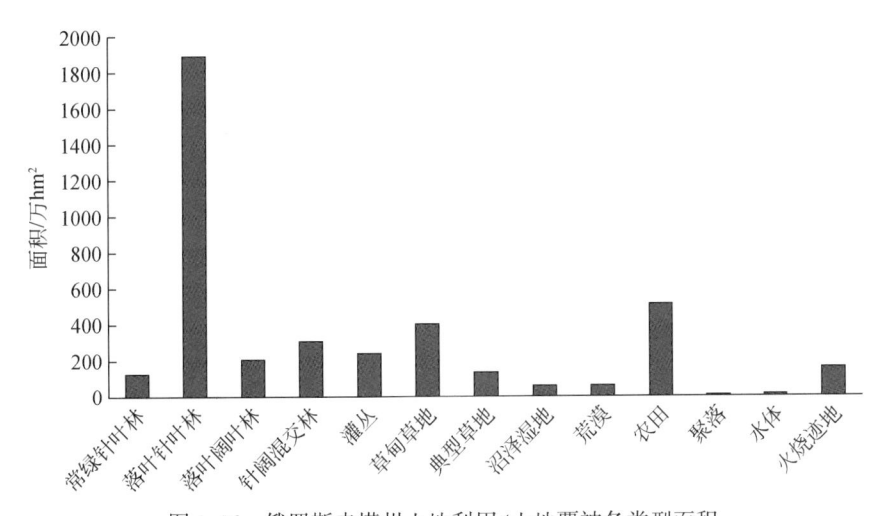

图1-16 俄罗斯赤塔州土地利用/土地覆被各类型面积

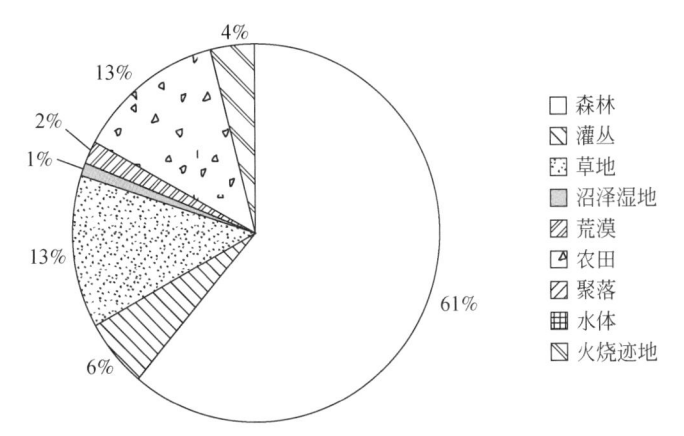

图1-17 俄罗斯赤塔州土地利用/土地覆被主要类型面积比例

1.3.2.4 蒙古土地利用/土地覆被状况

根据 Bartalev 等（2003）1999 年 SPOT 4-VEGETATION 遥感资料分类结果（图 1-18）统计，蒙古土地利用/土地覆被类型中，森林总面积 867.1 万 hm^2，占国土面积的 5.5%。其中，落叶针叶林（主要树种为落叶松）面积 671.2 万 hm^2，常绿针叶林（主要树种为云冷杉、红松、欧洲赤松）面积 60.3 万 hm^2，针阔混交林（主要树种为白桦、杨树、落叶松、欧洲赤松、红松等）面积 77.4 万 hm^2，落叶阔叶林（主要树种为白桦、杨树）面积 58.2 万 hm^2。灌丛面积 139.1 万 hm^2，占国土面积的 0.9%。草地面积 6594.8 万 hm^2，占国土面积的 42.1%。沼泽湿地面积 42.7 万 hm^2，占国土面积的 0.3%。农田面积 751.9 万 hm^2，占国土面积的 4.8%，主要分布在蒙古北部的河谷地带。荒漠（苔原、裸岩等）面积 7084.7 万 hm^2，占国土面积的 45.3%，主要分布在蒙古南部戈壁地带。火烧迹地（植被正处于恢复阶段）面积 30 万 hm^2，占国土面积的 0.2%。聚落（城镇用地）面积 1.6 万 hm^2，占国土面积的 0.01%。水体面积 134.6 万 hm^2，占国土面积的 0.9%（表 1-6 和图 1-19～图 1-21）。

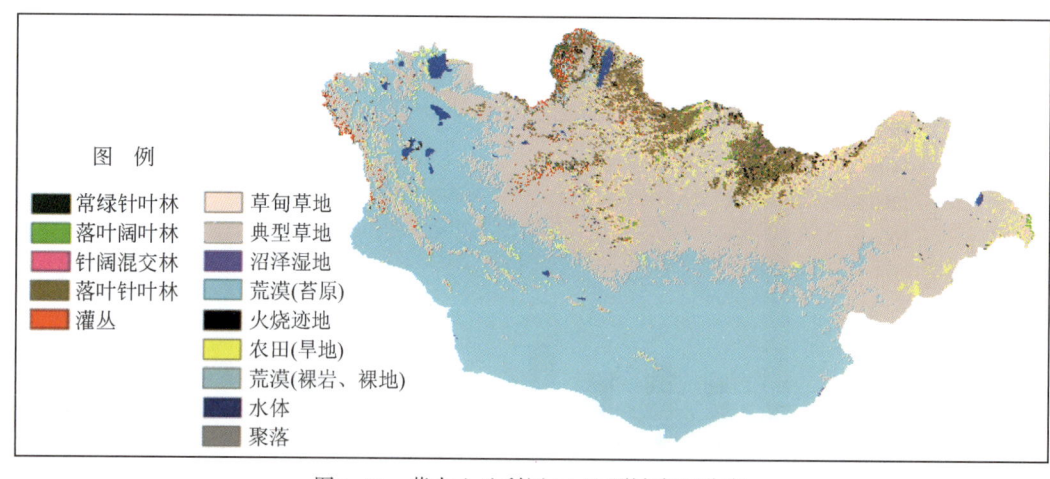

图 1-18 蒙古土地利用/土地覆被类型分布

表 1-6 蒙古土地利用/土地覆被类型面积统计

地区	序号	土地覆被类型	面积/万 hm^2
蒙古	1	常绿针叶林	60.3
	2	落叶针叶林	671.2
	3	落叶阔叶林	58.2
	4	针阔混交林	77.4
	5	灌丛	139.1
	6	草甸草地	489.9
	7	典型草地	6 104.9
	8	沼泽湿地	42.7
	9	荒漠（苔原、裸岩）	7 084.7

续表

地区	序号	土地覆被类型	面积/万 hm²
蒙古	10	农田	751.9
	11	聚落	1.6
	12	水体	134.6
	13	火烧迹地	30
	合计		15 646.5

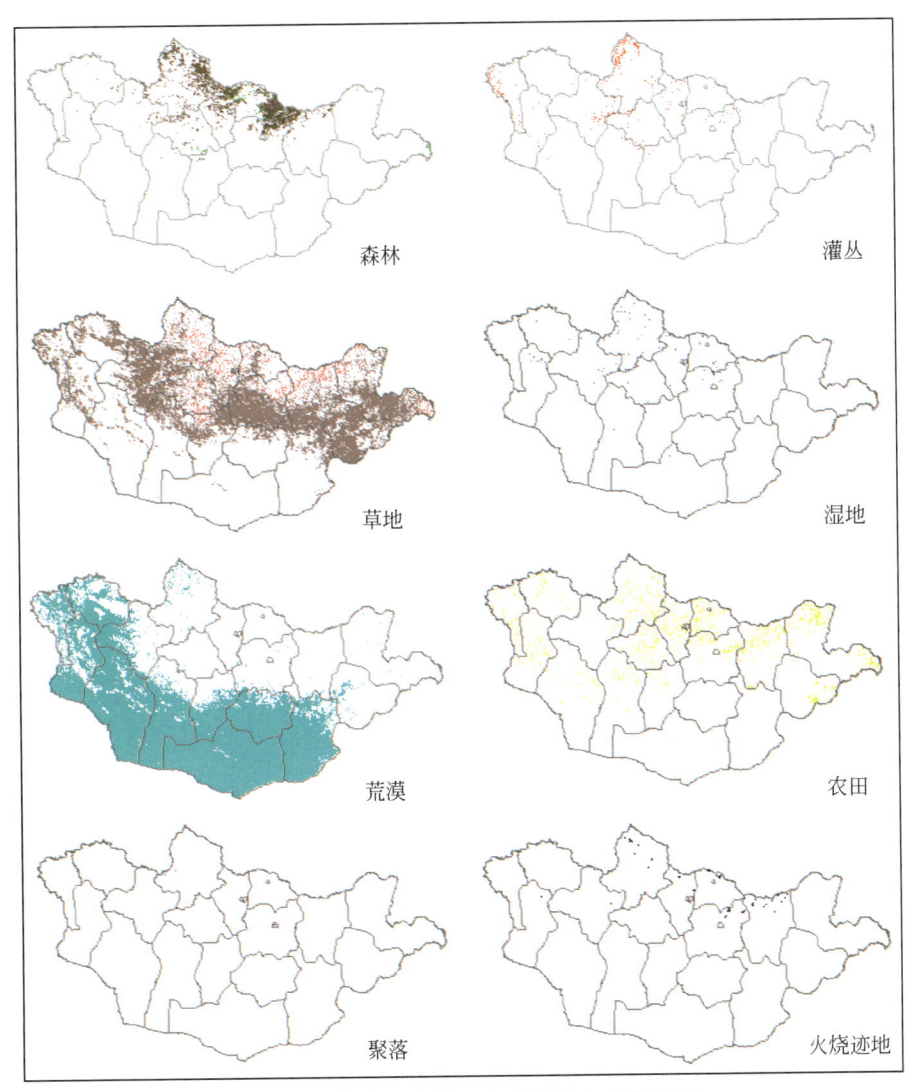

图 1-19 蒙古土地利用/土地覆被各类型分布

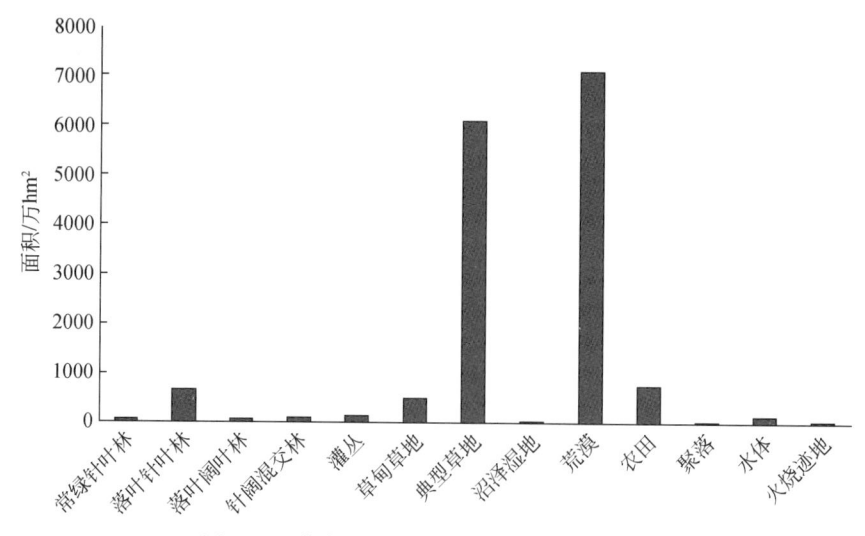

图 1-20 蒙古土地利用/土地覆被各类型面积

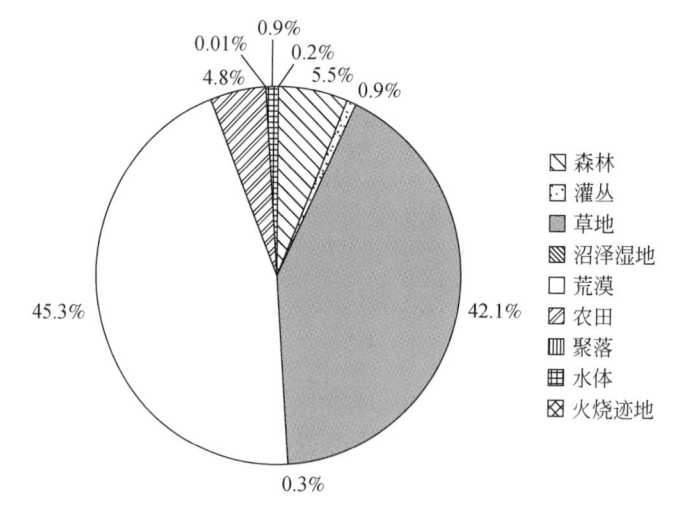

图 1-21 蒙古土地利用/土地覆被主要类型面积比例

1.3.3 典型区域或案例及其比较分析

选取俄罗斯布里亚特（Buryatiya）共和国和伊尔库茨克州（Irkutskaya）作为典型区，对其土地利用/土地覆被变化情况进行分析。

根据收集到的布里亚特共和国和伊尔库茨克州关于农用地面积、造林面积、林火面积和人口（1987～2005 年）的相关统计资料，两个地区的农用地面积在近 20 年里基本上都表现出下降的趋势（图 1-22、图 1-23）；布里亚特的总人口和农村人口基本持平（表 1-7），而伊尔库茨克处于下降趋势（表 1-8）。分析两个地区的农用地面积减少的原因：一方面，由于这 20 年里正是俄罗斯土地政策发生巨大变化的时期，即由土地共有制向土地私有化改变，原来许多机耕地大量退耕还草导致农用地面积减少；另一方面，两个地区人口不增反减，加快了退耕还草的进程。其他土地利用类型的统计资料不全，但可以推算，由于大量的农田退耕还草，两地区的草地面积应该是增加的。林地面积的变化情况，尽管每年都有造林，但基本和林火面积相抵消，森林砍伐也是有计划实行间伐，而且其森林面积基数很大，因而可以认为森林面积在 20 年间基本没有大的变化。灌丛面积也没大的变化。湿地面积变化的影响因子在这两地区应该只有气候因素，其变化量还有待进一步考察。聚落（城镇用地）面积应该和人口数变化相关，考虑到两地区人口变化表现为减少趋势，可以认为其面积基本没有大的变化或有减少可能，有待进一步考察。

总体上可以确定，布里亚特共和国和伊尔库茨克州变化最显著的土地利用/土地覆被类型是农用地和草地这两个类型，且变化趋势是有利于这两个地区可持续发展和生态保护的。目前全球面临环境恶化压力，布里亚特共和国和伊尔库茨克州是地球上为数不多的可缓解这种压力的宝地。

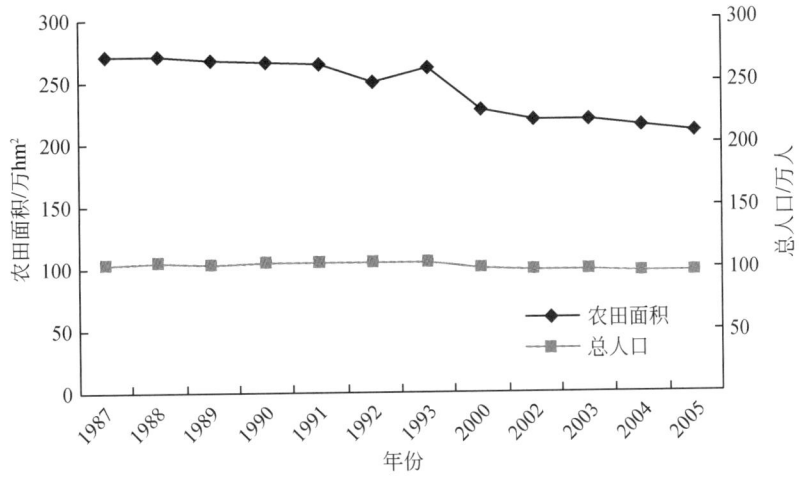

图 1-22 布里亚特共和国历年农田面积和人口变化趋势

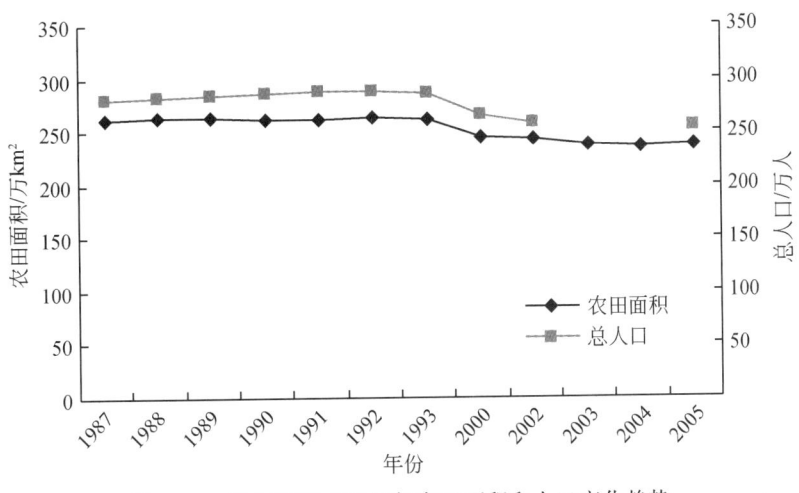

图 1-23 伊尔库茨克州历年农田面积和人口变化趋势

表 1-7 布里亚特共和国历年农田面积和人口等统计数据

年份	农田面积/万 hm²	造林面积/万 hm²	林火面积/万 hm²	总人口/万人	农村人口/万人
1987	271.33	3.50	1.84	102.98	40.13
1988	270.70	3.35	0.39	104.11	40.06
1989	268.04	3.35	0.14	103.79	39.80
1990	265.56	3.33	7.88	104.81	39.66
1991	264.63	3.11	0.59	105.20	41.61
1992	250.09	2.14	1.71	105.20	42.32
1993	261.70	2.09	2.56	104.62	42.39
2000	227.45			100.48	40.46
2002	218.78			98.73	39.83
2003	219.44			97.96	39.53
2004	214.04			97.43	40.36
2005	209.50			96.92	41.68

表 1-8 伊尔库茨克州历年农田面积和人口等统计数据

年份	农田面积/万 hm²	造林面积/万 hm²	林火面积/万 hm²	总人口/万人	农村人口/万人
1987	262.20	12.69	3.33	280.41	55.32
1988	263.01	13.05	0.55	283.07	55.18
1989	263.24	13.22	2.64	284.76	54.82
1990	261.65	13.42	44.48	286.30	54.94
1991	261.42	13.14	7.97	287.13	55.27
1992	263.67	11.21	4.48	287.17	58.25
1993	262.29	11.71	31.28	286.09	58.09
2000	243.90			264.40	53.94
2002	242.26			258.17	53.44
2003	237.20				
2004	236.14				
2005	237.08			254.53	53.20

1.3.4 存在问题与保护利用及可持续发展对策

由于全球气候变化，本来就比较脆弱的草原地带面临着日益严重的水资源短缺威胁，如果不遵从自然规律，再次在生态脆弱带伐草伐林开田以及过度放牧，草原生态系统将面临严重荒漠化的灾难，这种情况在蒙古已经发生。据蒙古官方最新统计数字显示，蒙古已经有72%的国土荒漠化，其中乌布苏、中戈壁、东戈壁等地区已完全成为干旱荒漠地区。与中国内蒙古自治区接壤的蒙古东戈壁省土地荒漠化情况极其严重，东戈壁省11.5万km²的土地已经有17.6%严重沙漠化，41.7%中度沙漠化，40.5%轻度沙漠化，并且荒漠化正以前所未有的速度逼近首都乌兰巴托。导致该情况发生的原因是：首先，70年间，蒙古气候变暖速度是全球气候变暖平均速度的3倍，气温平均上升了2.1℃，其所造成的干旱直接推动国土荒漠化。其次，20世纪90年代以来，蒙古牧民放养的牲畜数量急剧增加，导致牧场载畜量过大，从而加速草原的荒漠化。到目前为止，蒙古国内的原始森林被砍伐殆尽。全国森林面积同30年前相比，减少了144万hm²。森林覆盖率与20世纪50年代相比，大幅度下降，目前仅为6.7%。

自然因素以及人为的不合理经济活动的影响导致荒漠化，致使依托草原成长起来的优势产业——草原畜牧业的健康、可持续发展面临着严峻的挑战。面对挑战，人类自身应加强自律，做到顺应自然规律，因地制宜地发展经济，不应盲目开发，过度发展，这样才能做到可持续发展和保护利用。

1.4 东北亚南北样带土地利用/土地覆被的梯度分布及其变化

1.4.1 样带的空间范围

东北亚样带空间范围是32°N~78°N，105°E~118°E。主带以贝加尔湖为中心，东西各约100km，作为核心考察区，南至中国秦岭，北至极地，面积598万km²（图1-24）。

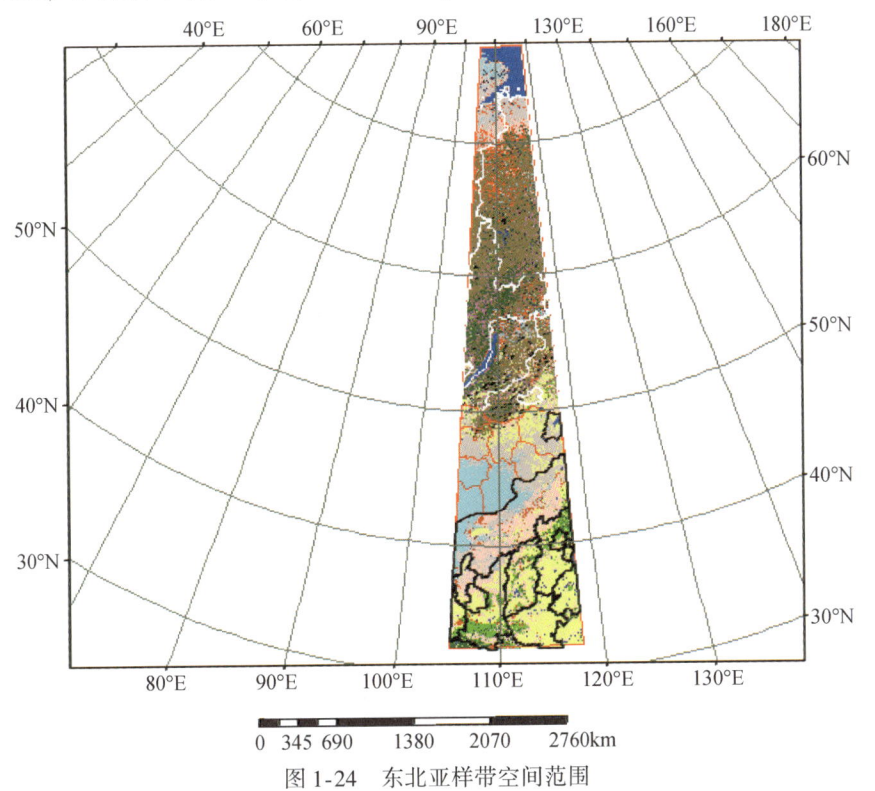

图1-24 东北亚样带空间范围

1.4.2 土地利用/土地覆被梯度调查指标体系和数据

调查指标体系见表1-9。

表1-9 调查指标体系

序号	指标	备注
1	土地覆被类型	一级类型：森林、草地、农田、聚落、水体和湿地、荒漠
2	土地覆被面积	
3	植被指数（NDVI、EVI等）	
4	半球反射率（albedo）	
5	叶面积指数（LAI）	

数据集有：①遥感数据：MODIS、TM/ETM、GoolgeEarth高分辨率数据；②GIS数据：俄罗斯、蒙古、中国地形图数据、DEM数据、其他专题图数据；③调查数据：GPS点数据；④收集数据：图册等。

1.4.3 样带土地利用/土地覆被格局

以GLC 2000遥感分类图结果统计（表1-10和图1-25），样带范围内森林面积为228.4万km^2，灌丛面积为37.8万km^2，草地面积为141.6万km^2，湿地面积为7.6万km^2，农田面积为86.7万km^2，荒漠面积为50.6万km^2，水体面积为45.1万km^2，聚落面积为0.2万km^2。

表1-10 基于遥感的样带土地覆被类型2000年和2009年面积统计

（单位：万km^2）

样带序号	土地覆被类型	2000年面积	2009年面积
1	常绿针叶林	31.9	6.5
2	落叶针叶林	153.3	179.5
3	落叶阔叶林	19.0	0.3
4	针阔混交林	24.2	8.3
5	灌丛	37.8	21.7
6	草地	141.6	150.5
7	沼泽湿地	7.6	0.2
8	荒漠	50.6	72.0
9	农田	86.7	114.2
10	聚落	0.2	2.2

续表

样带序号	土地覆被类型	2000年面积	2009年面积
11	水体	45.1	42.6
合计		598	598

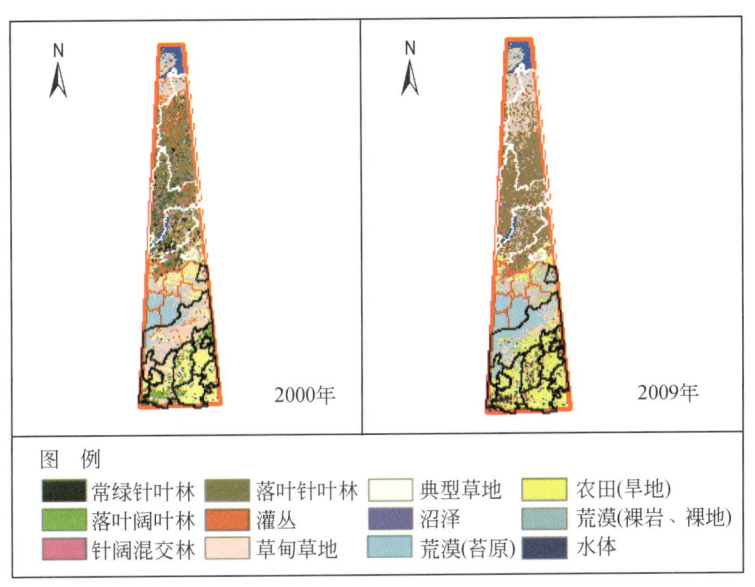

图 1-25 样带 2000 年和 2009 年土地利用/土地覆被分布

1.4.4 样带土地利用/土地覆被 10 年变化分析

通过分析 GLC 2000 和 GlobCover 2009 遥感分类结果（图 1-26），样带范围内森林面积减少了 14.8%，草地面积增加了 6.3%，湿地减少了 97.4%，农田增加了 31.7%，荒漠增加了 42.3%。尽管遥感分类可能存在误差，但总体情况和目前报道的蒙古草地荒漠化加剧比较符合，从图 1-25 也可看出，荒漠主要分布在中蒙边界蒙古东戈壁和中国二连浩特周边（从苏尼特旗往西大部）。10 年间，该地区荒漠面积不断扩大（图 1-27）。

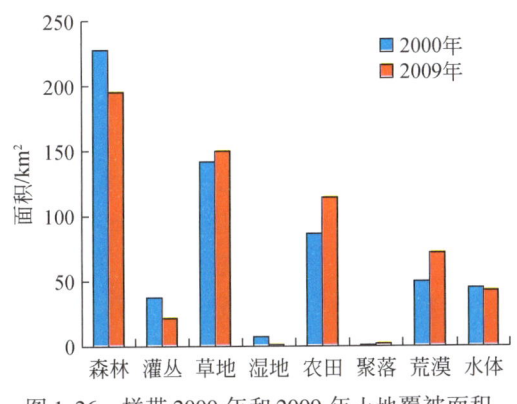

图 1-26 样带 2000 年和 2009 年土地覆被面积

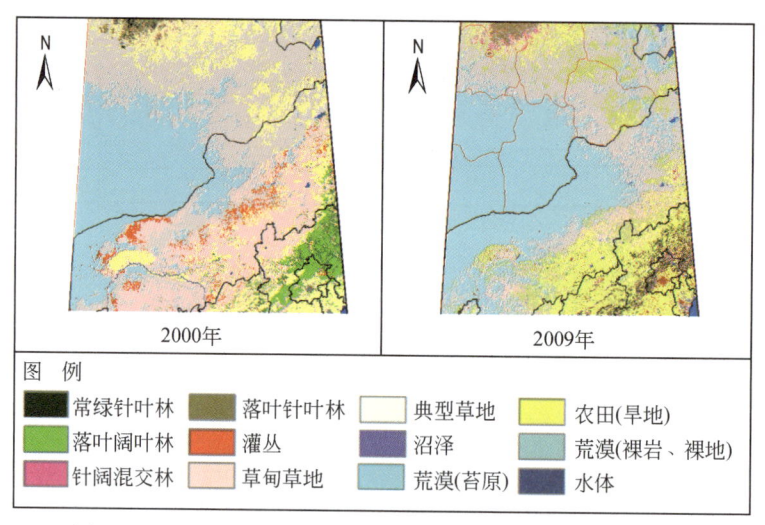

图 1-27　样带范围内中蒙边境附近 2000~2009 年荒漠化加剧

1.4.5　土地利用/土地覆被梯度需要进一步考察研究的重大问题和方案建议

样带范围内土地利用/土地覆被梯度变化影响因素复杂，全球气候变化、过度放牧等导致草原生态系统退化、荒漠化，这只是一种表面现象，应该还有更深层次如国家发展政策和机制等原因在主导，这需要进一步全面深入考察才能揭示。目前研究俄罗斯和蒙古经济、环境等的单位很多，应该加强和这些单位的联系，进行合作研究，这样才能保证更快速和全面掌握第一手资料，得到更丰富、全面的考察成果。

1.5　中国北方地区考察区土地利用/土地覆被遥感调查考察

1.5.1　考察区土地覆被基本情况及考察信息、样本收获

(1) 考察区基本概况

中国北方 13 省（自治区、直辖市）位于 73°E~136°E，31°N~54°N，包括华北五省（自治区、直辖市）（北京、天津、河北、山西、内蒙古）、东北三省（吉林、辽宁、黑龙江）、西北五省（自治区）（陕西、甘肃、宁夏、青海、新疆），总面积约 535 万 km²，人口约 3.6 亿人。该区地跨温带湿润、半湿润、半干旱和干旱 4 个气候地带，地表植被类型多样，生态环境相对比较脆弱。据 2010 年统计，该地区土地利用/土地覆被的耕地、草地和林地三大类型情况为：耕地面积 9822.16 万 hm²，占该地区总面积的 18.3%；草地面积 18 007.1 万 hm²，占该区总面积的 33.6%；森林面积 8521.38 万 hm²，占该地区总面积的 15.9%（表 1-11）。近年来，由于不合理的土地利用造成的地表植被破坏、土壤沙化、沙尘暴肆虐等生态环境问题一直比较突出，影响着区域自身的经济发展和社会进步。

表 1-11　中国北方地区 2009 年人口与 2008 年土地利用/土地覆被概况

地区	省份	人口/万人	总面积/万 hm²	耕地面积/万 hm²	牧草地面积/万 hm²	森林面积/万 hm²	湿地面积/万 hm²
东北	黑龙江	3 826	4 526.5	3 792.4	220.8	1 926.97	4 314.8
	吉林	2 740	1 911.2	1 639.3	104.4	736.57	1 203.4
	辽宁	4 319	1 480.6	1 122.8	34.9	511.98	1 219.6
华北	北京	1 755	164.1	23.17	0.2	52.05	34.4
	天津	1 228	119.2	44.11	—	9.32	171.8
	河北	7 034	1 884.3	631.73	79.9	418.33	1 081.9
	山西	3 427	1 567.1	405.58	65.8	221.11	499.9
	内蒙古	2 422	11 451.2	714.72	6 560.9	2 366.40	4 245.0
西北	新疆	2 159	16 649.0	412.46	5 111.4	661.65	1 410.2
	青海	557	7 174.8	54.27	4 034.7	329.56	4 126.0
	甘肃	2 635	4 040.9	465.88	1 261.3	468.78	1 258.1
	陕西	3 772	2 057.9	405.03	306.4	767.56	292.9
	宁夏	625	519.5	110.71	226.4	51.10	255.6
	合计	36 499	53 546.3	9 822.16	18 007.1	8 521.38	20 113.6

资料来源：《中国统计年鉴 2010》。

(2) 考察区信息及样本收集情况

1) 2008 年 8 月在东北采集土地覆被照片及 GPS 点，9 月在甘肃和宁夏采集森林和草地样方点（图 1-28）。

在甘肃、宁夏采集的森林、草地样方点　　　　　在东北采集的GPS点

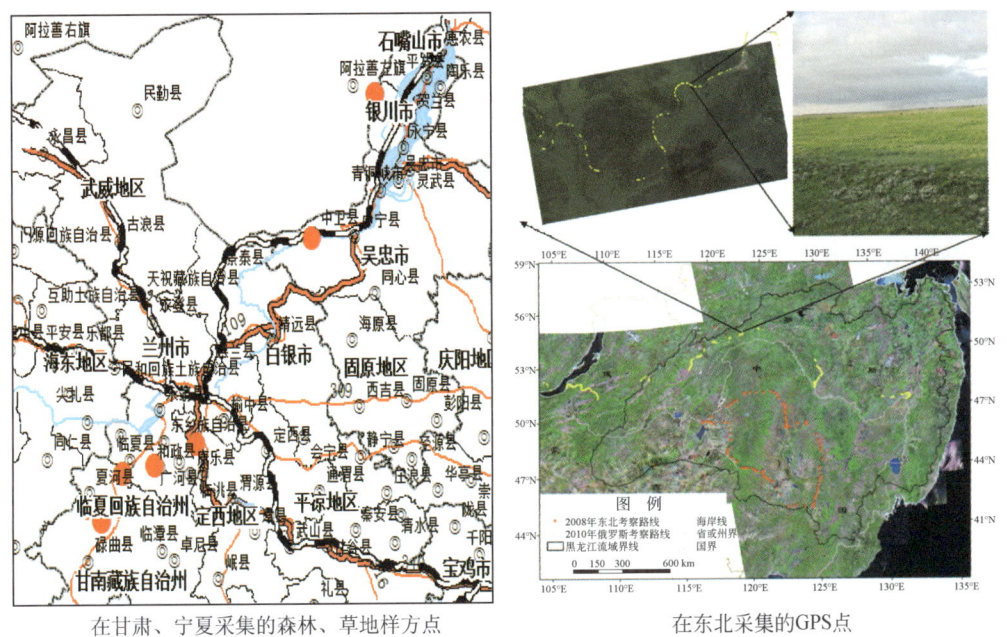

图 1-28　2008 年中国北方野外调查

2) 2009 年 8 月在呼伦贝尔和乌苏里江采集土地覆被照片及 GPS 点见图 1-29。
3) 2011 年 5 月在秦岭采集土地覆被照片及 GPS 点。

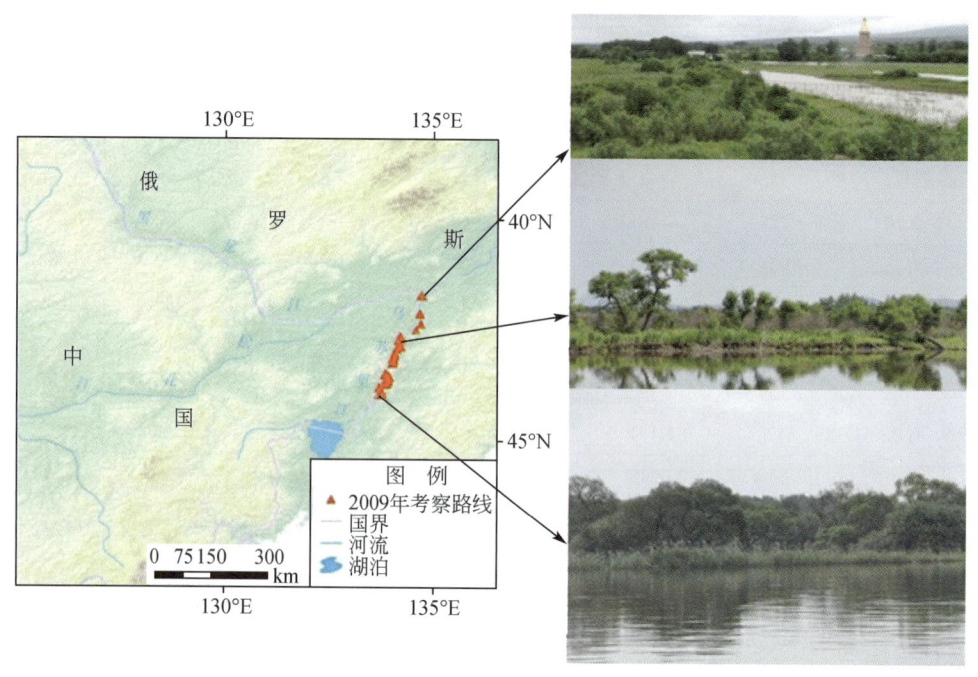

图 1-29 2009 年中国北方野外调查

1.5.2 考察区土地覆被时空格局演变特点及地域分异规律

基于 GLC 2000 和 GlobCover 2009 遥感分类结果统计（图 1-30），中国北方考察区的 13 省（自治区、直辖市）土地利用/土地覆被类型中，森林面积占考察区总面积的比例 2000 年为 14.34%，2009 年为 18.34%。其中，落叶针叶林（主要树种为落叶松）面积比 2000 年为 3.40%，2009 年为 5.67%；常绿针叶林（主要树种为云冷杉、红松、欧洲赤松）面积比 2000 年为 1.69%，2009 年为 1.41%；针阔混交林（主要树种为白桦、杨树、落叶松、欧洲赤松、红松等）面积比 2000 年为 0.35%，2009 年为 10.01%；落叶阔叶林（主要树种为白桦、杨树）面积比 2000 年为 8.9%，2009 年为 1.22%；森林主要分布在东北大小兴安岭、长白山、太行山、秦岭和西北的阿尔泰山、天山祁连山等地区。灌丛面积比 2000 年为 2.05%，2009 年为 2.94%。草地面积比 2000 年为 34%，2009 年为 17.03%，主要分布在内蒙古、青海、新疆、甘肃等地。沼泽湿地面积比 2000 年为 0.45%，2009 年为 0.01%。农田面积比 2000 年为 17.04%，2009 年为 19.53%，主要分布在考察区的东部黑龙江、吉林、辽宁、河北、山西、陕西等地。荒漠面积比 2000 年为 31.33%，2009 年为 40.90%，主要分布在考察区的西北部干旱地带。聚落（城镇用地）面积比 2000 年为 0.04%，2009 年为 0.48 %。水体面积比 2000 年为 0.75%，2009 年为 0.8%（表 1-12 和图 1-31）。考察区土地覆被梯度变化比较明显，从东部到西部类型先由森林过渡为农田，再由农田过渡为草地，再由草地过渡为荒漠，基本上是沿水分梯度发生变化。

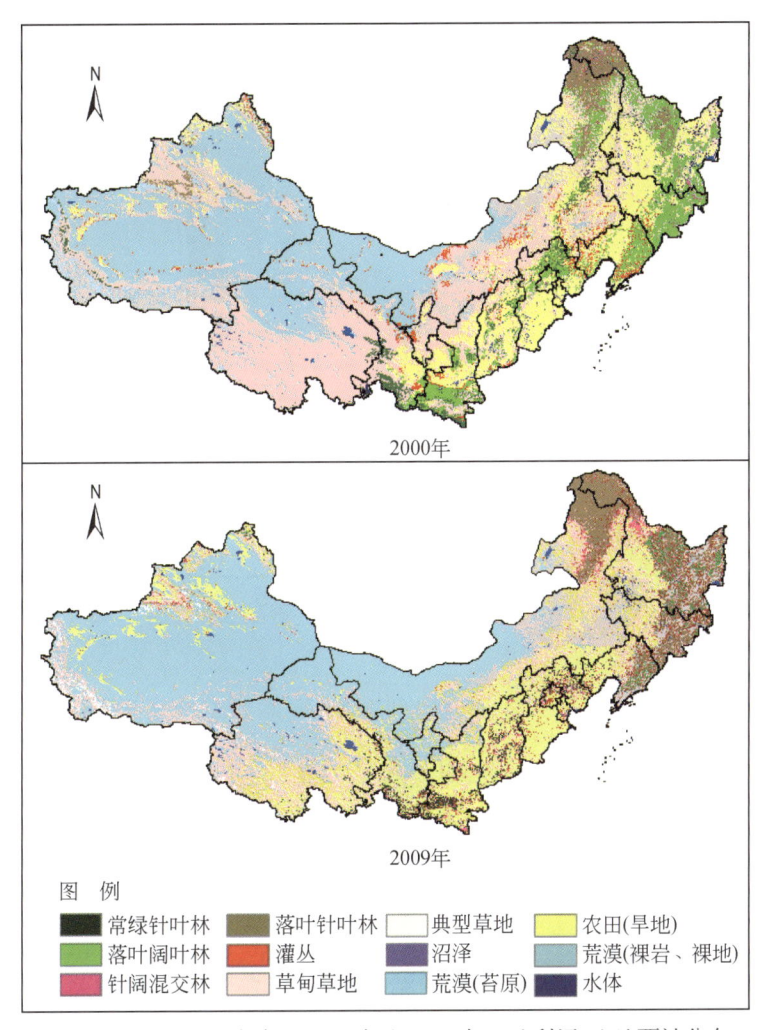

图 1-30 中国北方考察区 2000 年和 2009 年土地利用/土地覆被分布

表 1-12 基于遥感分类结果的中国北方土地覆被类型面积比例统计 （单位:%）

序号	土地覆被类型	2000 年面积比例	2009 年面积比例
1	常绿针叶林	1.69	1.41
2	落叶针叶林	3.40	5.67
3	落叶阔叶林	8.90	1.22
4	针阔混交林	0.35	10.01
5	灌丛	2.05	2.94
6	草甸草地	25.6	10.89
7	典型草地	8.4	6.14
8	沼泽湿地	0.45	0.01
9	荒漠	31.33	40.90
10	农田	17.04	19.53
11	聚落	0.04	0.48
12	水体	0.75	0.80
	合计	100	100

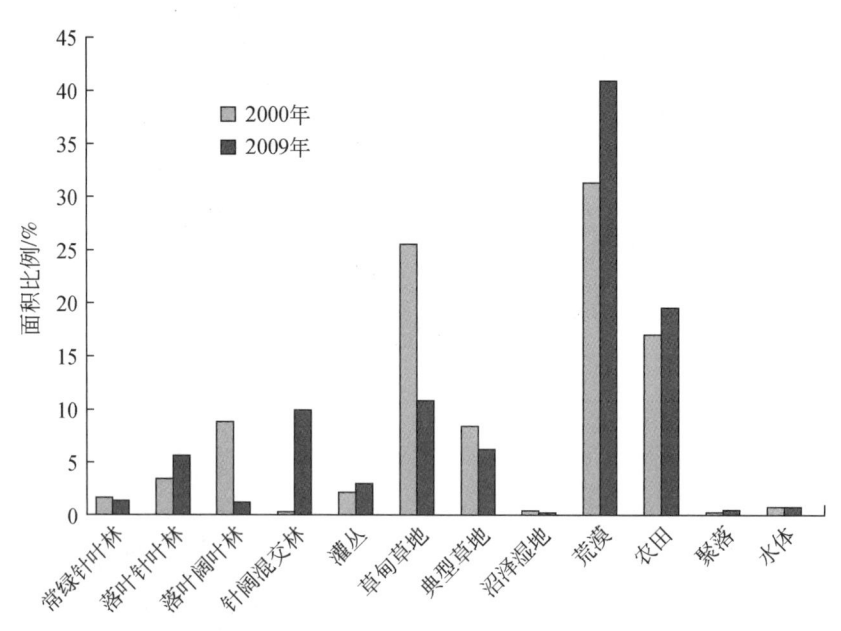

图 1-31　中国北方考察区 2000 年和 2009 年遥感土地覆被类型面积比例

遥感分类结果的统计和《中国统计年鉴》的统计在一级类上相接近。例如，森林面积《中国统计年鉴2010》记载为15.9%，2009年遥感分类结果是18.34%；耕地面积《中国统计年鉴2010》记载为18.3%，2009年遥感分类结果是19.53%；草地面积比《中国统计年鉴2010》记载为33.6%，2000年遥感分类结果是34%，2009年为17.03%。尽管遥感分类可能存在的不确定性导致2000年和2009年两期遥感分类结果的可信度还待继续检验，但从以上的比较结果可以看出，在一级类这个层次，遥感结果比较可靠。

通过比较各类型遥感分类结果10年变化得知，总的情况是森林面积有所增加，农田面积也在增加，而草地面积减少明显，荒漠面积也明显增加，这个结果和10年中退耕还林政策实施、自然界草原荒漠化加重的现象是一致的。从图1-26可以看出，从内蒙古二连浩特东边的苏尼浩特左旗往西到阿拉善这一带，2000～2009年10年间荒漠化趋势十分明显。

1.5.3　典型区域案例比较分析——黑龙江（阿穆尔河）流域土地覆被分布格局

黑龙江（阿穆尔河）位于亚洲东北部，是东北亚最大的河流，河长4444km，也是中俄最长的界河（牟金玲和狄娟，2007）。黑龙江（阿穆尔河）干流全长2820 km，通常分为三段——上游、中游和下游。上游、中游主要为中俄界河，下游位于俄罗斯境内（表1-13）。

表1-13 黑龙江（阿穆尔河）干流河道基本情况

河段	长度/km	平均比降/‰	备注
上游	900	0.20	自洛古河村至黑河附近的结雅河口
中游	950	0.09	自结雅河口至乌苏里江
下游	970	0.03	自乌苏里江河口以下至阿穆尔河入海口
全长	2820		

黑龙江（阿穆尔河）流域（41°45′N～50°33′N，115°13′E～135°0.5′E）是东北亚最大的一个流域，也是世界第5大流域，西起蒙古高原，包括蒙古、中国和俄罗斯及朝鲜的小部分（图1-32）。流域面积约208万 km²，其中约有101万 km²在俄罗斯境内，89万 km²在中国境内，其余在蒙古境内。流域内人口分布极不均衡，总人口在7000万～8000万人。其中，500万人居住在俄罗斯，6500万～7500万人居住在中国，不到5万人居住在蒙古。

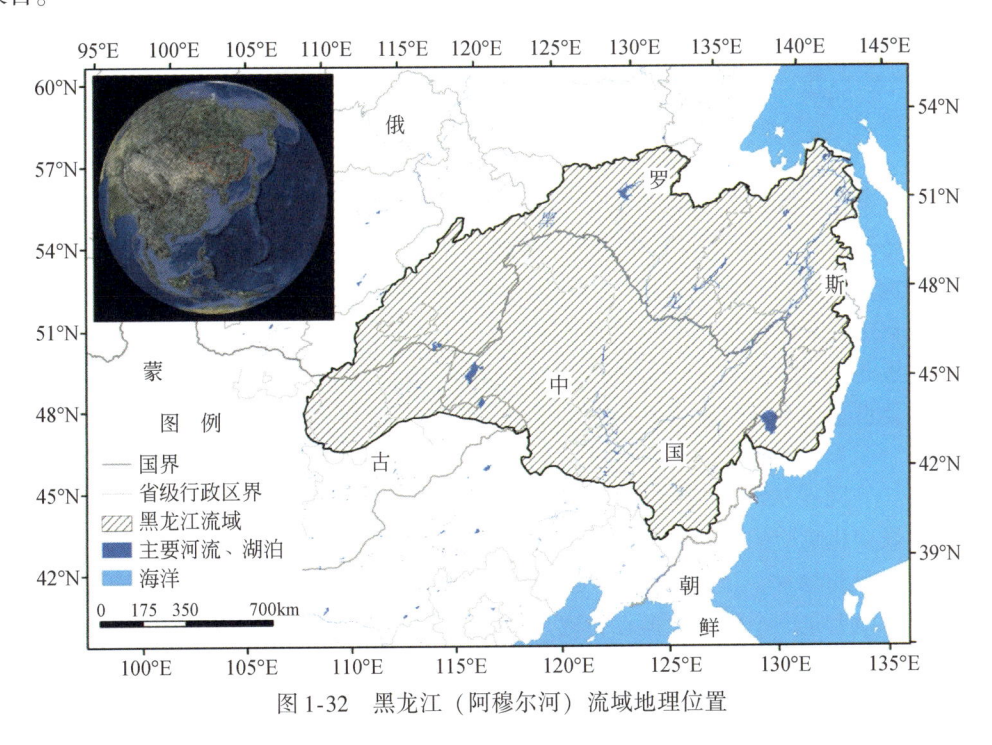

图1-32 黑龙江（阿穆尔河）流域地理位置

流域地势总体上呈现西高东低的趋势，西部以山地、高原为主，中东部以平原为主（图1-33）。流域内的山地大多1000～2000 m，主要包括流域西部俄罗斯与蒙古境内的Khenty-Chikoysky山地，中国的大兴安岭，中部的小兴安岭，Bureinsky山脉及东部的Sikhote-Alin山地和长白山。平原主要包括结雅-不列亚河盆地、兴凯湖冲积平原、黑龙江下游河谷及松花江上中游的冲积平原。

流域的东部区域主要属于温带湿润季风气候，这是全球季风气候的最北缘，西部流域主要受大陆性气候影响。全年平均气温-8～6℃，但其时空分布差异显著。冬季1月平均气温主要为-32～-20℃，但受鄂霍次克海影响，东部太平洋沿岸的温度要高10℃；

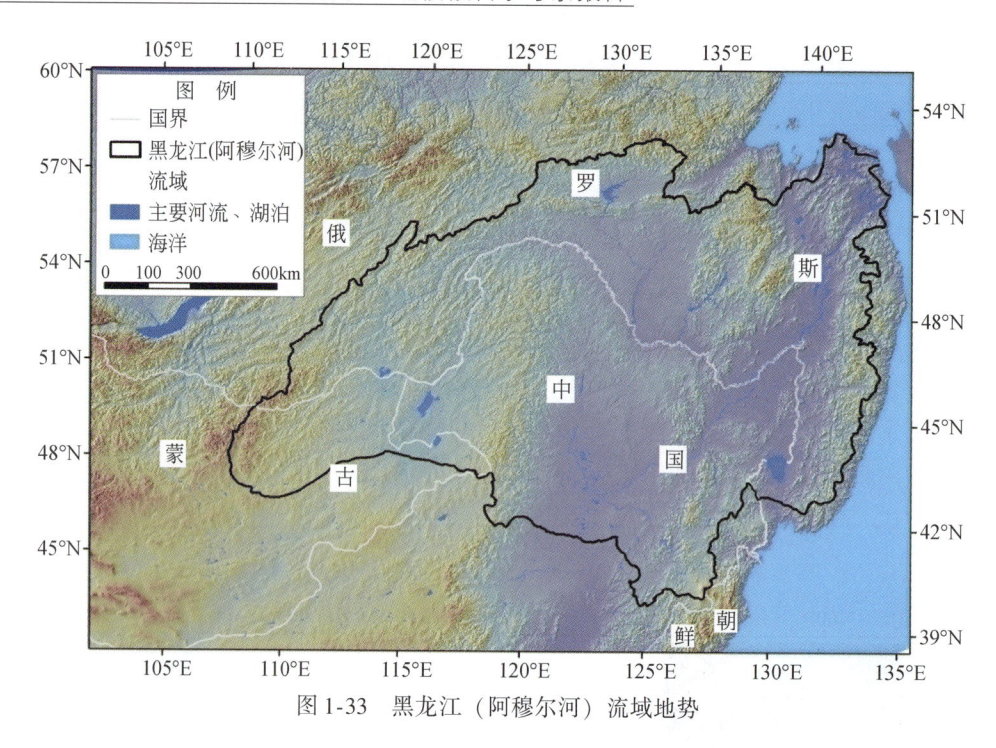

图 1-33 黑龙江（阿穆尔河）流域地势

夏季 7 月整个流域平均气温 17～24℃，但沿海温度要低于内陆温度。同时，流域内降水量时空分布不均衡，年平均降水量 250～800 mm，大约 50%以上的降水量集中在最热的夏季，而近 7 个月的干季（1～4 月、10～12 月）降水量仅为全年的 25%。在空间上，降水主要集中在沿海地带，向西逐渐递减。

由于黑龙江（阿穆尔河）流域独特的自然环境与流域内各国的社会经济特征，流域内景观类型呈现丰富的多样性——从原始的北部泰加林、温带草原、肥沃的农田到贫瘠的荒漠。

黑龙江（阿穆尔河）流域地处欧亚大陆温带草原东缘及北方森林南缘的过渡带，是全球气候变化响应的敏感区（Myneni et al., 1997），同时流域具有丰富的生物多样性及独特的基因和物种，成为东北亚独特和重要的生态地理区。黑龙江（阿穆尔河）流域在地理环境上是一个整体，但在行政区划上地跨中国、蒙古和俄罗斯三国，各国资源与环境相互影响和制约。黑龙江（阿穆尔河）流域的中国一侧包含中国重要的商品粮生产基地——东北平原和三江平原，同时包含中国具有重要生态意义的大小兴安岭及长白山森林区，但在气候变化、人口及"以粮为纲"、"退耕还林"等政策的社会经济因素影响下，该区发生明显的土地利用/土地覆被变化（张树文等，2006）。流域的俄罗斯一侧自 1990 年苏联解体后发生经济衰退，已有证据表明俄罗斯政治体制的改变使得森林砍伐行为减少（Bergen et al., 2003），影响土地利用/土地覆被变化。因此，全面理解黑龙江（阿穆尔河）流域的植被动态变化在全球气候变化的区域响应及区域社会环境可持续发展等方面具有极其重要的意义。然而，目前将黑龙江（阿穆尔河）流域作为一个整体的植被动态系统研究还相对匮乏（Suzuki et al., 2000, 2003），不同政治体制下人类活动对植被动态的影响还需要探讨，流域内植被动态变化的热点区域还不清楚，这些问题都需要我们重点研究探讨。

Achard 等（2006）识别了 20 世纪 90 年代以来北部欧亚大陆森林覆盖快速变化的区域，发现由于人类活动影响，黑龙江（阿穆尔河）流域森林覆盖已发生不同程度的变化，原因主要是火灾频率的增加、森林清伐与择伐。在流域西部的赤塔州及大兴安岭外部（阿穆尔州）地区以火灾频发为主，在中国大小兴安岭以高强度森林择伐为主，在流域东部阿穆尔河入海口及滨海边疆区以高强度择伐与清伐为主。Potapov 等（2008）利用 MODIS 与 Landsat 影像评估北部森林的损失，指出由于森林火的影响，东西伯利亚地区森林损失严重。Haruyama 等（2011）选择 5 个样区分析了 1982~2000 年黑龙江（阿穆尔河）流域研究植被动态，分析表明，在各个样区中，植被动态表现出明显的空间与时间格局差异。

1.5.4 存在问题与保护利用及可持续发展对策

草原开垦和过度放牧、草原荒漠化是中国北方地区面临的主要问题，解决的唯一办法就是顺应自然规律，因地制宜地发展生产，加强湿地保护，适当利用资源，进一步做好地区资源评估和发展规划工作。

第 2 章　全球土地覆被数据集对比分析

目前全球土地覆被数据产品主要包括欧洲和美国生产的 5 类数据产品：美国马里兰大学生产的全球土地覆被产品（即 UMD 数据集）、美国地质调查局生产的国际地圈-生物圈计划的全球土地覆被数据产品（即 IGBP-DISCover 数据集）、美国波士顿大学生产的全球土地覆被数据产品（即 MODIS 数据集）、欧盟联合研究中心生产的全球土地覆被产品（即 GLC 2000 数据集）、欧洲空间局通过全球合作生产的全球土地覆被数据产品（即 GlobCover 数据集）。最近，MODIS 数据生产小组重新生产了 MODIS Collection 5 土地覆被产品，该产品包括 2001~2009 年全球土地覆被信息，分辨率 500m。GlobCover 数据集包括 2005 年和 2009 年全球土地覆被信息，分辨率 300m。这两个数据集具有较好的实效性，应用较为广泛。由于数据来源、分类系统和分类方法不同，这两个数据集在土地覆被类型的数量和空间分布上存在明显的差异。

不少学者已经对这些数据集进行了空间上和数量上的比较，做出一定的评价，得出了 IGBP-DISCover 数据集和 UMD 数据集的一致性精度为 49%。GLC 2000 数据集和 MODIS 数据集除了湿地和热带大草原这两类，其余土地类型一致性较高，详细对比时差异较大。4 类数据集在中国的精度：GLC 2000 和 MODIS 土地覆被分类数据有更高的整体分类精度，IGBP 数据集整体分类精度次之，UMD 数据集分类精度最低，这些数据集在局部都存在明显的分类错误。4 类全球土地覆被数据中，MODIS 和 GLC 2000 数据集对中国耕地制图总体精度要高于 UMD 和 IGBP-DISCover 数据集。经过总结，可以发现，MODIS Collection 4 数据集较好，而 MODIS Collection 5 数据集在 Collection 4 的基础上加以改进，具有更好的时效性。

我们选择 2005 年 MODIS Collection 5 数据集和 GlobCover 数据集，这 2 个分辨率较高且时间较新的全球土地覆被数据集，选取黑龙江（阿穆尔河）流域为对比研究区，从数据使用者的角度对 MODIS 和 GlobCover 两个数据集在黑龙江（阿穆尔河）流域进行对比分析，采用 TM/ETM+ 影像和野外考察照片分别对二者一致和不一致的区域进行验证。

2.1　数据集介绍与处理

MODIS 数据集使用 IGBP 的分类系统，共有 17 类；GlobCover 数据集使用 FAO 的 LCCS 分类体系，共有 22 类。我们首先对这两个分类系统进行转化，见表 2-1。考虑到二级类一致性较差，难以通过比较得出有效结论，我们将二级类合并为 6 个一级类（分别是森林、草地、湿地、农田、建筑用地和其他用地），并综合两个分类系统形成本分类系统，共 16 类。尽管两种全球土地覆被数据集有相同的尺度，但是二者分辨率不同，我们将其重采样为 500m 分辨率进行比较。

表 2-1　GlobCover 数据集和 MODIS 数据集分类系统转化

GlobCover 土地覆被分类系统	IGBP 土地覆被分类系统
水淹或灌溉农地	农地（简单或多种作物系统）
雨养农地	
耕作（50%~70%）/其他自然植被（20%~50%）镶嵌	农地/自然植被镶嵌（农地、森林、灌丛、草地，单一覆盖不超过 60%）
耕作（20%~50%）/其他自然植物（50%~70%）镶嵌	
郁闭（>40%）常绿阔叶林（>5m）	常绿阔叶林
郁闭或敞开（>15%）常绿阔叶或半落叶阔叶林（>5m）	落叶阔叶林
敞开（15%~40%）落叶阔叶林（>5m）	
郁闭（>40%）常绿针叶林（>5m）	常绿针叶林
敞开（15%~40%）常绿针叶或落叶针叶林（>5m）	落叶针叶林
郁闭或敞开（>15%）针阔混交林（>5m）	混交林（没有主导类型超过 60% 覆盖）
草地（20%~50%）/森林/灌丛（50%~70%）镶嵌	有（森林）林草原（树林冠层覆盖 30%~60%，高度超过 2m）
草地（50%~70%）/森林/灌丛（20%~50%）镶嵌	稀树草原（树林冠层覆盖 10%~30%，高度超过 2m）
冠层敞开或封闭（>15%）灌丛（<5m）	封闭灌丛（灌丛覆盖度高于 60%；高度低于 2m，常绿或落叶）
	敞开灌丛（灌丛覆盖率 10%~60%；高度低于 2m，常绿或落叶）
冠层敞开或封闭（>15%）草地	草地或禾本植物（树冠密度低于 10%）
郁闭或敞开（>15%）各种有规律水淹或长期水浸阔叶森林	永久湿地（水/禾本植物/有林地）
郁闭（>40%）永久盐水水淹阔叶林或灌丛	
郁闭或敞开（>15%）各种有规律水淹或长期水浸草地	
人工地表或附属区域	城市和建成区
稀疏植被（<15%）	裸地或稀疏植被（植被覆盖低于 10%）
裸地	
水体	水体
永久雪/冰	雪/冰

以上分类系统转化参照 Herold（2008）。

为了对比两种数据集在数量和空间分布上的差异，我们分别对两种数据集一级土地覆被类型和二级土地覆被类型进行叠加制图，得到两种数据集不同土地覆被类型一致与不一致的区域，并统计一致区域与不一致区域的数量。为了验证两种数据一级土地覆被类型在空间不一致的区域何种数据较为准确，我们对一级土地覆被类型比较后得到的 21 个类型（包括 6 个一级类一致类型和 15 个一级类不一致类型）进行随机采样验证。原则上，在 21 个类型中每个类型选取 50 个样点，随机均匀分布，但有些类型如湿地与其他类型不一致的区域面积比较小，因此采样点数量有所下降。在点周围做 1km 的缓冲区，根据 TM/ETM+ 影像验证该位置上的土地覆被类型。考虑到采用高分辨率遥感影像进行粗分辨率数据验证时产生的混合象元问题，我们将缓冲区内占 50% 以上的土地覆被类型视为验证点处的土地覆被类型。在部分 TM/ETM+ 影像无法验证的区域，我们使用 Google Earth 等进行辅助验证。其中，整个黑龙江（阿穆尔）流域可以直接使用 TM/ETM+ 影像验证的区域约占 90% 以上，只有不到 10% 的区域由于 TM/ETM+ 影像受到薄云及条带等噪声影响，无法直接进行验证。在该区域，我们选用 Google Earth 2005 年历史影像，进行验证。但部分区域 Google Earth 2005 年的历史影像仍不能满足验证需要，我们将年限放宽到 2004~2006 年，极少数点放宽至 2007 年，基本可以满足验证需求。

2.2 数据集对比分析

2.2.1 数量对比

经过处理后的两种数据集土地覆被类型分布如图 2-1 所示，土地覆被类型的面积及所占百分比如表 2-2 所示。两种土地覆被数据集中土地覆被类型面积差异较大。从一级土地覆被类型分析，两种数据集都是以森林和农田为主，其次为草地。其中，森林和草地各自所占比例大致相同，而农田所占比例差距较大。MODIS 数据集中，农田占 30% 以上；GlobCover 数据集中，农田仅占 20% 左右。在 GlobCover 数据集中，其他用地尤其是裸地及稀疏植被所占比例较大，占 10% 左右，而在 MODIS 数据集中，其他用地仅占不到 1%。出现这种情况，有可能是因为二者分类系统对稀疏植被的定义不同。在 MODIS 数据集中，对稀疏植被的定义为，植被盖度低于 10%；在 GlobCover 数据集中，对稀疏植被的定义为，植被覆盖度低于 15%。因此植被盖度 11%~15% 的植被数量有可能导致二者的差异。

从二级土地覆被类型分析，两类数据集有相当大的差异。从森林来看，MODIS 数据集中的森林主要是由混交林、落叶针叶林、落叶阔叶林组成，其比例分别为 22.284%、16.182% 和 5.232%，常绿阔叶林、灌丛、常绿针叶林比例均较小，不足 3%；GlobCover 数据集中以落叶针叶林为主，占整个森林组成的 80% 以上，其次为常绿阔叶林和混交林，而常绿针叶林和落叶阔叶林几乎没有。根据东北植被图及 1∶400 万比例尺俄罗斯植被分布图可知，该区有一定数量的常绿针叶林。从草地覆盖类型来看，MODIS 数据中的草地以草原为主，GlobCover 数据中的草地以稀树草原和有林草原为主，考虑到二者对不同草地类型的定义以及分类时不同分类标准的划分，二者不具有太强说明性，无法判断出现这种情况是由何种原因造成，以及这种差异是否是合理。从农田来看，MODIS 数据集中农田面积大于农植镶嵌覆盖类型面积；而在 GlobCover 数据中恰好相反，农植镶嵌覆盖类型面积大于农田面积。

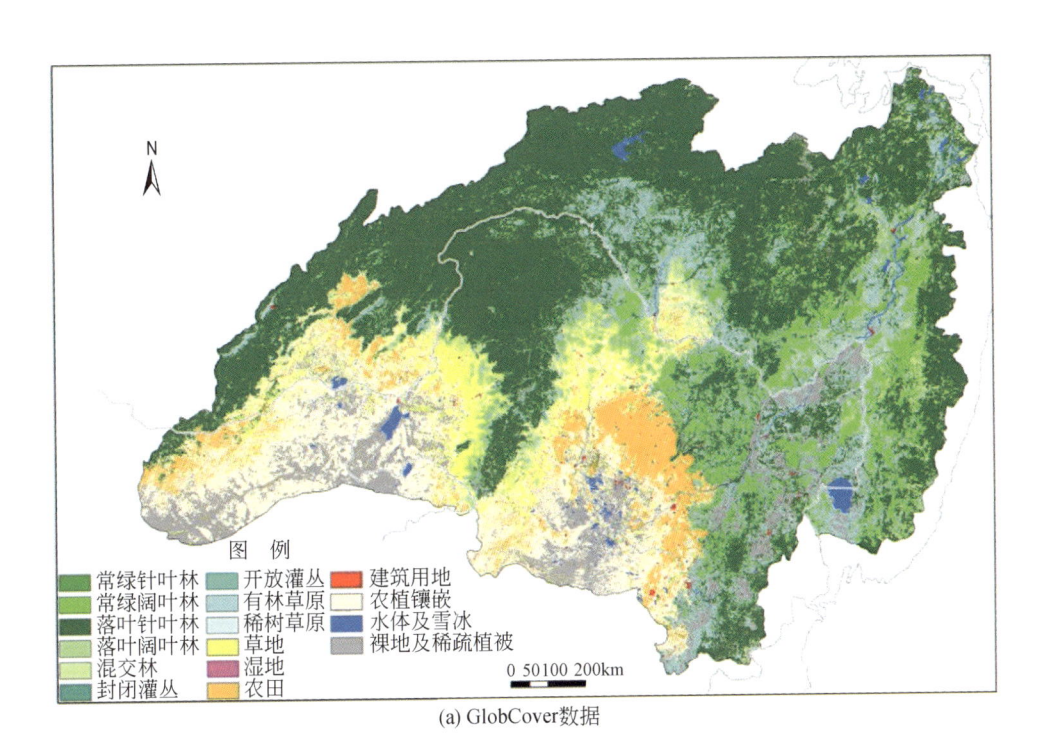

图 2-1 2005 年 GlobCover 和 MODIS 土地覆被类型分布

表 2-2 两种数据集中土地覆被类型面积及所占比例

一级土地覆被类型	二级土地覆被类型	面积/km² MODIS	面积/km² GlobCover	二级类所占比例/% MODIS	二级类所占比例/% GlobCover	一级类所占比例/% MODIS	一级类所占比例/% GlobCover
森林	常绿针叶林	19 051.8	0	0.916	0	45.825	49.200
	常绿阔叶林	0	142 435.8	0	6.833		
	落叶针叶林	336 585.3	852 163.3	16.182	40.879		
	落叶阔叶林	108 832.3	0	5.232	0		
	混交林	463 521.3	31 008.5	22.284	1.487		
	封闭灌丛	7 221.5	0	0.347	0		
	开放灌丛	17 965.3	16.8	0.864	0.001		
草地	有林草原	21 069.3	22 8507.5	1.013	10.962	20.285	17.590
	稀树草原	38 071.8	41 401.8	1.83	1.986		
	草原	362 804.5	96 764.8	17.442	4.642		
湿地	湿地	5 156.5	56.3	0.248	0.003	0.248	0.003
农田	农田	529 725	120 972.8	25.467	5.803	32.562	20.962
	农植镶嵌	147 578.5	316 013.8	7.095	15.159		
建筑用地	建筑用地	6 393.5	6 215.5	0.307	0.298	0.307	0.298
其他用地	水体及雪冰	16 013.3	29 899.3	0.77	1.434	0.772	11.947
	裸地及稀疏植被	45.3	219 152	0.002	10.513		

2.2.2 空间位置对比

由上述对两种数据集不同土地覆被类型面积上的比较可知，两者在二级类上差异较大。如图 2-2（a）所示，土地覆被二级类在空间上一致的土地覆被类型仅有落叶针叶林、混交林、有林草原、稀树草原、草地、湿地、农田、建筑用地、农植镶嵌、水体及冰雪、裸地及稀疏植被。其中，空间一致性面积最大的为落叶针叶林，约为 30.8 万 km²；其次为农田，约为 9.1 万 km²；再次为草原和混交林，分别约为 2.4 万 km² 和 2.1 万 km²；其他类型空间一致性较低。二级类空间一致性区域仅占整个黑龙江流域面积的 22.5%。为了更好地比较与利用这两个数据集，我们主要对一级土地覆被类型进行对比分析。

一级土地覆被类型空间一致性如图 2-2（b）所示，空间一致的区域约占整个流域的 53.6%。森林和农田的一致性区域最大，分别有 82.7 万 km² 和 22.4 万 km² 区域相一致；其次为草地和建筑用地，分别有 4.9 万 km² 和 0.29 万 km² 区域相一致。一级土地覆被类型空间不一致性成图如图 2-3 所示。由表 2-3 可知，一种数据集中是草地、另一种数据集中是农田的不一致区域面积最大，大约 42.48 万 km²；其次，一种数据集中是森林、另一种数据集中是草地的不一致类型和一种数据集中是森林、另一种数据集中是农田的不一致类型，分别有 15.65 万 km² 和 14.17 万 km²；再次为草地和其他用地、农田和其他用地、森林和其他用地。由于其他土地利用类型本身面积不大，因此不一致区域面积较小。

其中,"林"代表森林,"草"代表草地,"湿"代表湿地,"建"代表建筑用地,"其"代表其他用地。"林+草"表示该区域在一个数据集中为林地,在另一个数据集中为草地,以此类推。

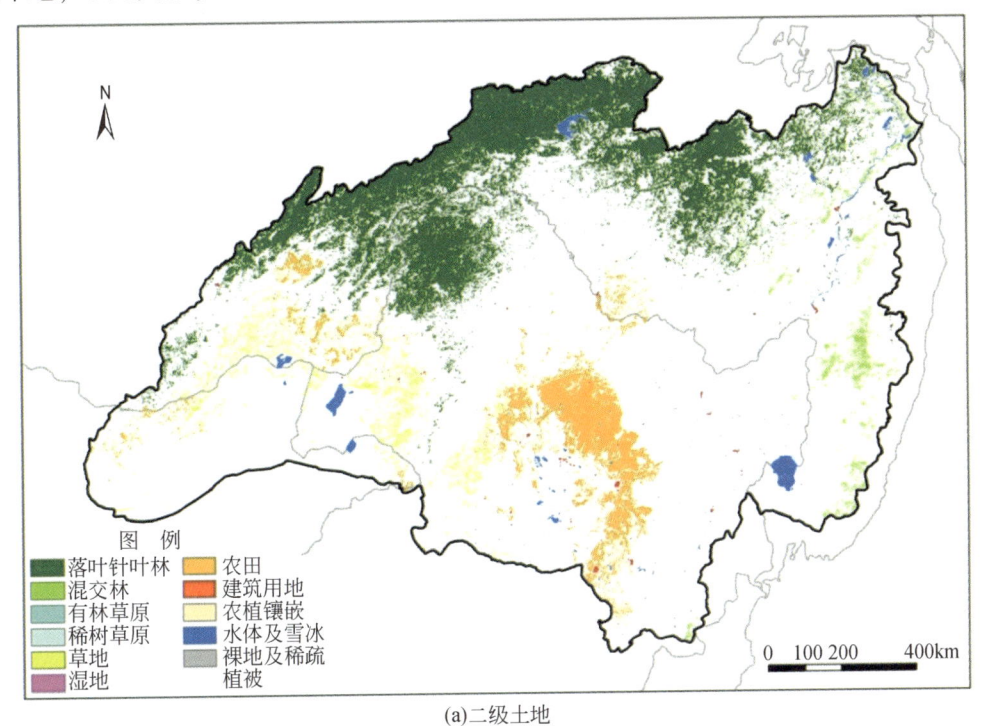

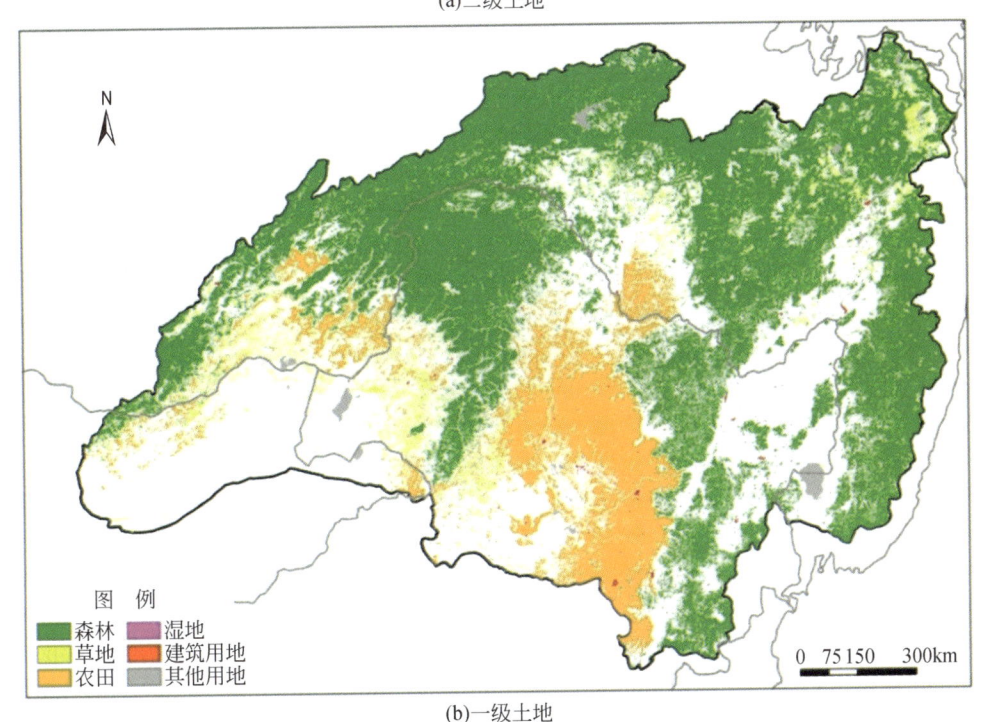

(a)二级土地

(b)一级土地

图 2-2 二级土地覆被类型和一级土地覆被类型空间一致性

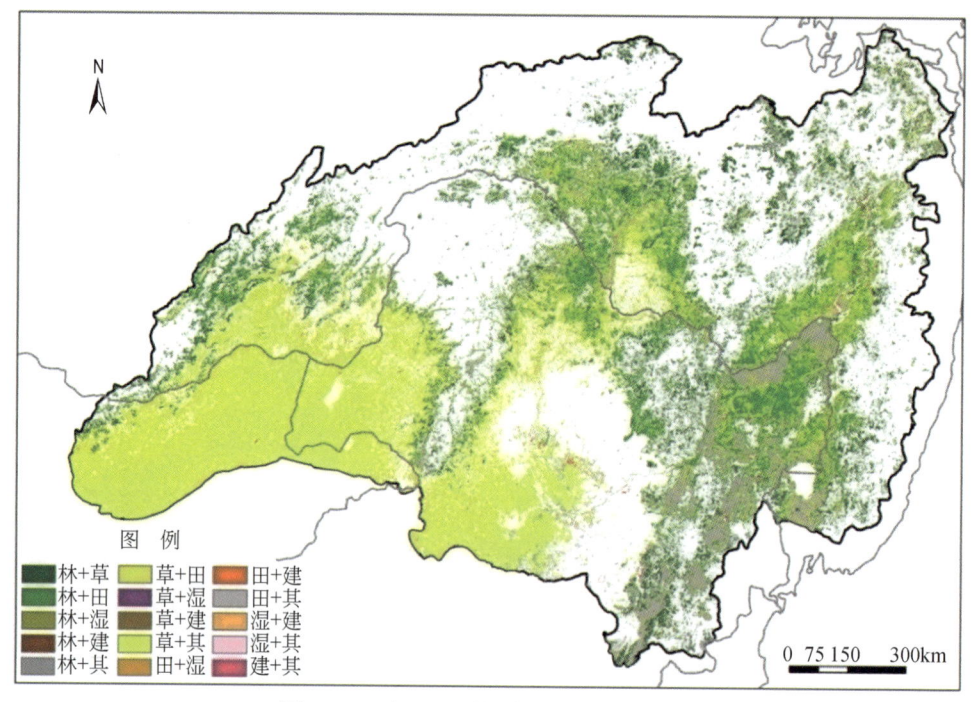

图 2-3　一级土地覆被类型空间不一致性

表 2-3　一级土地覆被类型空间不一致面积对比　　　　　　　　　　（单位：km²）

项目		森林	草地	农田	湿地	建筑用地	其他用地	总面积
		MODIS 数据集						
GlobCover 数据集	森林	827 849.8	52 128.3	140 047.0	1 493.0	720.3	547.5	1 022 785.8
	草地	104 330.8	44 847.3	215 472.0	683.3	809.3	97.0	366 239.5
	农田	1 609.3	209 318.0	224 455.8	262.3	591.5	53.3	436 290.0
	湿地	5.0	15.8	18.3	7.8	0.0	9.5	56.3
	建筑用地	178.3	679.8	2 437.0	14.5	2 899.8	6.0	6 215.3
	其他用地	19 204.0	114 956.5	94 873.5	2 695.8	1 372.8	15 345.3	248 447.8
	总面积	953 177.0	421 945.5	677 303.5	5 156.5	6 393.5	16 058.5	2 080 034.5

2.3　数据集验证

2.3.1　TM/ETM+影像验证

为了验证两种数据一级土地覆被类型空间不一致的区域何种数据较为准确，我们对一级土地覆被类型进行随机采样验证，并参考 TM/ETM+影像得到其实际地物类型，结果如表 2-4 所示。

对验证结果进行分析，发现在两个数据集一级土地覆被类型分布一致的区域中，森林、建筑用地和其他用地准确性较高，达到95%以上。草地和农田准确性较低，草地的准确性在85%以上，农田准确性最低，仅为68%，其中部分森林和草地被误判为农田。两个数据集一级土地覆被类型不一致的区域，在草地和森林不一致的区域，实际土地覆被类型主要是森林，MODIS数据分类较为准确；在森林和农田不一致的区域，实际土地覆被类型主要是森林，GlobCover数据分类较为准确；在森林和湿地不一致的区域，实际土地覆被类型主要为湿地，MODIS较为准确；在森林和建筑用地不一致的区域，实际土地覆被类型主要为建筑用地，MODIS分类较为准确；在森林和其他用地不一致的区域，实际土地覆被类型主要为其他用地，MODIS分类较为准确；在草地和农田不一致的区域，实际上主要为草地，MODIS较为准确；在草地和建筑用地不一致的区域，实际土地覆被类型主要为建筑用地，MODIS分类较为准确；在农田和建筑用地不一致的区域，实际土地覆被类型主要为建筑用地，GlobCover较为准确；在湿地和其他用地不一致的区域，实际土地覆被类型主要为其他用地，GlobCover较为准确；在建筑用地和其他用地不一致的区域，实际土地覆被类型主要为建筑用地，MODIS分类较为准确。总体而言，MODIS数据集准确性要略高于GlobCover数据集。

表2-4 两种数据集不一致区域实际主要地物类型和数据集准确性 （单位:%）

一级类不一致类型	不同数据集准确性 MODIS	不同数据集准确性 GlobCover	不同一级类所占比例 前一级类	不同一级类所占比例 后一级类	实际主要地物类型
森林和草地	68.8	29.2	89.6	8.3	森林
森林和农田	36.0	62.0	64.0	34.0	森林
森林和湿地	66.0	32.0	34.0	64.0	湿地
森林和建筑用地	72.0	24.0	14.0	82.0	建筑用地
森林和其他用地	62.0	34.0	34.0	62.0	其他用地
草地和农田	42.0	32.0	54.0	20.0	草地
草地和湿地	58.0	40.0	40.0	58.0	湿地
草地和建筑用地	64.0	36.0	24.0	76.0	建筑用地
草地和其他用地	50.0	42.0	50.0	42.0	草地
农田和湿地	45.0	50.0	40.0	55.0	湿地
农田和建筑用地	30.0	66.0	14.0	82.0	建筑用地
农田和其他用地	44.0	52.0	44.0	52.0	其他用地
湿地和建筑用地	66.7	33.3	66.7	33.3	湿地
湿地和其他用地	26.0	74.0	26.0	74.0	其他用地
建筑用地和其他用地	90.0	10.0	90.0	10.0	建筑用地

由表2-5可以看出，两个数据集的整体精度均在60%左右，MODIS数据集略高于GlobCover数据集。不同土地覆被类型的准确性各不相同，其中MODIS数据集的森林准确性相对而言较高，约为80%，而GlobCover数据集的准确性仅为56.65%，因此使用森林数据时，我们建议选择MODIS数据集。草地类型准确性约60%，MODIS数据集要高于GlobCover数据集。农田类型的准确性均较差，分别为47.31%和38.77%，

GlobCover 数据集略高于 MODIS 数据集。建筑用地类型的准确性相对而言较高，均在85%以上，MODIS 数据集略高于 GlobCover 数据集，分别为 89.25% 和 85.47%。MODIS 数据集中湿地的准确性约为 50%，而 GlobCover 数据由于湿地面积较小，选择样点较少，不具有代表性。其他用地的准确性差异较大，由于选点较少，MODIS 数据集的准确性在 90% 以上，而 GlobCover 数据集的准确性仅为 50% 左右。

表 2-5 两种数据集不同土地覆被类型准确性

土地覆被类型	MODIS 数据集			GlobCover 数据集		
	总点数	正确点数	准确性/%	总点数	正确点数	准确性/%
森林	149	119	79.87	203	115	56.65
草地	143	87	60.84	205	89	43.41
农田	227	88	38.77	93	44	47.31
湿地	169	85	50.30	6	4	66.67
建筑用地	186	166	89.25	117	100	85.47
其他用地	50	49	98.00	300	155	51.67
总计	924	594	64.29	924	507	54.87

2.3.2 野外考察照片验证

为了验证两种数据集二级土地覆被类型的准确性，2009 年和 2010 年，研究人员分别在黑龙江（阿穆尔河）流域进行野外考察，采集了大量的野外照片，考察路线如图 2-4 所示。尽管 2005~2009 年和 2010 年有一定的时间差，但根据已有的研究资料，黑龙江（阿穆尔河）流域的土地覆被类型变化不大，采用野外照片进行验证，仍有一定的可行性。对采集的野外照片提取 GPS 信息，并进行归类，划分为 6 个考察区。由于野外照片在采集过程中涉及视角及距离问题，因此只作为参考，并不能直接代表该地经纬度上的相关地物。

经过野外考察验证可知，在河流二级土地覆被类型方面，GlobCover 数据比 MODIS 数据准确；在农田二级土地覆被类型方面，GlobCover 数据比 MODIS 数据准确；在建筑用地覆被类型方面，二者均较为准确；尽管 GlobCover 数据比 MODIS 数据斑块化严重，但是在部分区域，MODIS 二级土地覆被类型没有 GlobCover 数据准确；在植被覆盖度较高的区域，二者易将森林、草地、农植镶嵌等二级土地覆被类型混淆，分类均不是很准确。

2009 年的路线主要是沿黑龙江（阿穆尔河）逆流而上，在河流附近采集照片约 210 幅，考察区为 A，照片中地物类型多呈现为河流。MODIS 多将其误判为湿地，GlobCover 将其准确划分为水体，由该区延伸，发现中俄边界的大小河流，MODIS 均将其误判为湿地；而 GlobCover 将其判为河流，较为准确。考察区 B 为哈巴罗夫斯克（伯力）附近区域，采样照片约 500 幅，照片中呈现的地物类型为建筑用地、农田、农植镶嵌及混交林。MODIS 数据中该路线附近主要为建筑用地、农田、农植镶嵌及部分混交林。GlobCover 数据中该路线主要为建设用地、森林、草原、裸地和稀疏植被。二者在建筑

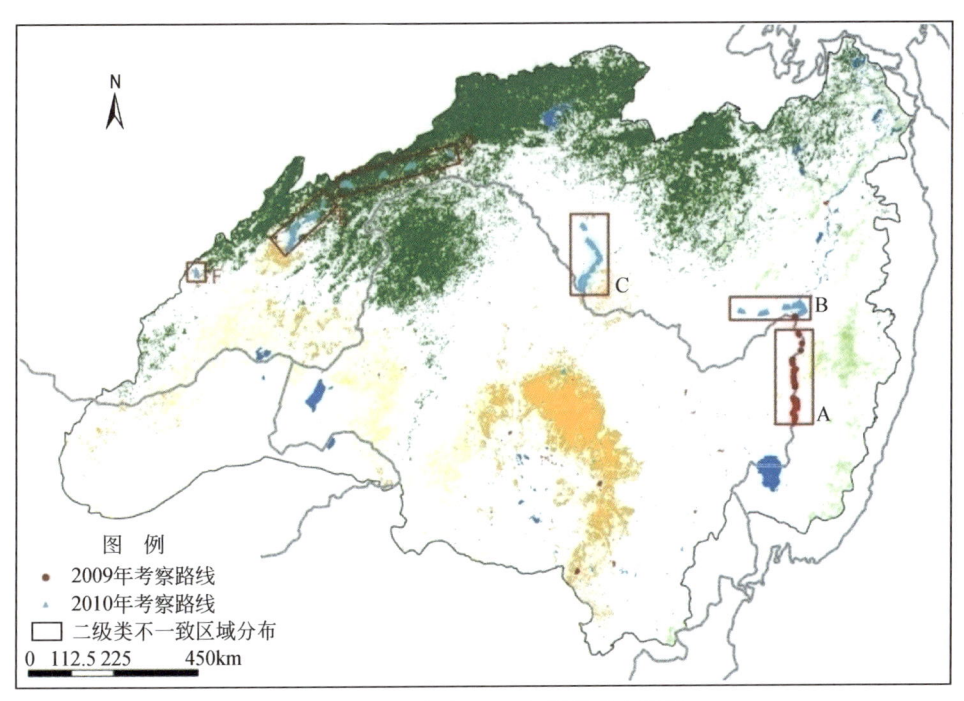

图 2-4 2009 年和 2010 年野外考察路线

用地类型方面均较为准确。整体而言，MODIS 较为准确一些，基本 80%符合；GlobCover 数据只有在考察区 B 东部森林地区较为符合，大概只有 10%符合。考察区 C 为布拉戈维申斯克（海兰泡）附近区域，采样照片约 850 幅，采样照片呈现的区域上方主要植被类型较复杂，包括农植镶嵌、草原、落叶针叶林等。MODIS 数据在该路线附近区域主要为大面积的农田，还有少量农植镶嵌、建筑用地及草原；GlobCover 数据在该路线附近区域主要为农植镶嵌、草原、建筑用地和落叶针叶林。相对而言，GlobCover 数据较为准确一些。考察区 D 采样照片约 400 幅，照片呈现的地物类型多为落叶针叶林。MODIS 数据在该区比较破碎，除落叶针叶林外，还包括城镇用地、农田、农植镶嵌、草原等类型，GlobCover 数据在该区较为单一，多为落叶针叶林，只有小片草原。相对而言，GlobCover 数据较为准确。考察区 E 采样照片约 350 幅，照片呈现的地物类型主要为农植镶嵌和草原、落叶针叶林等。MODIS 数据在该路线附近主要为农田，GlobCover 数据在该区主要为落叶针叶林，二者均不是很准确。考察区有采样照片约 50 幅，照片呈现的地物类型多为农植镶嵌。MODIS 数据主要将该区判为农田，GlobCover 数据将该区判为草原，二者均不是很准确。

第3章 基于MODIS物候特征的黑龙江（阿穆尔河）流域土地覆被分类

3.1 主要思路

3.1.1 已有分类方法的简单综述

3.1.1.1 遥感植被覆盖研究进展

FAO将土地覆被定义为"地球表面可被观察到的自然覆盖"（Antonio et al., 1997），而植被覆盖主要指土地覆被中的植被组分，因此，土地覆被的遥感分类研究同样表现了遥感植被覆盖的发展，本节主要评述土地覆被遥感分类的研究进展。

遥感土地覆被分类过程大体可以分为：数据源选择与数据处理，分类特征提取与选择，分类方法的建立，精度评价。下文主要对分类特征及分类方法进行综述。

(1) 土地覆被分类特征

分类特征是指参与土地覆被遥感分类运算的数据，其数据源既可以是遥感信息，也可以是非遥感信息。由于不同的土地覆被类型在不同的分类特征中表现不同，而不同分类特征的组合则体现了对于土地覆被的内在可分程度，直接关系到分类结果的优劣，同时通过分类特征提取也可以起到压缩数据，提高运算效率的作用。例如，Hansen等（2000）采用从NOVAA-AVHRR数据中提取的41种遥感分类特征，制作全球1km土地覆被数据集，同时也发现AVHRR红波段反射率的年最小值，NDVI的年内峰值和亮温特征是区分土地覆被最有效的分类特征。

常用的土地覆被分类特征根据数据来源的不同可分为：遥感分类特征和非遥感分类特征。

1) 遥感分类特征。遥感分类特征主要体现在光谱维特征、空间维特征和时间维特征。对于光谱维特征，应用最为广泛的是采用代数运算法计算各种光谱指数和植被指数，如归一化植被指数NDVI、增强型植被指数EVI、地表水指数LSWI等。从中低空间分辨率遥感数据获取的NDVI已经广泛应用于区域（Mucher et al., 2000；Homer et al., 2004；徐文婷等，2005）和全球尺度（Defries and Townshend, 1994；Loveland et al., 2000；Hansen et al., 2000；Bartholome and Belward, 2005）的土地覆被制图与监测。然而NDVI对植被背景的影响较为敏感，且在植被覆盖度高的地区，NDVI容易达到饱和，为克服NDVI的这种局限，发展了EVI，与其他植被指数相比，EVI同时消除了大气气溶胶和土壤背景的影响（Huete et al., 2002），同时也有研究表明，NDVI对叶绿素含量比较敏感，而EVI数据更能反映植被冠层结构（Gao et al., 2010），且与地表生物物理参数关系更为密切，如初级生产总量（GPP）、地表温度（LST）（Sirikul, 2006）。也有国内学者针对土地覆被分类比较了 NDVI 与 EVI 的表现，如张培松等（2007）运用 K-均值分类法分别对两种植被指数进行非监督分类。研究表明，两种植被指数的分类结果在总体上是一致的，但在局部区域，NDVI 对水体的分辨能力优于 EVI，而 EVI 对植被则有更强的监测能力。王正兴等（2006）认为 MODIS 开发的 NDVI 和 EVI 对干旱-半湿润环境下低覆盖植被的描述能力相似，而对于湿润环境下高密度植被的表征明显不同，NDVI 年内季节性变化不明显，表现为全年高水平的曲线，而 EVI 仍然有季节性，表现为钟形曲线。同时，也有研究采用主成分变换、穗帽变换、色度变换等变换方法，提取土地覆被的分类特征，如徐永明等（2007）对 MODIS-EVI 时间序列数据进行主成分变换，利用其分量进行长江三角洲的土地覆被分类；Liu 等（2003）也利用主成分变换压缩 AVHRR-NDVI 时间序列数据，并结合地球物理特征进行中国的土地覆被制图。

对于空间维特征，空间纹理信息应用更为广泛。例如，全球免费分发的 MODIS 土地覆被产品开发就引入红波段的最大纹理作为分类的输入特征（Friedl et al., 2002）；刘勇洪（2004，2005）在土地覆被分类中加入空间纹理特征，以探讨其对于分类精度的影响；徐永明等（2007）也在长江三角洲的土地覆被分类中，引入了均质度 Homogeneity 以提高分类精度。

时间维特征主要指与植被物候相关的特征，因为随着时间的年内推移，不同土地覆被类型表现出明显的季节变化差异，而这种差异可以用来区分不同的土地覆被类型。具有高时间分辨率的遥感数据，如 AVHRR-NDVI、Terra-MODIS、Envisat-MERIS 等能够有效地捕捉到这些信息。例如，Hansen 等（2000）将表征植被生长季植被状况的 8 个最绿月 NDVI 的最大值，最小值及振幅应用到土地覆被分类中。张霞等（2006）从 MODIS-EVI 的季节曲线中，提取 EVI 年内最大值、最小值、振幅、生长季长度、生长季 EVI 积分值等 5 个植被物候特征，用于华北平原的土地覆被识别。

2）非遥感分类特征。植被的空间分布与环境特征（如气温、降水、地形、土壤等）密切相关，同时，GIS 技术的广泛应用与快速发展也为各种地理数据集的生成提供了技术支撑，例如，基于 GIS 平台，利用 Kriging、趋势面分析、反距离权重等方法，实现由点到面的插值过程，生成温度、降雨等面数据（Horierka et al, 2002；石朋和芮孝芳，2005）。常用于土地覆被分类中的非遥感分类特征包括地形因子、降雨、温度等。例如，全球免费分发的 MODIS 土地覆被产品中就引入了高程特征（Friedl et al., 2002）。Liu 等（1998）将地球物理数据（降雨、温度、高程）加入 NOVAA-AVHRR 遥感影像的分类，提高中国土地覆被分类的精度。中国科学院遥感应用研究所在参加 2000 年全球土地覆被计划时，利用 DEM、积温和降水等通过层次分析法（AHP）合成了自然因子数据，将其作为输入特征，参与 SPOT-VGT 分类，制作中国 2000 年土地覆被图，而且取得了较好的分类效果（徐文婷等，2005）。

综上所述，可以得出以下结论：①在遥感土地覆被分类中，分类特征的选择与提取至关重要，它表征了地物间的可分性，决定最终分类结果的优劣。②基于遥感数据的光谱维分类特征已经广泛用于土地覆被分类，而空间维分类特征则应用较少，时间维分类特征的建立主要是以遥感数据源能够提供高时间分辨率数据为前提，同时由于时间维分类特征明确表征了植被物候，具有重要的生态意义，其在土地覆被的遥感分类中将起到更加重要的作用。③考虑到植被的空间分布与其所处的地理环境关系密切，且GIS技术的发展提供了获取这部分数据的技术支撑，非遥感分类特征在土地覆被分类中发挥重要作用。常用的非遥感分类特征包括地形因子、温度、降雨等，这部分数据参与遥感分类时，空间插值精度及尺度效应是不得不考虑的问题。④选择合适的分类特征一方面可以有效地识别地物，另一方面能够降低数据维度，提高分类效率，这对于解决大区域至全球尺度土地覆被分类数据量庞大问题尤为重要。可用于土地覆被分类的分类特征众多，但不存在一种分类特征能够有效识别所有地物类别，利用多种分类特征参与分类是提高分类精度的有效方法。

（2）土地覆被分类方法

图像分类是将图像中每个像元根据其在不同波段的光谱亮度、空间结构特征或其他信息，按照某种规则或算法划分为不同的类别（赵英时，2003）。分类的算法根据不同的标准可以分为多种类型，如可以分为基于像元与亚像元的分类算法，参数与非参数的分类算法，也可以根据是否需要先验知识分为监督分类和非监督分类算法。

传统基于统计理论的算法是土地覆被分类应用较为广泛的算法。该类算法建立在统计理论上，要求样本数据遵循统计特征分布。典型的算法包括最大似然法、最小距离法、迭代自组织数据分析法（ISODATA）等。其中最大似然法应用较为广泛，该算法的优点表现在算法简单、稳定、可重复性强，能够实现快速土地覆被监测，是大区域土地覆被制图和监测中不可替代的算法，然而该类算法也存在对数据的统计特征要求严格的缺点。Xiao等（2002）采用ISODATA算法进行东北森林制图。该算法的优点表现在，不需要预先对研究区有深入认识，人工干预较少使得分类较为客观，同时对于独特的、数量小的类别也能够识别出来。其缺点也主要来源于对"自然"的过分依赖，产生的集群组不一定是分析者想要的，而且也很难对产生的类别进行控制。就该类算法来说，由于其基于严密的统计理论，对输入数据质量有严格的要求。

为克服传统分类算法统计假设的限制，发展了多种更先进的遥感分类算法，如决策树算法（Breiman et al.，1984）、神经网络算法（Kavzoglu et al.，2003）、支持向量机（Huang et al.，2002）等。

Breiman等（1984）提出决策树理论，并已经广泛应用于遥感土地覆被分类中（Defries et al.，1998，2000；Hansen et al.，2000；刘勇洪等，2006）。决策树的建立主要有两种方式——人工和自动。人工建立决策树模型主要基于分析者的经验，通过反复试验和设定阈值，建立二叉树模型，区分各个土地覆被类型（张霞等，2006），建立决策树的过程具有很强的主观性，而且需要进行大量的试验和调整。基于自动方式建立的决策树模型，需要预先选定训练样本，通过训练样本训练决策树模型，其原理是基于树的每个结点定义的检验以回归方式将数据集分割为亚类（Brodley et al.，2000）。由于决策树的非参数和树结构特性，其在处理由于云覆盖和星下校正反射率数据不全造成的缺失问题上有良好的表现（刘勇洪等，2005），且对训练样本必须遵循正态分布的假设没有要求（Eric et al.，2006），因此，与传统分类算法比较，决策数更适合于处理非正态、非同质（分布不均）的数据集。决策树方法结构清晰，易于理解和解译，没有黑箱结构，和分析人员有着良好的交互性和透明性，能够融合辅助数据，采用分级形式，针对不同集合选取不同的标准和方法进行最有效的划分，可将复杂问题逐步简单化，将研究目标——识别开（Pal et al.，2002）。同时基于数据挖掘技术的 C5.0、CART 及 See 5.0 等自动建立决策树的算法能够找出隐含在训练样本中模式类的特征，基于训练样本自动建立决策树及决策规则（李明诗等，2006）。马里兰大学开发的 1km 全球土地覆被数据集就是基于监督决策树建立的，识别出年内红波段反射率最小值、NDVI 年内峰值和亮温最小值是决策树建立使用最多的特征（Hansen et al.，2000）。该类算法的优点在于具有非参数的特性，可用于描述非线性的相互作用（Joy，2003）。决策树的建立并非基于训练样本服从正态分布的假设，因此，更加适合大区域非正态、非均质的数据集的土地覆被分类。该算法缺点主要表现在决策树算法对于过多采样的类别过多估计（Lotsch et al.，2003），而且在样本量不足时分类精度不高（刘勇洪等，2005），这就表明了该类算法对样本的数量表现敏感。

除此之外，又发展了神经网络、支持向量机等算法。近年来，神经网络在土地覆被分类应用方面逐渐广泛。例如，骆成凤等（2005）利用 BP 神经网络算法，以 MODIS 反射率产品为主要遥感数据源，提取新疆土地覆被数据。Gopal 等（1998）基于 AVHRR-NDVI 数据，利用 Fuzzy ARTMAP 算法获取了全球 1° 土地覆被数据集；利用神经网络算法进行土地覆被分类最主要的优势在于该类算法考虑处理结构、容差和统计灵活性，而且对于数据缺失或噪声信息算法比较稳定，它不基于统计假设，是一种完全非参数的算法（Borak et al.，1999）。但该算法要求较高质量的样本，而且对样本数量变化的敏感程度不如传统的最大似然分类算法（刘勇洪，2005）。Huang 等（2002）详细测试了支持向量机的各个参数对于土地覆被分类的影响，表现了其在土地覆被制图中的优势，但文中并没有测试算法对于非遥感特征的表现。

这些算法具有各自的优缺点，应用到土地覆被分类时，应该根据数据源的质量、研究的目的、尺度及分析者对研究区的熟悉程度选择合适的算法或综合运用多种算法。

由于地表覆盖复杂多样，地物本身也处在不断变化中，经常出现"同物异谱"和"同谱异物"的现象，仅仅依靠单一的遥感数据源有时就显得有些力不从心，因此，创造性地运用遥感数据源及辅助数据要比发展更先进的分类器和制图算法更能够提高土地覆被制图的精度。综合运用多种数据源进行土地覆被分类也显得日益重要，Liu（2002）利用从 Landsat 影像获取的分类结果训练人工神经网络，从而在 MODIS 像元内进行各种土地覆被类型的识别。许多研究也将地理数据作为一种辅助数据源参与土地覆被分类（Liu et al.，1998；Friedl et al.，2002；刘爱霞等，2007）。Liu 等（2003）提出一种基于气候区划进行土地覆被分类的方法，并在中国区进行土地覆被分类，研究表明该方法对于大尺度土地覆被制图是可行的。该方法的优点在于：①充分考虑大区域土地覆被的地理环境特征，土地覆被分类不仅仅依靠遥感影像的光谱特征，更能体现其本身的地理规律；②引入气候区划的方法，划分地理环境相对同质的小区，提高了训练样本可信度，同时可以针对不同气候区选择分类特征，也可以对不同的气候区进行分类后的分区校正，使分类过程更加灵活。但在该方法中对于各个分区分类特征的选择主要依靠专家知识，主观性过强，同时各气候区分类结果整合为全区分类图时，各区接边问题有待探讨。徐文婷等（2005）（GLC 2000）制作中国区土地覆被图时引入了该气候区划的方法，并根据不同分区各自然环境因子的重要性不同，采用层次分析法来确定各因子权重合成自然因子数据，加入土地覆被分类。

综上所述，可以得出以下结论：①每种分类算法有各自的优缺点，进行土地覆被分类时，应该根据数据源的特点，研究的目的和尺度选择合适的算法或综合运用多种算法；②结合多种数据源进行遥感土地覆被辅助分类已经成为一个重要的方向，生态地理区划方法应该引起重视。利用辅助数据的一个主要障碍是辅助数据与遥感数据之间的不匹配。当将辅助数据应用到遥感图像分类时，有时必须对其进行预处理，但这种处理往往引起额外的误差，阻碍辅助数据的有效应用。另外，众多的辅助数据中选择哪种辅助数据参与分类也成为一个重要的决策问题。

3.1.1.2 黑龙江（阿穆尔河）流域植被动态研究进展

近年来，有关黑龙江（阿穆尔河）流域植被动态研究主要集中在植被物候、植被覆盖、碳动态及植被动态的模拟与预测等方面。

（1）植被物候变化

植被物候是气候变化敏感而且便于观测的生物因子，能够影响陆地生态系统过程和服务（Noormets，2009），尤其在全球变暖的影响下，北半球高纬度地区植被对于气候变化的响应就显得尤为重要。

许多学者就这个问题开展了大量的研究，取得了许多成果。例如，Delbart 等（2005）利用 SPOT-VGT 的归一化水指数（NDWI）提取了西伯利亚地区植被生长季开始期，进行生长季开始期反演的方法探索。将该方法进行改进和应用后，研究人员发现北部西伯利亚地区植被春季物候的动态具有显著的时空异质性，1982~2004 年春季物候的开始期提前了 3.5d。其中，1982~1991 年春季物候提前了 7.8d，但 2000~2004 年春季物候延后了 7d（Delbart et al.，2006）。将其应用到北部欧亚大陆春季物候的时空变化研究中，发现 1982~2002 年春季物候提前，速率为每年提前 0.38d。1991~2005 年植被物候出现延后，延后速率为 0.92d/a（Delbart et al.，2008）。Debeurs 等（2005）研究北半球高纬度样带地表物候对气温变化的响应时，发现西伯利亚样带的植被 NDVI 峰值日期提前了 6.3d（1995~1999 年与 1985~1988 年比较）。Jacoby 等（1996）根据蒙古 tree-ring 分析发现在气候变暖的影响下植被光合作用增强。Myneni 等（1997）研究发现，1981~1991 年，北半球高纬度（45°N~70°N）地区植被生长季开始日期提早了 8±3d，同时生长季长度增加了 12±4d。

在气候变化的影响下，北半球中高纬植被物候已经发生了显著变化，但具体是哪些气候因子起到了关键性作用，许多学者也对这个问题进行了探讨。Zhou 等（2003）认为气温是导致 1982~1999 年北半球高纬度地区（40°N~70°N）森林植被变绿的主要原因，同温层气溶胶的光学厚度及降水影响较小，而太阳天顶角的影响可以忽略。Suzuki 等（2003）认为解释北亚 45°N~50°N 纬度带植被开始变绿，最大值和落叶期的经度方向变化梯度的主要原因在于降水差异。Zhou 等（2001）则指出可能由于气温与降水的双重影响，欧亚大陆高纬度地区（40°N~70°N）植被生长季开始期提前，结束期延后，生长季延长，生长季 NDVI 振幅增加。

（2）植被覆盖变化

植被动态变化的另一个方面体现在植被覆盖类型的改变，而这种改变在短时间尺度上主要是由于人类活动或其他干扰导致，在中长期时间尺度上，反映出气候变化的影响。植被的现实状况往往叠加了人类活动与气候变化的双重作用，而植被覆盖的变化也可以反映出气候变化与人类活动的影响。

近年来，研究人员也在积极地分析黑龙江（阿穆尔河）流域的植被覆盖变化的时空格局，探讨其原因。张树文等（2006）系统分析了20世纪80年代以来东北地区土地利用/土地覆被变化的时空分异，指出90年代中期以前的林地减少与耕地、草地增加的速率明显高于90年代中期以后，同时各种土地利用/土地覆被转换模式存在明显的空间差异性。Shen等（2009）认为由于农田扩张和城市化，截至2000年，三江平原东部地区森林和湿地大量减少。徐新良等（2004）指出，1985~2000年东北林地发生大幅度变化。其中，大小兴安岭和长白山山麓地带林地动态变化最为强烈，主要表现为林草开垦与退耕还林。陈静等（2009）研究发现，近15年来东北湿地发生显著萎缩，湿地斑块减少的同时湿地景观破碎度不断上升，形状更加不规则。而金翠（2009）和国志兴等（2008）则从植被NDVI变化的角度分析东北植被变化，发现1982~2003年东北地区森林、草地及农田植被呈现总体下降趋势，但在西辽河平原和松嫩平原农田植被覆盖呈上升趋势；2001~2007年林地NDVI变化幅度较小，而呼伦贝尔草原区、科尔沁草原及辽河中下游平原农田区及黑龙江省、吉林省及内蒙古交界处的农牧交错区则变化幅度较大。

Achard等（2006）识别了20世纪90年代以来北部欧亚大陆森林覆被快速变化的区域，发现由于人类活动影响，黑龙江（阿穆尔河）流域森林覆被发生不同程度的变化，其原因主要为火灾频率的增加，森林清伐或择伐，在流域西部的赤塔州及大兴安岭外部（阿穆尔州）地区以火灾频发为主，在中国大小兴安岭以高强度森林择伐为主，在流域东部阿穆尔河入海口及滨海边疆区以高强度择伐与清伐为主。Potapov等（2008）利用MODIS与Landsat影像评估了北部森林的损失，指出由于森林火的影响，东西伯利亚森林损失严重。Haruyama等（2011）选择了5个样区分析1982~2000年黑龙江（阿穆尔河）流域的植被动态变化，研究表明，在各个样区中，植被动态表现出明显的空间与时间格局差异。

（3）碳动态研究

植被作为影响全球碳平衡的重要因子，其动态变化势必会引起碳收支的改变。Schimel等（2001）指出，由于废弃农田的再生植被、森林火的有效干预及生长季延长等，北半球的中高纬度地区成为净碳汇区。同样，Schulze等（1999）的观点也与之较为相似，他们认为在西伯利亚地区森林砍伐地区的再生森林仍然是弱碳汇。但当植被结构和功能的改变超过一定阈值时，也将引起碳收支质的改变，如Piao等（2009）发现，由于森林过度砍伐和退化，东北地区已经成为净碳源。

（4）植被动态模拟与预测

根据植被动态与气候变化的相关研究，学者们逐渐认识到西伯利亚地区植被变化的气候机制。Suzuki等（2001）指出西伯利亚地区植被生长最优的气温—降水环境是月最高温为18℃。Balzter等（2007）认为东西伯利亚可能主要受"El Niño—降水机制"控制（严重火灾发生在厄尔尼诺年），中西伯利亚主要受"北极波动—温度机制"控制。

根据气候变化与人类活动对于植被影响机制出发，采用模型或经验推测，许多学者预测了黑龙江（阿穆尔河）流域及相邻区域的植被动态变化。Bergen等（2003）指出，由于一些自然和人为因素（森林火、气候变化、森林砍伐、人口、采矿、病虫害及农田撂荒）的持续影响，俄罗斯森林仍将继续发生变化。Tchebakova 等（2009）进一步根据模型预测由于气候变暖的影响，到 2080 年西伯利亚地区森林将继续减少，该地区 50% 以上地区将以森林-草原和草原生态系统为主。同样，吴正方等（2003）也得到类似的结论，认为由于气候变化的影响，东北地区植被暖温带和温带范围明显扩大，寒温带森林萎缩甚至退出东北，植被分布界线明显北移，同时半干旱与半湿润区扩大，湿润森林逐渐萎缩转化为温带草原。但也有相反的结论，如 Yue 等（2007）认为，未来 100 年，由于气候变化的影响，中国耕地将大量减少，林地大量增加；Xu 等（2001）预测，到 2030 年，红松林潜在分布区的南部边界纬度将向北移 0.1°~0.6°，其北界将向北移 0.3°~0.5°，森林扩张面积约 3.4%。

综上所述，可以得出以下结论：①将黑龙江（阿穆尔河）流域作为一个整体生态地理单元进行植被动态的研究匮乏，目前已有的研究主要是以行政界线为界，对流域的蒙古、中国和俄罗斯部分分别进行研究，这样就导致各国的研究结果没有可比性，而无法全面理解流域的植被动态变化。②近几十年，在全球气候变暖的影响下，黑龙江（阿穆尔河）流域及相邻区域植被物候对气候变化的响应明显，虽然许多证据表明，气候变暖使得植被生长季开始期提前，生长季长度延长，植被光合作用更为活跃。但也应该清楚地认识到，植被物候的变化存在明显的时空异质性，且对于有些区域或某些时段，植被物候变化趋势甚至是相反的。同时也应该看到，对于不同区域对植被物候变化起主要作用的气候因子也不尽相同。因此，全面理解黑龙江（阿穆尔河）流域植被物候对于气候变化的响应，需要及时更新近年来黑龙江（阿穆尔河）流域植被物候对于气候变化的响应，定量分析其时空异质性。③黑龙江（阿穆尔河）流域近几十年来，由于气候变化及人类活动的影响，植被覆盖变化显著。同时，在流域的中国侧、俄罗斯侧及蒙古侧，植被覆盖变化具有明显的时空异质性。植被覆盖的变化表现为对气候变化的响应，在短时间尺度内植被覆盖类型的突变主要体现了人为活动或其他干扰（如火灾）的影响。

3.1.2 黑龙江（阿穆尔河）流域土地覆被分类思路构建

(1) 训练样本的选择

在选择训练样本前，需要定义本书的分类系统。由于本书重点在于分析植被覆盖的变化特征，因此，仅对植被覆盖进行详细划分，根据 FAO-LCCS 分类系统框架，建立本书的植被覆盖分类系统（表 3-1）。

表 3-1 黑龙江（阿穆尔河）流域植被覆盖分类系统

一级类	二级类	描述
森林	落叶针叶林	主要由年内季节落叶的针叶树覆盖的土地
	常绿针叶林	主要由常年保持常绿的针叶树覆盖的土地
	落叶阔叶林	主要由年内季节落叶的阔叶树覆盖的土地
	针阔混交林	由阔叶树和针叶树覆盖的土地，且每种树的覆盖度为 25%~75%
	灌丛	木本植被，高度 0.3~5m

续表

一级类	二级类	描述
草地	郁闭草地	草本植被，覆盖度>65%
	开放草地	草本植被，覆盖度40%~65%
	稀疏草地	草本植被，覆盖度15%~40%
农田	农田	主要由无需灌溉或季节性灌溉的农作物覆盖的土地或需要周期性灌溉的农作物（主要指水稻）覆盖的土地
湿地	湿地	由周期性被水淹没的草本或木本覆盖的潮湿平缓地带
其他土地覆被类型	其他土地覆被类型	主要指地表几乎没有植被覆盖或植被较稀疏的土地，包括裸地、苔原、人工建筑用地、水体等

代表性好且数量足够的训练样本对于土地覆被分类至关重要。在本研究中，充分利用野外采样数据、遥感影像及参考数据，进行训练及验证样本的选择，以确保样本选择的准确性。黑龙江（阿穆尔河）流域主要涉及俄罗斯、蒙古及中国3个国家，流域的国内及国外部分收集的参考数据翔实程度不同，区域的先验知识有所差异，针对这种情况，本书采取的策略是：①利用国内部分翔实的参考数据作为土地覆被大类的总体控制和参考，进而采用野外采样数据、QuickBird高分辨率影像、Landsat-ETM+进行多尺度逐级参考和确认，从而建立主要地类的MODIS影像标识；②对于国外部分的特殊地类，首先根据MODIS-EVI时间序列曲线进行判定，如果明显可识，建立其影像标识，若无法判定，则利用QuickBird和Landsat-ETM+影像，并结合DEM等数据进行综合分析和确认。

课题组分别于2008年10月和2010年8月对东北地区及俄罗斯进行了土地覆被的野外考察（图3-1），主要在公路或铁路的沿线，采取定点照相的方法，获取地表的野外真实情况。根据野外考察的路线，下载相应位置的QuickBird影像，并进行影像拼接和空间配准。将已配准的QuickBird影像、野外采样点及Landsat-ETM+影像在ArcMap中叠加显示，建立土地覆被类型的多尺度识别特征，并结合MODIS-EVI季节曲线，进行空间尺度的逐级上推，识别典型地类的分布区，从而进行训练样本与检验样本的选择。每个生态气候分区分别选取，并保证每次采样不超过5个像元，每种土地覆被类型不少于200个像元。采样后将总体样本以7:3的比例进行分组，70%的样本作为决策树生成训练样本，30%用于检验模型的分类精度。

图3-1为2008年和2010年土地覆被遥感野外采样点的分布图，并以草地的样点为例，说明其地表真实状况［图3-1（b）］及其在QuickBird高分辨率影像和Landsat-ETM+影像中的特征［图3-1（a）］。

(2) 分类算法

采用See 5.0决策树算法对每个生态气候区分别进行土地覆被分类。决策树是等级非参数的分类算法，能够清楚地揭示输入变量与输出土地覆被类型之间的关系，同时不受数据服从正态分布的限制。See 5.0决策树是一种监督决策树算法，即根据训练样本构造二叉树并进行决策分类，其主要思想为：基于二叉树的结构，在一定的规则下对含有全部训练样本的根节点进行两个子节点分割，然后在子节点上进行同样的分割，反复

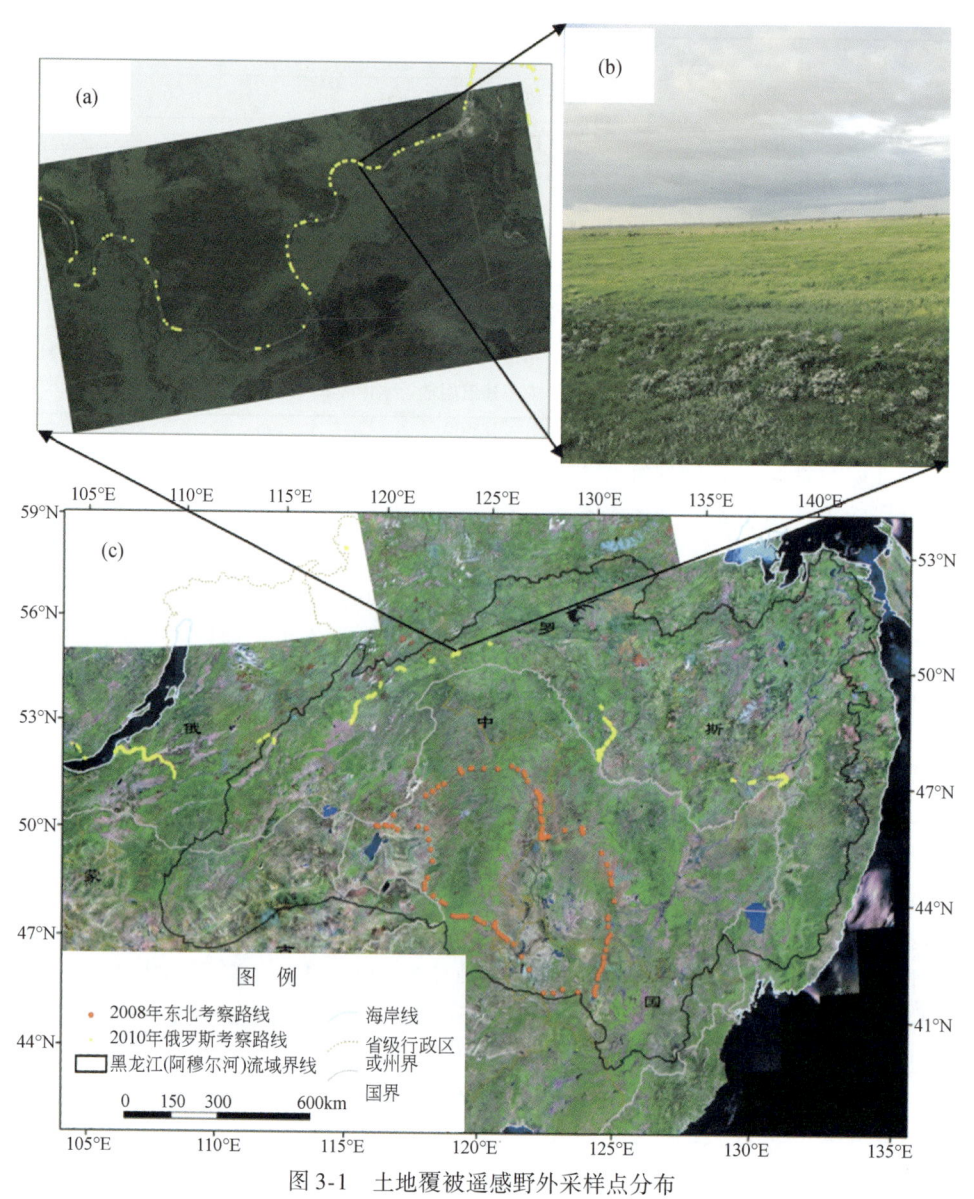

图 3-1　土地覆被遥感野外采样点分布

注：底图为 2000 年 Landsat-ETM+ 影像 5，4，3 波段假彩色合成图。其中，(a) 草地样点所对应的 QuickBird 影像；(b) 草地样点的野外照片；(c) 2008 年和 2010 年遥感野外考察样点数据。

循环直至不可再分为叶节点为止。相对于人工方式建立决策树的方法，监督决策树降低了分析者的干预，使决策树建立更为客观。同时 See 5.0 提高了处理数据缺失的能力，并引入了剪枝（pruning）和增强（boosting）技术，以提高分类精度。由于监督决策树在土地覆被分类中具有的多方面优势，研究学者已经将该算法成功用于全球土地覆被分类（Friedl et al.，2002，2010）。

本文主要利用 See 5.0 商业软件（V 2.01）实现决策树的建立。根据训练样本，建立各个分区的决策树模型，而后将建立的决策树模型应用到各个分区进行生态气候区的土地覆被分类，并识别出各个生态气候区植被覆盖识别最有效的分类特征。本书中应用的分类特征见表 3-2。

表 3-2 黑龙江（阿穆尔河）流域植被覆盖应用的分类特征

分类特征	详细描述	来源
植被物候特征集	年内基值，生长季开始期，结束期，生长季长度等 11 个物候指标	MODIS-EVI 时间序列数据
EVI 季节曲线统计特征	主要包括：EVI 季节曲线的最大值，最小值，均值及标准差	经 S-G 滤波处理后的 MODIS-EVI 数据
地理环境特征	主要包括：高程，坡度及坡向	SRTM-DEM 中提取

（3）植被覆盖分类精度验证

如前文所述，本书主要采用总体样本的 70% 构建决策树，而将余下的 30% 样本检验决策树模型预测的精度，各个分区植被覆盖分类精度见表 3-3。可以看出：①各个生态气候区植被覆盖分类的总体精度均在 80% 以上，表明建立的决策树模型预测植被覆盖较好。同时，应该注意到，本书采用的检验样本是取自各个植被覆盖类型代表性区域，这可能导致分类精度的高估。②对于黑龙江（阿穆尔河）流域的植被覆盖分类，使用最频繁的分类特征分别是 EVI 季节曲线年内最大值、年内均值、年内标准差及植被凋落速率 4 个分类特征。③2009 年各个生态气候区的分类效果要优于 2001 年的分类结果，可能由于流域近 10 年景观格局的变化，也与数据预处理的精度相关。

表 3-3 黑龙江（阿穆尔河）流域生态分区植被覆盖分类精度检验

2001 年				2009 年			
生态气候区	最有效分类特征	检验样本数	总体精度 /%	生态气候区	最有效分类特征	检验样本数	总体精度 /%
Zone 1	EVI 年内最大值	1347	84	Zone 1	EVI 年内最大值	1279	88.4
Zone 2	EVI 年内均值	3024	85.2	Zone 2	EVI 年内均值	3008	87.8
Zone 3	EVI 年内标准差	1153	85.8	Zone 3	植被凋落速率	1009	92.9

3.2 数据处理及 MODIS 物候特征提取

3.2.1 主要数据源介绍

作为全球气候变化敏感且直接的生物指示器-植被物候（Chmielewski et al.，2001）日益受到重视，不仅由于植被物候便于观测、能够快速响应气候的变化（Menzel，2000），而且植被物候的改变能够影响陆地生态系统过程和服务（Noormets，2009；Richardson et al.，2010），进而影响人类的福祉。

传统植被物候的获取主要靠观察员通过目视观察记录特定站点的各种动植物物候期（中国科学院地理研究所，1965；Cleland et al.，2007），虽然具有客观和准确的特点，与局域或小区域的气候关系密切（Crimmins et al.，2010；Askeyev et al.，2010），但由于这只是定点、定株或对特定物种的观测，且全球许多地区缺乏覆盖面广、时间序列长的物候观测数据，应用该方法难以进行大尺度的植被物候时空分析。

同时，也有一些学者利用植物物候与气候之间的密切关系，通过长时间序列的气候变量模拟预测植物物候。如 Schwartz 等（2002）利用春季指数（spring indices，SI）发展了基于丁香和金银花灌木的气温驱动物候模型，模拟美国落叶阔叶林及混合林样区的生长季开始期，而后又将该方法应用到整个北半球，选择近 400 个物候观测站点，模拟与分析北半球生长季开始期的空间格局及对气候变暖的响应，研究认为模型模拟结果与其他研究表现出很好的一致性（Schwartz et al.，2006）。陆佩玲（2006）利用 50 年间春季气温及木本植物开花期物候资料，建立了北京地区 4 种树木的开花期的预测模型。建立气候驱动的物候模型的优势是利用长时间序列的气候数据，能够在时间和空间维度上扩展物候信息，但其往往是针对一种或几种物种建立的气候驱动模型，只能表现特定地区大致的物候信息（Schwartz et al.，2006）。

近 20 年间遥感数据广泛用于植被物候研究，主要因为遥感技术以时空近连续的方式监测陆地表面植被动态，能够反映植物生长发育的季节与年际变化的状态，具有将特定植物物候观测延展到完整和连续的景观物候格局的潜力（Betancourt et al.，2005），该手段的出现与发展为植被物候研究提供了新的技术手段和发展机遇。

本章在对遥感植被物候期内涵理解的基础上，利用模型方法反演黑龙江（阿穆尔河）流域 2001~2009 年植被物候，并利用站点物候观测数据对模型反演结果进行验证。

3.2.2　MODIS 物候特征提取

3.2.2.1　提取方法

由于遥感技术提取植被物候信息与传统物候期界定的差异，发展了多种提取遥感植被物候的方法，如①阈值法（White et al.，1997；Suzuki et al.，2003；于信芳等，2006；Heumann et al.，2007）；②斜率法（Zhang et al.，2004）；③曲线拟合法（Eklundh et al.，2009）；④数据变换法（Roerink et al.，2003）。

本书主要采用动态阈值与双 Logistic 曲线模型结合的方法，提取黑龙江（阿穆尔河）流域植被物候特征，主要具有以下两点优势：

1）动态阈值法：传统阈值法将整个区域设定统一的阈值，植被指数季节曲线超出这一阈值则认为是生长季的开始（结束）期。这种方法存在明显的缺陷，因为植被指数综合反映了植被的生长发育过程，与植被类型、植株的密度、植被的冠层结构、叶面积指数及叶绿素含量有很密切的关系，因此，对于不同的植被类型来说，相同的植被指数并不能代表相同或相似的生长发育阶段。相比较而言，动态阈值法并不以绝对阈值判定作为植物生长开始与结束的时间，而是根据 EVI 的季节曲线，逐像元判断，认为 EVI 增长到当年 EVI 振幅一定百分比的时刻为生长季的开始期，降低到 EVI 振幅一定百分比的时刻为生长季的结束期，这样就克服了空间上不同土地覆被类型及时间上不同年份 EVI 曲线变化双重因素的干扰，进而使得到的物候变量在时空域上具有更好的一致性与可比性。

2）双 Logistic 模型拟合方法：基于植被的生长特性，其冠层变化在短时间内应该是缓慢的，因而真实的 EVI 曲线应该是平滑连续的。但采用的遥感数据往往是经过了最大值合成处理，如 MODIS-EVI 时间序列数据经过了 16 天合成处理，因此，可能导致检测到的生长季开始（结束）期提前。而采用 Logistic 曲线进行拟合，可以很好地保留季节曲线的趋势性（Beck et al.，2006），还原 EVI 曲线的季节连续性，从而可以更准确地反映生长季开始的实际日期。

本书提取物候特征的过程主要在 Timesat 程序下完成（Jönsson et al.，2002，2004；Eklundh et al.，2009），共提取了 11 种物候特征。

（1）双 Logistic 模型拟合

Timesat 中利用双 Logistic 函数进行曲线拟合及物候信息提取的主要思想是：基于加权的最小二乘法，利用双 Logistic 函数拟合 EVI 季节曲线的外包络线。本书中权重的确定主要是依据 EVI 质量标识 reliability 文件，reliability 中为 0 的数据点表示该 EVI 值为高质量可靠数据，设置权重为 1；reliability 中为 1~2 的数据，表明数据有用，但也可能有雪或冰覆盖，设置其权重为 0.5；reliability 中为 3 的数据点表示该像元由于云的覆盖，不可见，将其权重设为 0.1。

利用双 Logistic 函数对 EVI 曲线进行拟合，首先对极值点周围的数据点进行局部拟合，而后将局部拟合结果拼接起来，完成全局拟合。

局部函数的通用公式为

$$f(t) = c_1 + c_2 g(t, x_1, x_2, x_3, x_4) \tag{3-1}$$

式中，t 表示时间；c_1，c_2 为通用函数中的常数，分别决定了双 Logistic 函数的基值和振幅；x_1，x_2，x_3，x_4 决定了基函数 $g(t, x_1, x_2, x_3, x_4)$ 的形状。

双 Logistic 基函数的表达式为

$$g(t, x_1, x_2, x_3, x_4) = \frac{1}{1 + \exp\left(\frac{x_1 - t}{x_2}\right)} - \frac{1}{1 + \exp\left(\frac{x_3 - t}{x_4}\right)} \tag{3-2}$$

式中，t 表示时间；x_1 决定了左边拐点的位置；x_2 给出了左边变化速率；x_3 决定了右边拐点的位置；x_4 相应给出了右边变化速率。

式（3-1）、式（3-2）中的 c_1，c_2，x_1，x_2，x_3，x_4 参数主要由最小化式（3-3）中优质方程来确定，而由可分离的 Levenberg-Marquardt 方法（Madsen et al.，2004）完成最小化的过程。其中，(t_i, y_i) 代表了在极大值或极小值周围的 EVI 的数据点。

$$\chi^2 = \sum_{i=n_1}^{n_2} [w_i \times f(t_i) - y_i]^2 \tag{3-3}$$

式中，w_i 为权重；n_1，n_2 为邻近点的起始位置。

同时，由于局部拟合函数在极值点周围拟合效果较好，在距离极值点更远的数据点拟合效果不佳，因此，需要将局部拟合结果拼接起来形成全局拟合函数，主要依据式（3-4）进行局部函数的全局拼接：

$$F(t) = \begin{cases} \alpha(t) \times f_L(t) + [1 - \alpha(t)] \times f_C(t), & t_L < t < t_C \\ \beta(t) \times f_C(t) + [1 - \beta(t)] \times f_R(t), & t_L < t < t_C \end{cases} \tag{3-4}$$

以 2004~2006 年长白山地区落叶阔叶林样点为例，进一步说明 Logistic 模型拟合的过程（图 3-2）。其中，曲线表示了 Logistic 模型拟合的结果，由于加入了 EVI 质量可靠性信息，模型更倾向于拟合高质量数据点，降低了低质量数据的影响。

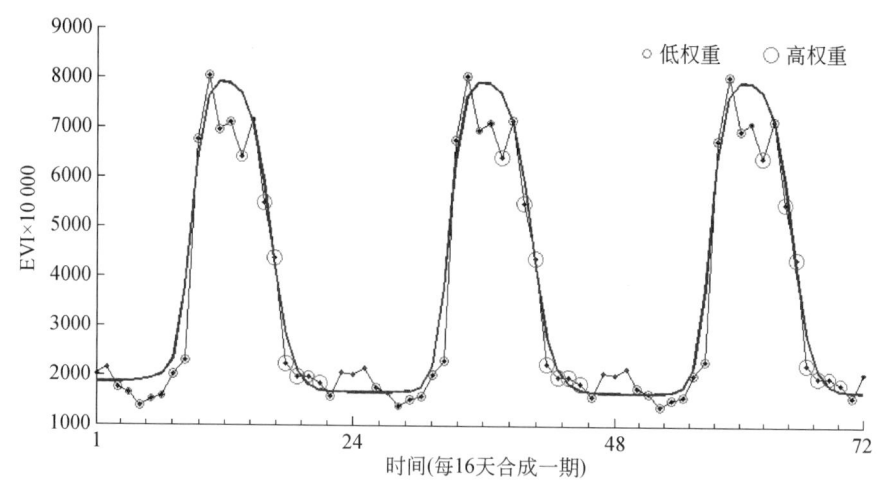

图 3-2　根据 EVI 质量信息利用 Logistic 模型拟合 EVI 年内季节曲线（以落叶阔叶林为例）
注：曲线代表基于 Logistic 模型拟合的 EVI 季节曲线，折线代表原始 EVI 季节曲线，圈的大小代表根据 EVI 质量文件确定的每期 EVI 数据点的拟合权重。

（2）动态阈值的确定

确定提取的阈值至关重要，因为它直接影响所提取的物候变量。许多学者进行生长季物候信息提取时，针对不同的土地覆被类型和不同的研究区，提出了多个确定生长季开始与结束期的阈值（表3-4）。

表 3-4　提取生长季物候信息的阈值

阈值	研究区	文献
0.17 NDVI	法国巴黎南部的 Beauce 地区的农田区	Fischer et al.，1994
0.5 个 NDVI 年内归一化比率	美国	White et al.，1997
0.05～0.35NDVI，以 0.05 的增幅，确定 6 个阈值	全球	Myneni et al.，1997
0.2 个 NDVI 年内振幅	东北森林区	于信芳等，2006
0.2 个 NDVI 年内振幅	非洲的 Sahel 和苏丹地区	Heumann et al.，2007
0.2 NDVI	北亚（30°E～145°E，40°N～75°N）	Suzuki et al.，2003

在总结和借鉴已有研究成果的基础上，结合研究区的植被生长特征，本书设定了 0.1 个、0.2 个、0.3 个、0.4 个和 0.5 个 EVI 年内振幅作为提取生长季开始与结束期的 5 个阈值，并依据以下两个原则从中筛选出最佳的提取阈值：①能够有效地滤除噪声干扰；②对于生长季开始期，阈值点位于植被快速生长的开始位置，而对于生长季结束期，阈值点位于植被快速衰落的结束位置。

选择落叶阔叶林（196 列×265 行，共 51 940 个像元）与农田（181 列×261 行，共 47 241 个像元）两块样地，对以上 5 个阈值进行筛选，确定最佳提取阈值。裁剪出两块样地 2002～2009 年 EVI 时间序列数据，分别设定 0.1 个、0.2 个、0.3 个、0.4 个和 0.5 个 EVI 年内振幅作为提取阈值，利用 Logistic 模型拟合，并提取两块样地各年生长季开始与结束日期。剔除少量没有检测到生长季的像元，统计并比较不同阈值水平下两块样地平均生长季的开始与结束日期。

图 3-3 表示了不同的阈值设定对生长季开始与结束期的影响。对于落叶阔叶林来说，如图 3-3（a）所示，阈值从 0.1 个变化到 0.2 个 EVI 振幅时，落叶阔叶林的生长季开始期大约变化了 12.2d，而随着阈值的增大，生长季开始期变化的速率快速增加；对于生长季结束期，阈值从 0.5 变化到 0.4 个 EVI 振幅时，生长季结束期大约变化了 7.6d，此后随着阈值降低，生长季结束日期变化速率逐渐降低，而阈值从 0.2 变化到 0.1 个 EVI 振幅时，生长季结束期的变化速率最缓，这说明对于落叶阔叶林来说，0.2 个 EVI 振幅处于其快速生长的开始位置，并且是快速衰落的结束位置。同样，对于农田来说，如图 3-3（b）所示，0.2 个 EVI 振幅也处于其快速生长的开始位置和快速衰落的结束位置。

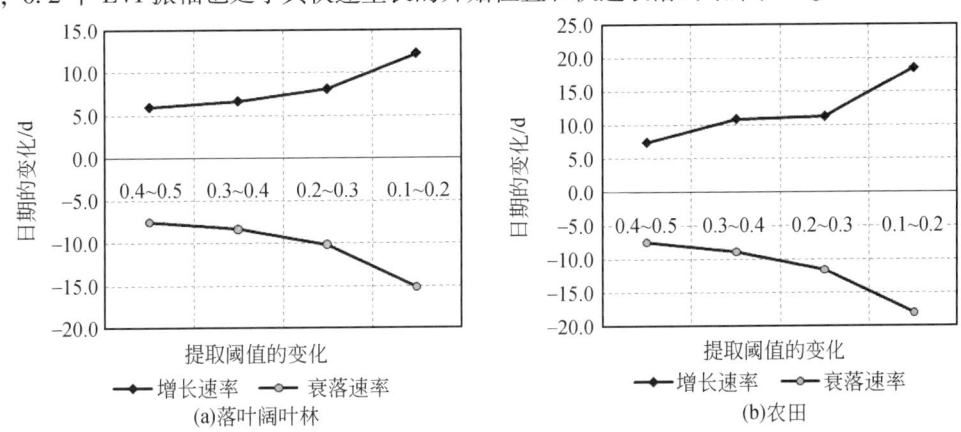

图 3-3 不同的阈值设定对生长季开始与结束期提取的影响

注：横坐标表示提取阈值的变化，纵坐标表示不同生长季开始（结束）日期的变化，此图表现了每变化 0.1 个振幅，提取生长季开始与结束日期的变化量。

通过试验发现，生长季开始与结束期的阈值设定为 0.2 个 EVI 季节曲线的年内振幅能够很好地消除噪声及林下植被（对于森林植被来说，在其生长季的早期，林下植被快速生长会干扰其物候期的提取）的干扰，因此，确定 0.2 个 EVI 年内振幅为研究区物候变量提取的阈值。

图 3-4 为落叶阔叶林 [图 3-4（a）] 与农田 [图 3-4（b）] 2002～2009 年生长季开始与结束期的提取。主要是利用双 Logistic 模型进行 EVI 季节曲线拟合，并设定 0.2 个 EVI 年内振幅作为生长季开始与结束期的阈值。

（3）提取的物候变量

基于 EVI 季节曲线，利用双 Logistic 曲线拟合及动态阈值的设定，提取黑龙江（阿穆尔河）流域 11 种物候变量（图 3-5）。

1）生长季开始期（the date of the start of the season, SOS）：EVI 季节曲线增加到开始阈值的日期，设定 20% 的 EVI 年内振幅作为开始阈值。

2）生长季结束期（the date of the end of the season, EOS）：EVI 季节曲线降低到结束阈值的日期，设定 20% 的 EVI 年内振幅作为结束阈值。

3）生长季长度（the length of the season, LOS）：生长季结束日期与开始日期的差值。

4）年内基值（base value, BV）：生长季开始与结束时期 EVI 时间序列拟合的季

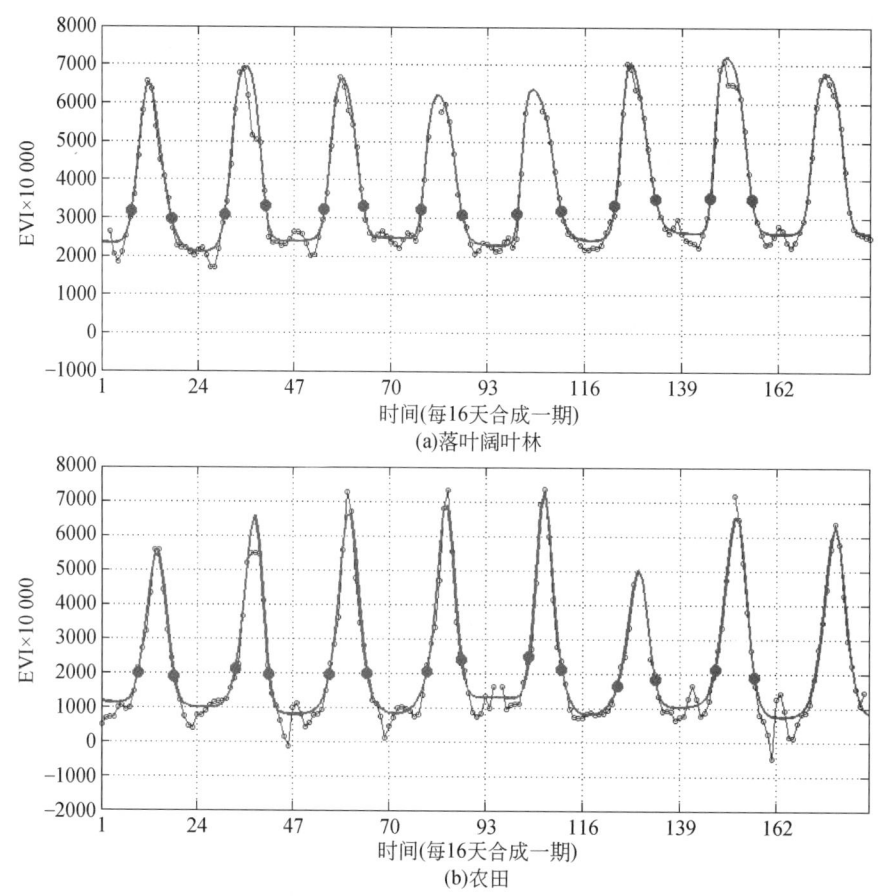

图 3-4 基于 Logistic 模型及动态阈值法提取典型植被的生长季开始与结束期

注：折线为 2002~2009 年原始 EVI 季节曲线，曲线为 Logistic 模型拟合的 EVI 季节曲线，点表示各年生长季开始与结束期（提取阈值设定为 0.2 个 EVI 年内振幅）

曲线最小值的平均，反映植被年内生长发育的基准。

5）EVI 拟合曲线峰值（MAX）：整个生长季内，EVI 曲线拟合的最大值，反映植被年内生长发育的最佳状态。

6）季节振幅（seasonal amplitude，SA）：EVI 季节曲线拟合最大值与基值的差值，反映植被年内活动强度的代表性指标，一般森林的季节振幅要大于草地。

7）生长季的中间日期（the date the mid of the season，DMOS）：EVI 季节曲线在生长季开始时期增加到 80% 振幅的日期与生长季结束时期降低到 80% 振幅日期的平均值。

8）生长速率（increase rate，IR）：在生长季开始时期，经过 20% 与 80% EVI 振幅位置的直线斜率，反映植被变绿的速率。

9）凋落速率（decrease rate，DR）：在生长季结束时期，经过 80% 与 20% EVI 振幅位置的直线斜率绝对值，代表植被凋落的速率。

10）生长季 EVI 总积分值（large integral，LI）：位于生长季开始与结束日期之间的拟合曲线所包围的面积。

11）生长季 EVI 活动积分值（small integral，SI）：位于生长季开始与结束日期之间

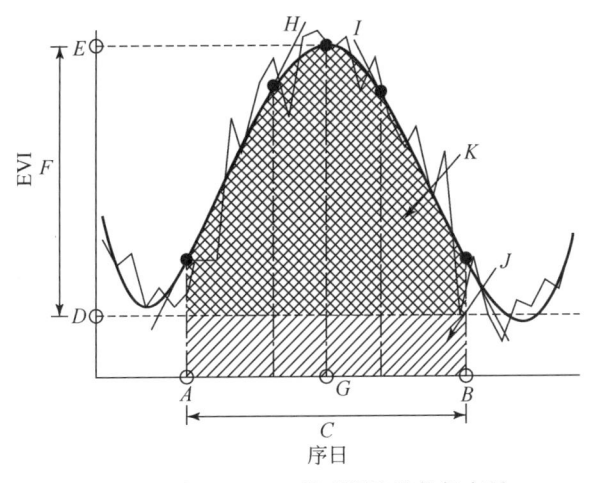

图 3-5 基于 Logistic 模型提取的物候变量

注：A 表示生长季开始期，B 表示生长季结束期，C 表示生长季长度，D 表示年内基值，E 表示 EVI 拟合曲线峰值，F 表示季节振幅，G 表示生长季的中间日期，H 表示生长速率，I 表示衰落速率，K 表示生长季 EVI 小积分值，J+K 表示生长季 EVI 大积分值。

资料来源：Tuanmu et al., 2010.

的拟合曲线所包围的面积与基值对应面积的差值，反映植被年内生长的生产力。

3.2.2.2 精度验证

（1）植被物候站点观测数据分析

整理站点物候观测数据，选择库都尔、德都、虎林、鸡西及牡丹江 5 个观测站点的森林物候期的观测数据验证 Logistic 模型反演的结果。选择该物候观测站点主要依据以下两个原则：①站点分布在市郊或县郊，以降低城市热岛对植被物候期的影响；②选择以森林类型为主的物候站点，尽量选择 40 多年间没有发生明显植被覆盖变化的站点，以提高物候数据的可用性。物候观测站点的分布、物候数据观测的时间段及站点位置的主要植被类型如表 3-5 所示。

表 3-5 物候观测站点分布及主要植被类型

观测站点	地理位置	观测年份	植被类型
库都尔	50°N，122°E	1975，1976	以兴安落叶松为主，混有少量白桦、白杨等
德都	49°N，127°E	1974，1975，1976	以蒙古栎、白桦为主的落叶阔叶林
虎林	46°N，132°E	1964，1965，1966	以蒙古栎、白桦、春榆为主的落叶阔叶林
鸡西	45°N，131°E	1966，1967	以蒙古栎、椴木为主的落叶阔叶林
牡丹江	44°N，130°E	1965，1966，1967	以椴、槭林及白桦等为主的落叶阔叶林

由于每个站点记录了多种森林物种的物候期，根据东北植被分布数据，确定每个站点的主要森林类型，统计各个站点的森林物候期，见表 3-6。可以看出，落叶阔叶林开始展叶日期大约在 5 月上中旬，开始落叶日期大约在 9 月中下旬，落叶结束期大约在 9 月末及 10 月上中旬；落叶松林开始展叶日期较阔叶落叶林平均晚约 10 天，开始落叶日期约提前 18 天，落叶结束日期约提前 16 天。

表 3-6 物候观测站点的森林物候期

观测站点	植被类型	开始展叶日期（标准差，极差）	开始落叶日期（标准差，极差）	落叶结束日期（标准差，极差）
库都尔	落叶松	142（7.1，10）	247（6.1，18）	270（4.5，14）
德都		139（9.2，30）	258（9.7，31）	281（6.2，20）
虎林	落叶阔叶林	129（3.3，7）	269（4.4，8）	278（7.2，16）
鸡西		134（4.0，11）	270（11.6，32）	291（7.4，19）
牡丹江		128（1.1，3）	264（12.0，27）	292（6.8，13）

（2）模型反演植被物候的精度验证

由于站点物候观测数据是针对单个物种或单个植株的物候观测，而不是植物群落尺度上的，同时，从空间尺度上看，站点观测数据是基于点或小尺度空间上的物候观测，而不是区域尺度上的（Chen et al.，2001），而基于遥感手段反演的植被物候是区域尺度上整个植物生态系统的物候状况，因此，在进行两者的植被生长季节比较分析时，采用植物群落的物候变化统计特征比只采用单个物种的物候期更为合适（陈效逑等，2007；Kang et al.，2003），同时也应注意空间尺度转换的问题。本书中站点物候数据观测时间主要为 1965~1976 年，而用于物候期反演的遥感数据为 2001~2009 年，两者的时间跨度较大。为降低时空尺度差异对验证结果的影响，本书以站点多年同一植物群落中所有物种的物候期的平均值作为站点物候观测值。同时，考虑到植被物候主要受气候因素影响，在小区域上不会呈现物候期的突变，为此，以物候站点为中心，生成半径为 30′的窗口，统计窗口内 2001~2009 年遥感反演物候期的平均值作为待验证数据，这样可以降低站点与 MODIS-EVI 像元空间定位不精确所带来的误差。考虑到传统站点观测与遥感反演对植物物候期不同界定，为较为全面客观地对比两者的物候差异，分别对遥感反演的生长季开始和结束期与站点观测的森林展叶期及开始落叶期进行了比较。

选择平均偏差（Bias）、均方根误差（root mean square error，RMSE）、离差（Dispersion）及可决系数（R^2）这四个指标来检验基于 Logistic 模型遥感反演物候期的精度。Bias 反映了模型反演物候期与站点观测物候期两者总体的偏差，若两者数据一致，Bias 应趋于 0。RMSE 反映了两者的平均偏离程度。Dispersion 表征了两者偏差的波动状况，而 R^2 表征了两者的密切程度，即观测变量对预测变量的解释程度：

$$\text{Bias} = \frac{1}{N}\sum_{i}^{N}(x_i - y_i) \tag{3-5}$$

$$\text{RMSE} = \sqrt{\frac{1}{N}\sum_{i}^{N}(x_i - y_i)^2} \tag{3-6}$$

$$\text{Dispersion} = \sqrt{\frac{1}{N-1}\sum_{i}^{N}(x_i - y_i - Bias)^2} \tag{3-7}$$

将模型模拟的生长季开始期和结束期与实际站点观测值进行比较，可以看出总体模拟精度较好（图 3-6，图 3-7）。对于生长季开始期，各个站点模型模拟值均低于实际观测值，即模型模拟的生长季开始日期均提前于站点观测的开始展叶日期，大约提前 10.9d（图 3-6）。对于生长季结束期，模型模拟值均高于实际观测值，即模型模拟的生长季结束日期均延后于站点观测的开始落叶日期,大约延后 6.8d(图 3-7)。模拟的生长季的结束期与站点观测的开始落叶日期两者的一致性较好,Bias、RMSE、Dispersion 均较低,而 R^2 较高,说明了生长季结束期的模拟值与站点观测值的总体偏差较小,平均偏差程度较小,偏差分布波动性较低,且两者相关性极好,虽然物候期的绝对值存在差异,但变化趋势较为一致。

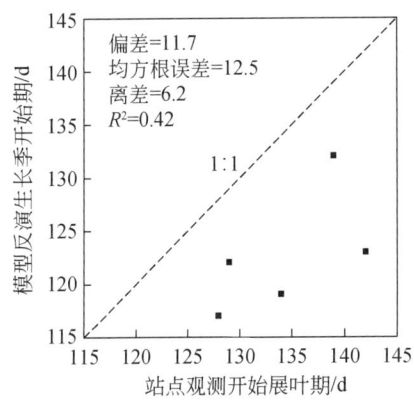

图 3-6 模型反演生长季开始期与站点观测开始展叶期比较

图 3-7 模型反演生长季结束期与站点观测开始落叶期比较

(3) 不确定性分析

1) MODIS-EVI 数据处理的不确定性。虽然为消除云污染及其他干扰噪声,EVI 时间序列数据进行最大值合成处理,同时,本书在利用模型拟合时加入了 EVI 数据的质量文件进行降噪处理,但仍有少量的噪声无法去除,影响了物候信息的提取。因此,EVI 时间序列数据的不确定性将影响物候期模型反演结果。

2) 模型模拟的不确定性。植被的物候期受多种因素影响,主要有生物因素(如物种)和环境因素(如气候、水文、土壤)。而进行大尺度植被物候期遥感反演时,无法考虑所有的生态过程和环境要素,正如其他物候期遥感反演研究一样(Delbart et al., 2005;Zhang et al., 2004),本书也仅依靠 MODIS 植被指数的季节曲线提取各个物候指标,将带来反演结果的误差。同时,由于黑龙江(阿穆尔河)流域处于北半球高纬度地区,植被开始展叶时间往往与雪融化的日期相近或重叠,因此,降雪融化导致的 EVI 升高也将影响物候变量的提取精度。

3) 气候因素影响的不确定性。对于温带陆地生态系统,植被物候期的长短及早晚变化主要受气候要素的控制。自 1970 年以来,全球增温显著(IPCC,2007),影响了植被物候的变化,如 Myneni 等。本书采用的物候站点数据主要取自 20 世纪 70~80 年代,而遥感数据主要模拟 2000 年以来植被物候状况,数据时相上的差异也引起模拟结果验证的误差。同时,本书的模拟结果发现所有站点森林物候模拟的生长季开始日期均提前于相同站点观测值,大约提前 11d,生长季结束日期均延后于站点观测的开始落叶日期,大约延后 8d,这从侧面反映出气温增高可能提早森林生长季的开始,延长森林物候的生长季。

4) 植被类型变化的不确定性。由于物候数据获取难度较大,本书使用的实际物候观测数据与模型反演使用的遥感数据时相相差较远,虽然在验证站点选择过程中,尽量选择站点附近位置近 50 年不太可能发生明显植被变化的站点,然而无法保证该站点位置植被类型没有发生改变,这样也导致了模型结果的不确定性。同时,突发的各种干扰,如洪水、火灾,也会对物候期反演产生影响。

3.3 生态气候分区

(1)方法

基于 NCDC 近 40 年的气象观测数据,统计各个站点月平均气温与降水,进行 Kriging 空间插值得到月平均气温和降水的栅格数据,采用空间聚类方法进行黑龙江(阿穆尔河)流域生态气候分区。

(2)分区制图

对月平均气温与降水数据进行极差标准化处理,并分别进行主成分分析压缩数据,提取主要气候变化。然后,分别选择气候变量各自的前两个主成分,利用 ISODATA 方法生成特征文件(signature file),该文件包含多维特征的聚类中心,以此为输入文件利用最大似然算法进行空间聚类。最初的聚类数量需要分析者预先设定,本书最初设定生态气候区为 20 类,并根据气候特征的相似性及空间连续性原则,进一步将生态气候区合并成 3 类(图 3-8),以便后续的分类工作。

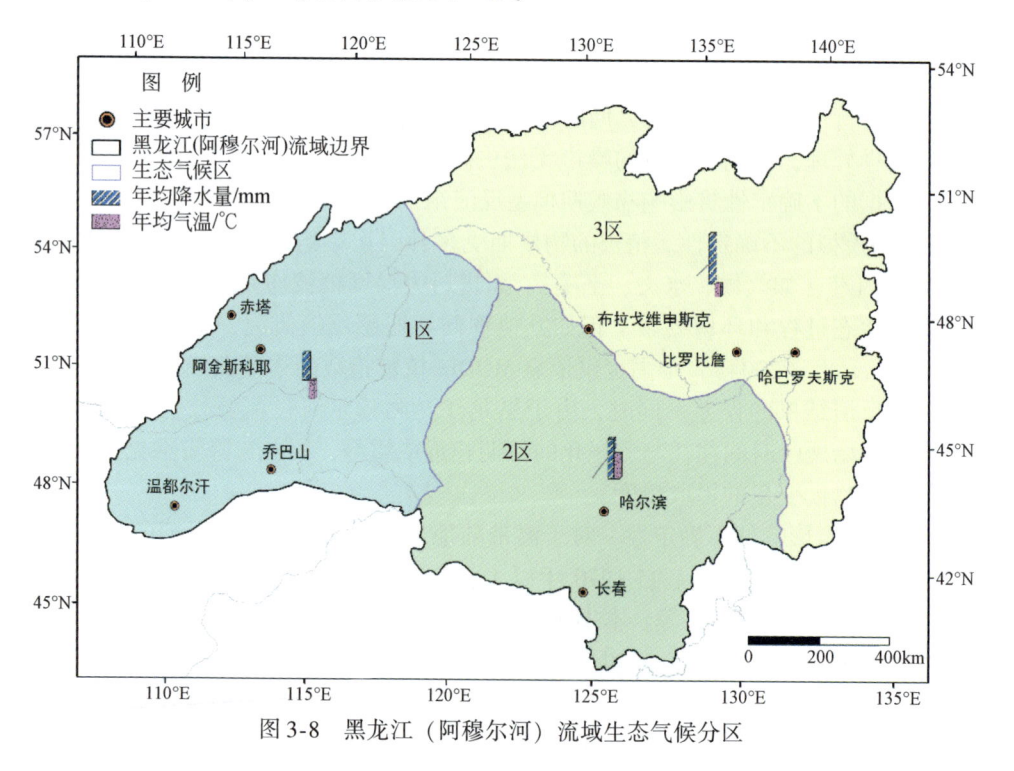

图 3-8 黑龙江(阿穆尔河)流域生态气候分区

(3)分区气候特征分析

图 3-8 为基于空间聚类分析得到的黑龙江(阿穆尔河)流域生态气候分区,流域分

为 3 个生态气候亚区,表示出每个生态气候区中多年平均气温与降水量的差异。其中,降水量的单位为 mm,气温的单位为℃。可以看出,生态气候 3 区的年均降水量最大,生态气候 2 区次之,而生态气候 1 区最小,3 个生态气候区年均降水量分别为 602mm、502mm 和 340mm;生态气候 2 区的年均气温为正值,而其他两个分区的年均气温均为负值,生态气候 1 区、2 区和 3 区的年平均气温分别为–2.33℃、3.04℃和 1.56℃。

3.4 土地覆被分类系统

3.4.1 现有分类系统比较分析

利用遥感技术对土地覆被和自然景观的研究至少可以追溯到 20 世纪 20 年代。1922 年,美国人 Lee 在《从空中看到的地球表面》一文中对遥感在研究自然景观和人类活动关系方面的可行性和重要性进行了阐述(Lee,1922)。第二次世界大战后,广泛的区域土地调查和制图研究主要是基于航空照片进行的。20 世纪 50 年代后人们开始探讨利用遥感资料进行大范围土地覆被和土地利用制图的可行性,发展了适用于遥感数据的特定土地分类系统及分类方法。进入 20 世纪 70 年代,随着多种卫星对地观测技术的出现和发展,使区域与全球尺度的土地覆被制图成为可能,而且以气候变化为先导的全球环境变化研究日益深入,作为全球环境变化研究中一个重要部分——土地利用/土地覆被变化越来越受到重视,但是传统上的土地利用和植被分类系统已经不能满足遥感数据的土地覆被制图,因此学者们开始研究土地覆被分类系统。

目前国内外主要的土地覆被分类系统可以归纳为 3 类:区域尺度土地覆被分类系统、全球尺度土地覆被分类系统及可扩展的 FAO 土地覆被分类系统。

(1) 区域尺度土地覆被分类系统

早期区域尺度的土地覆被遥感制图主要是以 Landsat 卫星数据为主要数据源。随着卫星对地观测技术及数据处理技术的发展,进入 20 世纪 80 年代,以 NOAA-AVHRR 为代表的低分辨率遥感数据也广泛应用到区域土地覆被遥感制图中。区域尺度的分类系统往往针对特定的研究目的、研究区和研究尺度而建立。下面对国内外主要的土地覆被分类系统进行评述。

1) Anderson 和美国地质调查局(USGS)土地覆被分类系统。1971 年,美国人 Anderson 提出土地覆被两级分类系统。1976 年,美国地质调查局对 Anderson 土地覆被分类系统进行了验证和评估,发展了适用于遥感数据的 USGS Anderson 土地覆被分类系统。该分类系统由 4 个层次分类系统构成:一级分类通过卫星遥感影像解译或数据处理获取,包括 9 种土地利用/土地覆被类型,分别是城市建设用地、农业用地、草地、森林、水体、湿地、荒漠、苔原和永久性冰雪覆盖区;二级分类主要遥感数据源为高空彩色红外照片;三级、四级分类依据用户的需求在二级分类基础上灵活扩展确定。USGS Anderson 土地利用/土地覆被分类系统提出后得到了广泛的应用,如美国建立的基于 Landsat TM 遥感数据的国家土地覆被数据集(national land cover data,NLCD),其分类系统是由 USGS 的 Anderson 土地利用/土地覆被分类系统发展得到的,9 个一级类和 21 个二级类(Vogelmann,2001);作为美国国家土地覆被数据集的第二代产品,美国的多分辨率土地特征2001（MRLC 2001）也是在该分类系统的基础上发展了29种土地覆被类型；Klemas等（1993）则是基于NOAA数据设计了等级海岸带土地覆被分类系统，包括3种主要类型：高地、湿地及水体和下沉陆地，而且是对USGS Anderson分类系统的修改，主要为NOAA海岸观察变化分析计划服务。

2）欧共体的CORINE土地覆被分类系统。1985年，欧洲委员会采纳了建立环境信息协调（coordination of information on the environment，CORINE）计划的决定，目的是建立一种稳定和一致的欧洲土地覆被数据库。该分类系统遵循一定的标准，在逻辑框架的基础上，发展了CORINE土地覆被分类系统（图3-9），包括5个一级类（分别为人造区域、农业区、森林和半自然区、湿地和水体）、15个二级类和44个三级类，并在欧洲各国进行了实践。

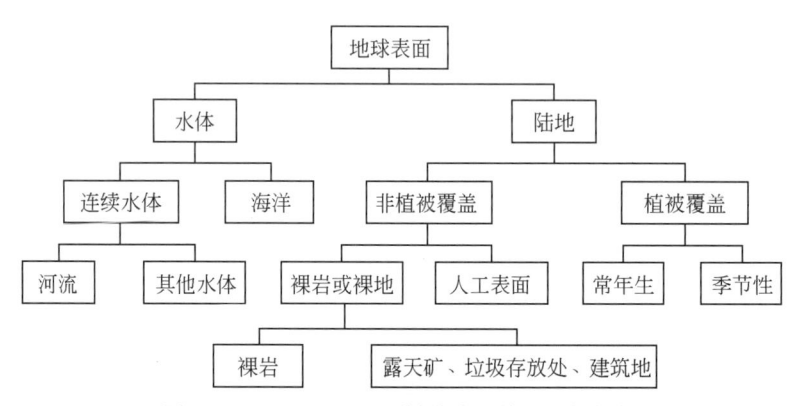

图3-9 CORINE土地覆被分类系统的逻辑框架

总体上，USGS Anderson土地覆被分类系统采用分级分类系统，层次清晰，比较灵活，用户可以根据需要在二级分类的基础上进行灵活扩充，但是在第一级类别的定义上兼顾考虑了土地利用形式和土地自然生态背景，使得类型间容易混淆，尤其是进行下一级分类时，类型间可能存在交叉。而EC-CORINE分类系统比较适用于欧洲这种地表覆盖度较高的区域，且分类原则比较严格，体系清楚，但缺乏对土地覆被类别的明确定义，而且缺少混合自然植被。

我国从20世纪30年代开始进行土地利用问题研究，进入50~60年代，进行农用地的分等定级，但早期的土地分类趋于苏联景观学派的土地分级方法。20世纪80年代以后，遥感技术广泛应用于土地利用的分类，建立了土地资源和土地利用的分类体系，而随着全球环境变化科学问题提出与研究日益深化，应用大中尺度遥感数据进行区域土地覆被制图快速发展起来。下面对国内主要的土地覆被分类系统进行评述。

1）国土资源部土地利用分类系统。根据1984年《土地利用现状调查技术规程》及1987年《土地利用现状调查技术规程》的补充规定，全国土地利用现状分类系统采用两级分类：一级类为8类，二级类为46类。该分类系统主要为我国土地利用现状调查、经济社会发展及国土资源管理服务。

2）中国科学院土地资源分类系统。1992年，在中国科学院"八五"重大应用项目"国家资源环境遥感宏观调查与动态研究中"，刘纪远等基于遥感数据与地理信息系统，采用组合分类和构建多层地理单元技术，依据一定的分类原则，主要从土地资源角度建立了具有土地资源分类及生态背景信息的中国资源环境数据库,设计了一套基于 30m 空间分辨率的 Landsat TM 遥感数据二级土地利用分类系统,包括 6 个一级类(耕地、林地、草地、水域、城市用地及未利用地)和 25 个二级类。

同时,我国也积极参加国际土地覆被研究计划,应用大尺度遥感数据进行土地覆被的分类研究,中国科学院遥感应用研究所在参加 GLC2000 的计划时,发展了基于 SPOT-VEGTATION 数据的 22 种中国土地覆被分类系统,该分类系统是以 FAO 土地覆被分类系统为基础,适当进行调整得到。刘勇洪等在阐述国内外主要土地覆被分类系统的基础上,设计了基于 MODIS 数据的中国土地覆被分类系统,包括 7 个大类和 22 个二级类别,并进行了应用研究。潘耀忠等利用 NOAA-AVHRR 的 NDVI 时序列数据并结合气候综合指标可能蒸散提高分类精度,将中国土地覆被分为 7 个一级类和 47 个二级类,该分类系统主要是参照了中国植被编码体系,并加入了复合类型。

我国学者也不断挖掘对土地覆被内涵的理解,试图从这个角度诠释土地覆被分类的表达。如 Wang 等从国家尺度、区域尺度、县尺度及乡村尺度设计了中国土地覆被分类系统,包括农业用地、林地、自然草地、建筑地、水体、湿地和裸地 7 个国家尺度类,27 个区域尺度类和 43 类县尺度类,但该分类系统的灵活性还有待验证。汪权方等则是以地表覆盖物的光谱特征为基础,通过地表覆盖物的季节性变化特征值量化分类的标准,并考虑地表覆盖物的组合特性划分土地覆被类型,为土地覆被的遥感分类系统研究提供了一个新的思路,并以开放式鄱阳湖流域为例设计了土地覆被分类系统,该系统分为 7 个一级类 [常绿覆被、季节性绿色覆被Ⅰ(木本)、季节性绿色覆被Ⅱ(草本)、季节性绿色覆被Ⅲ(作物)、季节性绿色覆被Ⅳ(混合)、灰色覆被、蓝色覆被] 和 20 个二级类。该分类系统摆脱了当前土地覆被分类系统普遍由植被分类与土地利用分类发展而来的状况,为遥感数据的土地覆被分类系统研究提供了一个新的思路。然而如何有效地去量化复合类型的特征及科学地命名仍然是需要不断克服的难点,这种新思路下的土地覆被分类系统是否能够在更大尺度乃至全球范围上推广仍是值得商榷的问题。

(2)全球尺度土地覆被分类系统

美国从 20 世纪 80 年代开始致力于全球土地覆被数据集的建立,然而最初的全球土地覆被数据集如 1982 年的 Olson 和 Watts 数据集、1983 年的 Matthews 数据集及 1985 年的 Wilson 和 Henderson-Sellers 数据集,是对已有地图的编译,获得的数据集时效性较差,而且需要对已有地图的分类系统与需要的分类系统进行转换,分别采用了联合国教科文组织(UNESCO)分类系统(32 类)、Olson 全球生态系统分类系统(49 类)以及 53 类的植被分类系统,这些分类系统也为后期形成基于遥感数据的土地覆被分类系统奠定了基础。进入 20 世纪 90 年代,随着人们对于全球环境变化科学的逐渐关注,以 NOAA-AVHRR 影像为代表的低空间分辨率对地观测数据越来越受到人们重视。马里兰大学(UMD)与 USGS 先后建立了 1b、8km 和 1km 的全球土地覆被数据集,分别设计了 17 类 IGBP 分类系统和根据 IGBP 分类系统修改的 14 类马里兰大学分类系统,同时其他组织机构也致力于全球土地覆被数据集建设,欧洲委员会联合研究中心(Joint Research Center of the European Commission,EC-JRC)联合 30 多个合作机构建立全球土地覆被数据集 2000(Global Land Cover 2000,GLC 2000),该数据集采用灵活的分类系统,由世界粮农组织(FAO)的土地覆被分类系统和联合国环境计划发展得到。这些分类系统大多是基于 NOAA-AVHRR 及 SOPT-VEGETATION 遥感数据而设计，而 Terra-MODIS 的出现，在光谱分辨率、空间分辨率上都有了很大的提高，地物的识别能力增强，同时基于 MODIS 数据生成的土地覆被产品也应运而生，MODIS 土地覆被数据产品主要使用了 IGBP 分类系统，并结合了其他的分类系统，如马里兰大学分类系统、生物地球化学生物群落系统（BioGeo-Chemical Biome Scheme）、叶面积指数/有效光合辐射分类系统。下面对几种主要全球土地覆被分类系统进行评述。

IGBP 土地覆被分类系统：美国地质调查局、内布拉斯加州林肯大学及欧洲委员会联合研究中心为满足 IGBP 核心科学计划的需要，建立了 IGBPDISCover 1km 土地覆被数据集，以 NOAA-AVHRR12 幅月最大值合成 NDVI 为数据源，采用非监督聚类分类方法将全球分为 17 种土地覆被类型，该分类系统的建立主要为全球尺度环境变化研究服务，而且对各个类别进行详细的描述。

UMD 土地覆被分类系统：UMD 先后建立 1b、8km 和 1km 全球土地覆被数据集，均以 NOAA-AVHRR 数据为主要数据源。UMD 1b 全球土地覆被数据集以 12 幅月最大值合成 NDVI 为主要数据源，采用最大似然监督分类方法，将全球分为 11 种土地覆被类型。UMD 8km 全球土地覆被数据集利用 10d 合成的 NDVI 和 NOAA-AVHRR 的 5 个通道数据，采用监督决策树分类方法进行全球土地覆被分类，划分出土地覆被类别 13 类。UMD 1km 土地覆被数据集建立是利用 NOAA-AVHRR NDVI 和 5 个波段生成 41 维时序列影像，并引入监督决策树分类方法，将全球分为 14 种土地覆被类型。随着利用 NOAA-AVHRR 影像空间分辨率的提高，土地覆被识别能力也在增强，UMD 1b 土地覆被数据集由 11 种覆被类型发展到 14 种，但总体上来说 UMD 分类系统与 IGBP 分类系统大体一致，只是去除了一些类别，可以说是一种简化的 IGBP 分类系统。

(3) 可扩展的 FAO 土地覆被分类系统

虽然有必要建立一个标准的土地覆被分类系统，但目前世界上还没有一个分类系统能够被国际广泛接受。FAO 试图建立一个标准、灵活、全面的分类系统，该分类系统是一种等级分类系统，建立过程主要分两个阶段：第一阶段是一分为二的阶段，区分主要的 8 种土地覆被类型；第二阶段是模块化分级分类阶段，根据土地的环境属性（如气候、地形、海拔、土壤、岩性和侵蚀等）及具体的技术属性（如作物类型、植物季相、盐度等）进行土地覆被类型的进一步细分。

FAO 分类系统是一个逐级分层分类的系统，采用预先定义的分类器，用户可以根据自己的需要添加属性获得分类，这体现了它灵活的特点。同时它能够考虑分类指标，并能够涵盖所有可能的组合，而且按照各层级体系和给定的指标划分，不同人会得到相同的结果，这体现了它的全面与标准的特征。然而该分类系统中没有考虑地球表面普遍存在的复合类型问题，如森林的砍伐、草地的退化等类型的出现已经改变了陆地生态系统过程，同样需要人们的关注。

3.4.2 黑龙江（阿穆尔河）流域土地覆被分类系统

土地覆被分类系统是土地覆被数据集的有效表达，影响土地覆被数据的分发、共享、数据的应用领域和范围，是土地覆被分类首先考虑的问题。目前为全球土地覆被遥感制图建立的土地覆被分类系统主要有：①基于 NOAA-AVHRR 遥感数据建立的全球地圈生物圈计划（IGBP）-土地覆被分类系统；②基于 NOAA-AVHRR 遥感数据建立的马里兰大学土地覆被分类系统；③MODIS 土地覆被产品分类系统（包括 IGBP 分类系统、14 类的马里兰分类系统、BGC 生物群落分类系统及 LAI/fPAR 生物群落分类系统、植物功能型系统）；④联合国粮农组织土地覆被分类系统等。具体见表 3-7、表 3-8。

表 3-7 全球主要土地覆被分类系统比较

代码	NOAA/UMD	IGBP	MODIS/UMD	MODIS/LAI	MODIS/NPP
0	水体	水体	水体	水体	水体
1	常绿针叶	常绿针叶	常绿针叶	草地、谷类	常绿针叶
2	常绿阔叶	常绿阔叶	常绿阔叶	灌丛	常绿阔叶
3	落叶针叶	落叶针叶	落叶针叶	宽叶作物	落叶针叶
4	落叶阔叶	落叶阔叶	落叶阔叶	干旱草原	落叶阔叶
5	针阔混交	针阔混交	针阔混交	阔叶林	一年生阔叶植被
6	稀疏林地	郁闭灌丛	郁闭灌丛	针叶林	一年生草本植被
7	有林草地	稀疏灌丛	稀疏灌丛	无植被	无植被
8	郁闭灌丛	稀疏林草地	稀疏林草地	建筑用地	建筑用地
9	稀疏灌丛	干旱草地	干旱草地		
10	草地	草地	草地		
11	农田	永久性湿地			
12	裸地	农田	农田		
13	建筑用地	建筑用地	建筑用地		
14		农田和自然植被			
15		积雪和冰	荒漠裸地		
16		荒漠裸地			

表 3-8 FAO 土地覆被分类体系框架

原生植被			非原生植被		
陆地		水域或规则洪泛区	陆地		水域或规则洪泛区
人为耕作区	半自然植被区	水域耕作区 / 半自然水域植被区	人为陆地表面	贫瘠区	人为水体、雪和冰区 / 自然水体、雪和冰区

基于 FAO 的分类框架，并结合黑龙江（阿穆尔河）流域土地覆被特点，建立了黑龙江（阿穆尔河）流域的土地覆被分类系统，见表 3-9。

表 3-9 黑龙江（阿穆尔河）流域土地覆被分类系统

一级类	代码	二级类	描述
森林	1	落叶针叶林	主要由年内季节落叶的针叶树覆盖的土地
	2	常绿针叶林	主要由常年保持常绿的针叶树覆盖的土地
	3	落叶阔叶林	主要由年内季节落叶的阔叶树覆盖的土地
	4	针阔混交林	由阔叶树和针叶树覆盖的土地，且每种树的覆盖度在 25%~75%
	5	过火林	森林经火烧后的土地覆被类型
	6	灌丛	木本植被，高度在 0.3~5m

续表

一级类	代码	二级类	描述
草地	7	高覆盖度草地	草本植被，盖度>65%
	8	中覆盖度草地	草本植被，盖度为40%~65%
	9	低覆盖度草地	草本植被，盖度为15%~40%
农田	10	农田	主要由无需灌溉或季节性灌溉的农作物覆盖的土地或需要周期性灌溉的农作物（主要指水稻）覆盖的土地
湿地	11	湿地	由周期性被水淹没的草本或木本覆盖的潮湿平缓地带
其他土地覆被类型	12	苔原	主要由苔原植被覆盖的土地
	13	裸地	主要指地表几乎没有植被覆盖或植被较稀疏的土地
	14	城市等建设用地	主要包括城镇、工矿、交通和其他建设用地
	15	水体	主要包括河流，湖泊，水库等

数据生产过程主要基于监督 See 5.0 决策树算法，具体方法为在黑龙江（阿穆尔河）流域生态气候分区的基础上，利用 MODIS-EVI 数据提取的地表物候特征，结合监督决策树算法，生成黑龙江（阿穆尔河）流域 2001~2010 年两期的土地覆被数据。首

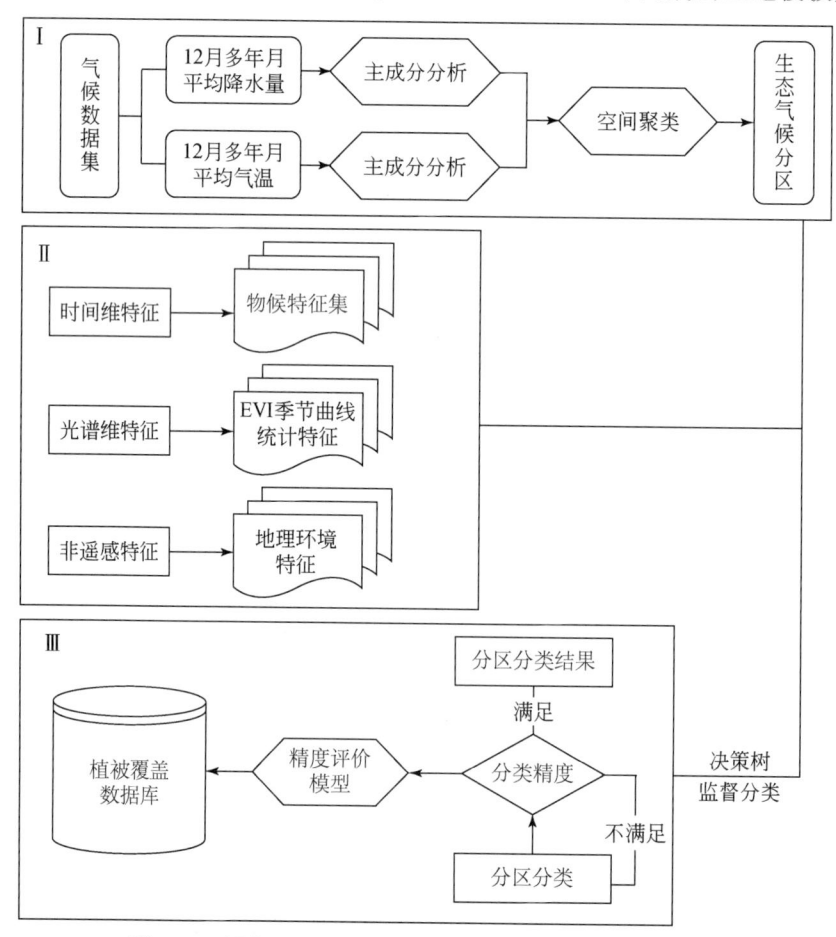

图 3-10 黑龙江（阿穆尔河）流域土地覆被分类技术路线

先，基于近40年的气候时间序列数据，采用空间聚类的方法进行黑龙江（阿穆尔河）流域生态气候分区；然后，进行各个分区的土地覆被分类，在满足精度要求的情况下，拼接形成黑龙江（阿穆尔河）流域土地覆被图。将栅格数据在ARCGIS软件中根据栅格转矢量的命令将其转成相应的矢量数据。具体技术路线见图3-10。

3.5 2001～2009年黑龙江（阿穆尔河）流域土地覆被变化分析

3.5.1 黑龙江（阿穆尔河）流域土地覆被图

2001年、2009年黑龙江（阿穆尔河）流域土地覆被图，见图3-11、图3-12。该土地覆被图主要提供2001年、2009年黑龙江（阿穆尔河）流域土地覆被信息，坐标系为WGS-84地理坐标系统，投影系统为Albers，投影数据集分辨率为250m，整体精度约73%。

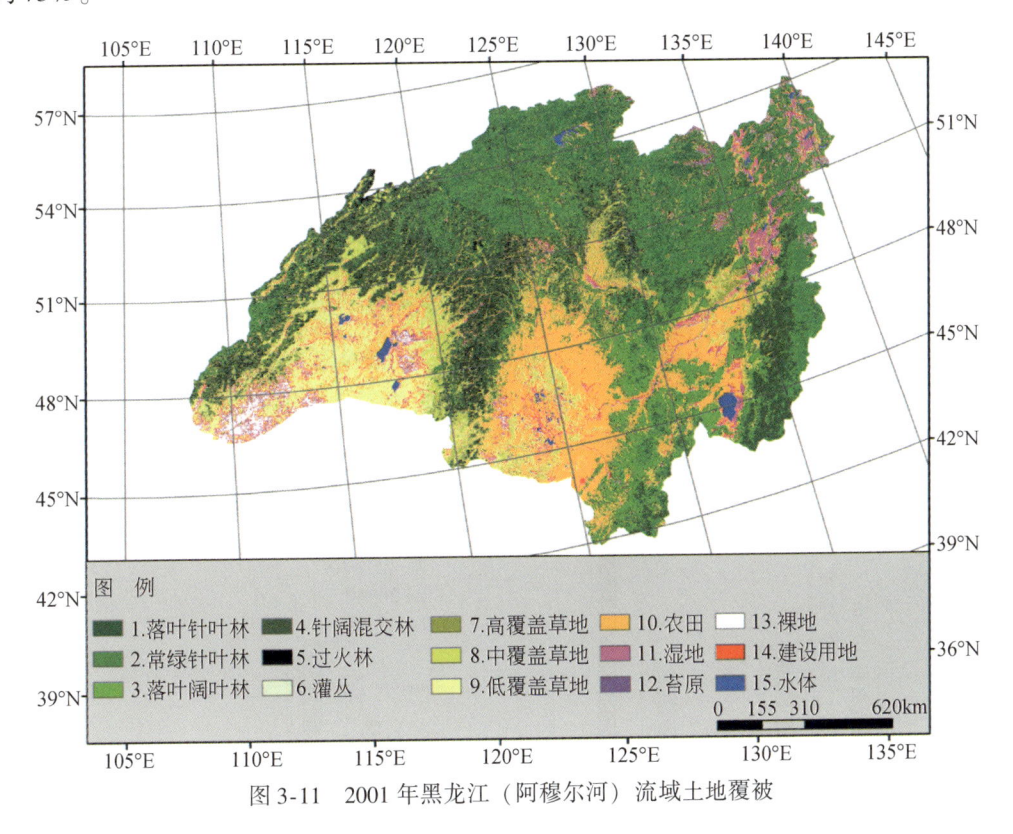

图3-11 2001年黑龙江（阿穆尔河）流域土地覆被

黑龙江（阿穆尔河）流域以森林类型为主，覆盖面积达到50%以上，其次为草地和农田，其盖度分别约为20%和15%。森林主要分布在流域北部俄罗斯大部分地区、毗邻的蒙古及中国的大小兴安岭、张广才岭、长白山地区；草地主要分布在蒙古高原、呼伦贝尔草原及松嫩平原；农田主要分布在中国的东北平原、三江平原及俄罗斯的布拉戈维申斯克等地区。

图 3-12 2009 年黑龙江（阿穆尔河）流域土地覆被

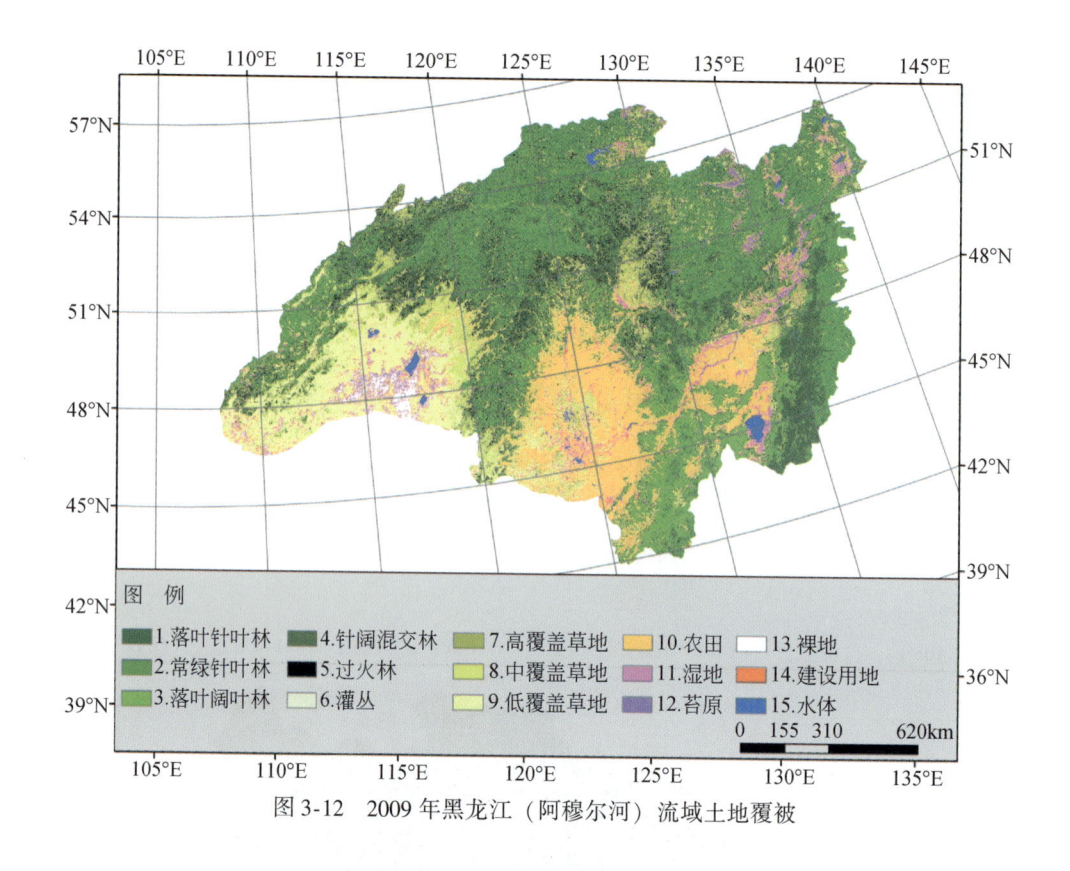

3.5.2 2001～2009 年黑龙江（阿穆尔河）流域植被覆盖面积比较

图 3-13 比较了黑龙江（阿穆尔河）流域 2001～2009 年植被覆盖面积，可以看出 2001～2009 年黑龙江（阿穆尔河）流域各种植被覆盖变化幅度较小。其中，落叶针叶林、落叶阔叶林及其他土地覆被类型变化幅度较低，变化量不超过 1 万 km^2。相比较而言，其他植被覆盖的变化幅度较大，主要表现为常绿针叶林面积减少，大约减少

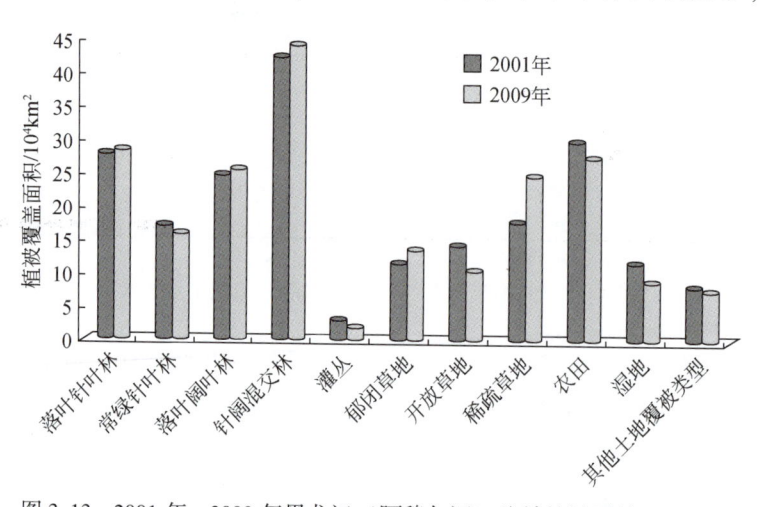

图 3-13 2001 年、2009 年黑龙江（阿穆尔河）流域植被覆盖面积比较

1.26万 km²，针阔混交林面积增加，大约增加1.75万 km²，灌丛减少，大约减少1.11万 km²，郁闭和稀疏草地增加幅度较大，分别增加了2.4万 km²和6.73万 km²，而开放草地减少，大约减少了3.87万 km²，农田面积有所减少，大约减少了2.42万 km²，湿地面积显著减少，大约减少了2.75万 km²。

3.5.3 2001~2009年黑龙江（阿穆尔河）流域主要植被覆盖的时空动态

2001~2009年，黑龙江（阿穆尔河）流域主要植被覆盖的时空动态将植被覆盖类型根据表3-1进行一级类别的合并，并逐像元比较2001~2009年黑龙江（阿穆尔河）流域植被覆盖变化的时空动态特征。研究发现，2001~2009年黑龙江（阿穆尔河）流域森林与草地转换显著，大部分森林没有发生类型转变，发生类型转变的面积比例约为12.39%。其中，约有9.39%的森林转换为草地，1.07%转换为农田，1.30%转换为湿地，0.63%转换为其他土地覆被类型，这也表明森林减少主要表现为森林转换为草地，可能由于森林火灾或砍伐的干扰和气候变化的影响，森林发生不同程度的减少和退化。草地在近10年变化较为显著，发生类型变化的草地面积百分比约为40.06%，其中约有21.62%转换为森林，8.26%转换为农田，3.59%转换为湿地，6.59%转换为其他土地覆被类型，表明森林与草地转换较为剧烈。一方面，表现为森林砍伐或森林火灾的干扰致使森林发生减少和退化；另一方面，也有部分的草地逐渐转换为森林类型。农田发生变化的面积比例约为31.93%，其中约有8.73%转换为森林，16.22%转换为草地，5.35%转换为湿地，1.63%转换为其他土地覆被类型，表明近10年农田变化的主要特征为农田转换为草地，这可能与俄罗斯农民的弃耕行为有关。湿地近10年变化较为显著，发生变化的湿地百分比约为65.33%，湿地的变化主要表现为湿地的大幅减少，转换为草地。

3.6 黑龙江（阿穆尔河）流域植被物候特征时空动态格局分析

3.6.1 黑龙江（阿穆尔河）流域植被物候特征空间格局分析

植被物候及其变化受多种因素影响，在大的格局上主要由气候变量控制，如气温、降水等。同时，不同的植被类型及人类干扰强度也影响植被物候的格局和变化（Zhang et al., 2004）。因此，本书在进行植被物候特征格局分析时，首先按照土地覆被类型进行分层，分析三种受人类干扰强度不同的土地覆被类型，主要为自然土地覆被类型——森林、半自然土地覆被类型——农田及人类行为主导型土地覆被类型——城市三种主要类型，然后在每种土地覆被类型内部分析其物候的空间格局。

提取的植被物候特征指示了植被年内生长发育过程及其生物量的累积，但对于植被稀疏地区及年内生长发育并不明显的常绿针叶林，其物候特征更容易受到噪声或其他EVI突变的影响，检测到的物候信息不一定具有生物物理意义，因此本研究将其滤除，不加入物候分析。

经过以上处理后，本研究主要分析了森林和农田两种土地覆被类型在不同的纬度带上7种物候特征的空间格局,包括植被生长季开始期(SOS)、生长季结束期(EOS)、生长季长度(LOS)、年内基值(BV)、EVI年内最大值(MAX)、季节振幅(SA)及生长季EVI活动积分值(SI),指标的具体含义见3.2.2.1节。同时,分析了流域内两个主要城市——长春和哈尔滨的植被物候格局,以揭示城市热环境对植被物候的影响。分析所用的7种植被物候特征为2001~2009年的平均状态,这样可以降低由于干扰、噪声等因素对物候信息提取带来的不确定性。

3.6.1.1 森林纬度带植被物候特征差异

按照1′的间隔进行纬度带划分,统计森林类型在各个纬度带中物候特征的平均值,进而分析森林植被物候的经向空间差异。

图3-14表征了森林各个物候特征在纬度带上的差异。其中,黑色点和黑灰色点表示各个物候特征在每个纬度带上的均值,代表了植被物候在每个纬度带上的平均状态;绿色点表示在各个纬度带上物候特征的标准差,代表了每个纬度带上植被物候的变化差异。在整个纬度带上(40°N~55°N),除EVI年内基值,其他森林物候特征纬度带上的标准差值较小,虽然有小的波动,但整体表现较为均衡,说明了每个纬度带上森林植被的物候特征纬向上有所差异,但在整个纬度带上(40°N~55°N),森林物候的纬度向上的差异较为一致,这也说明本书采用各个纬度带的均值来分析森林物候特征经向的格局可以降低由于经度不同带来的森林物候的不确定性。

在整个纬度带上(40°N~55°N),EVI年内峰值(MAX)变化趋势较为一致,即随纬度的升高逐渐降低,表明森林生长的最旺盛状态,即"绿度"随纬度的升高逐渐降低。这与齐晔等(1999)的研究结论存在一定的差异,齐晔等认为,在45°N~80°N,NDVI的最大值出现在55°N~60°N的纬度带上,本研究认为产生差异的原因主要在于:①研究的空间尺度不同,齐晔等的研究是针对整个北半球,而本研究仅集中在黑龙江(阿穆尔河)流域;②齐晔等分析NDVI最大值的变化并没有进行土地覆被类型分层,而本章中仅分析森林类型年内EVI的变化,因此,可能由于土地覆被类型的差异导致55°N以南地区NDVI的最大值逐渐降低。

其他森林物候特征以50°N为界,南部和北部的变化趋势明显不同,本研究认为产生差异的原因主要来源两个方面:①50°N以北地区森林类型逐渐过渡为针阔混交林、针叶林,其林下植被的生长发育过程往往早于上层森林,表现在EVI季节曲线上就是在森林开始生长前出现小的峰值,这影响到该地区的森林物候的提取;②森林生长季的开始和结束期更容易受到雪的影响,在生长季开始的阶段,EVI值的增加可能是由于积雪的融化而引起的,在生长季的结束阶段,EVI值的降低可能是由于降雪而导致的(Suzuki et al.,2003;Delbart et al.,2005,2006),因而检测到的植被生长季的开始期和结束期可能是融雪和降雪的物候(Moulin et al.,1997)。因此,本书仅对50°N以南地区进行森林物候特征的空间趋势分析。从图3-14中可以看出,年内基值BV随纬度的升高呈现波动性变化,但总体趋势表现为下降。EVI年内季节振幅SA和活动积分值SI随纬度的升高逐渐下降。森林生长季的开始期随纬度升高逐渐增加,即纬度越高,其生长季开始期越晚,生长季的结束期呈现缓慢的下降,即随纬度的升高,森林生长季的结束期逐渐趋早,同时森林生长季开始期随纬度升高而北移的速率大于生长季结束期南移

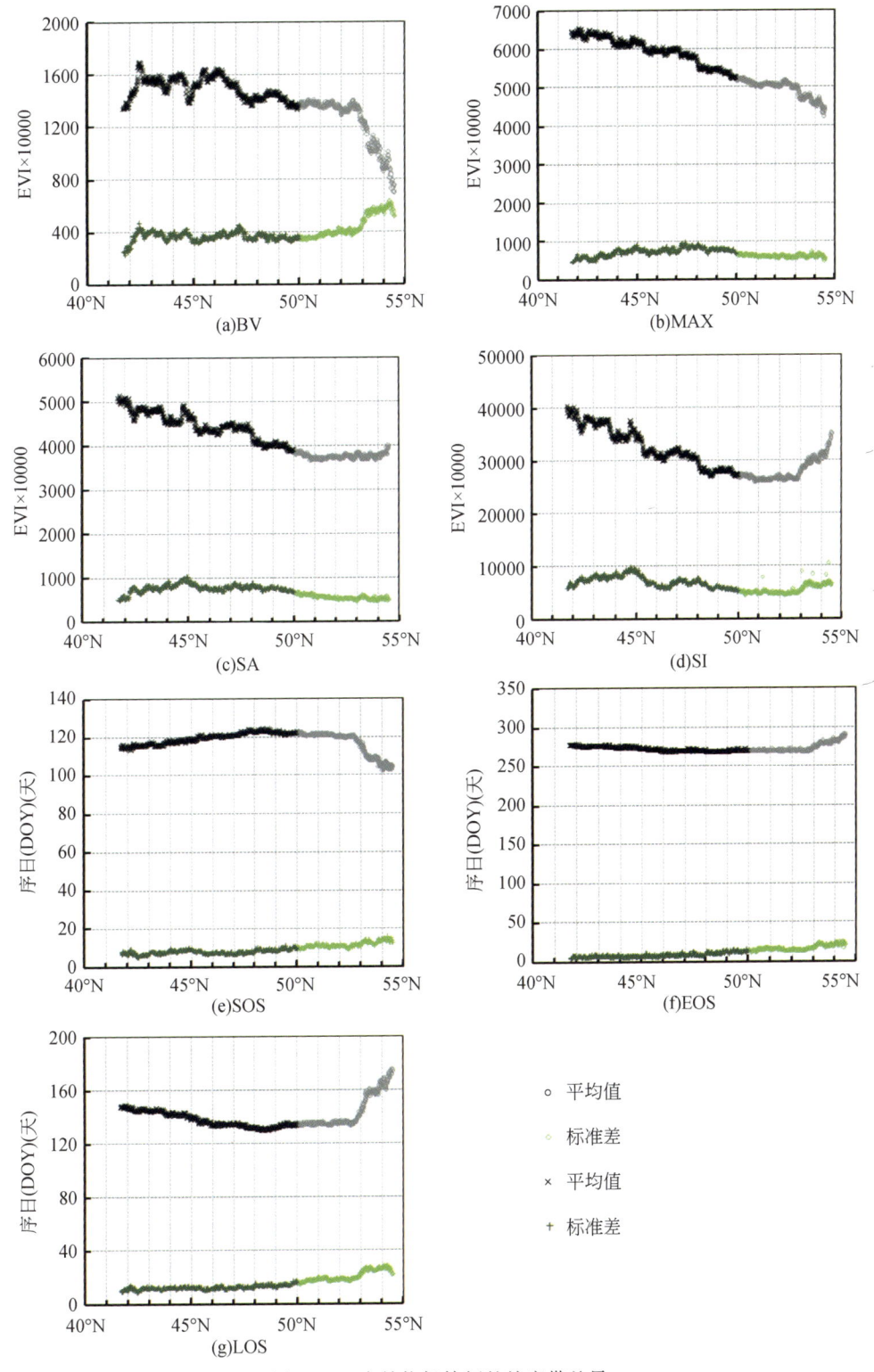

图 3-14 森林物候特征的纬度带差异

的速率，这一现象可能由于秋季温度降低对于森林生长的影响具有时滞效应。

利用一元线性回归方法，分析中温带森林物候特征纬度方向的空间变化（50°N以南），分析的样本数为498个，所有物候特征与纬度带变化的回归方程在99%的置信水平上极为显著（表3-10，$p<0.001$）。同时，除EVI年内基值外，所有回归方程的可决系数R^2均超过了0.8。

表3-10说明，纬度每升高1°，EVI的年内基值BV减少17.63，年内最大值MAX减少142.2，EVI季节振幅SA降低124.2，说明EVI季节振幅的降低主要是由EVI最大值的减少而引起的，EVI生长季活动积分值SI也降低1506，表明随纬度升高，森林植被的生产力逐渐降低。同时，纬度每增加1°，森林植被的生长季开始期SOS推迟1.12d，生长季结束期EOS提前1.13d，生长季长度LOS缩短2.19d，表明随纬度升高，森林生长季缩短是由于生长季开始期推迟和结束期提前共同引起的，两者的贡献基本一致。陈效述和韩建伟（2008）利用站点物候数据分析了我国东部温带森林群落的季相变化，认为我国东部地区每增加一个纬度，森林群落的变绿期初日推迟3d，由于所用物候数据包含了从中温带到暖温带的多个站点数据，与本研究结果的可比性不强，因此，本书基于此文章的研究结果进一步计算了其中位于本研究区的哈尔滨和牡丹江站点森林物候的变绿期和落叶期的纬度向变化速率，分别为纬度升高1°，变绿期推迟1.5d，落叶期提前2d。本研究结果与此非常接近，但略低，本书认为差异的原因主要来源于两个方面：①气候变化的影响，陈效述等所采用的物候站点数据的时相主要为1982~1996年，本研究分析的森林物候特征主要是2001~2009年森林状况，数据时相相差近30年。黑龙江（阿穆尔河）流域春季和冬季增温速率为2~4℃/100a，尤其在近30年更为明显（Novorotskii，2007），气温升高导致的物候变化可能导致两者差异；②物候期理解的差异，如第3章所述，基于遥感技术提取的植被物候并不同于传统的物候站点的观测数据，前者更侧重于陆地表面的物候状况，对于物候期理解上的不同可能引起两者森林生长季开始和结束期的差异。Zhang等（2004）利用2001年MODIS数据分析气候对植被物候的影响，认为在欧洲和亚洲（40°N~70°N），纬度每升高1°，森林生长季的开始期延后1.8天，生长季的结束期提前1.41天。此外，我们也需要注意到由于气候或土地覆被类型的变化，植被物候随纬度变化过程并不是一致的（Fitzjarrald et al.，2001）。通过比较发现，本研究成果与已有研究成果一致性较好，同时定量刻画了在北温带地区（40°N~50°N），黑龙江（阿穆尔河）流域森林物候的空间变化特征。

表3-10 温带森林随纬度升高其物候特征变化速率

物候特征	50°N以南			
	变化速率	R^2	样本数	显著性
BV	-17.63	0.25	498	$p<0.001$
MAX	-142.2	0.93	498	$p<0.001$
SOS	1.12	0.89	498	$p<0.001$
EOS	-1.13	0.83	498	$p<0.001$
LOS	-2.19	0.87	498	$p<0.001$
SI	-1506	0.92	498	$p<0.001$
SA	-124.2	0.87	498	$p<0.001$

注：LOS、EOS和SOS衡量单位为天/度；MAX、SA和BV衡量单位为每度所变化的EVI值的10 000倍；SI表示每度所变化的EVI曲线生长季内的面积，与植被的累积生物量有关。

3.6.1.2 农田纬度带植被物候特征差异

按照1′的间隔进行纬度带的划分，统计农田土地覆被类型在各个纬度带中物候特征的平均值，进而分析植被物候的经向空间差异。

图3-15表征了农田各个物候特征在纬度带上的差异，在50°N以北的地区所有的物候特征出现较大波动，进一步分析发现黑龙江（阿穆尔河）流域的农田主要集中在流域的中南部，在中国的东北平原、三江平原、呼伦贝尔市海拉尔区及俄罗斯的布拉戈维申斯克，而50°N以北地区农田分布较为零散，主要在山间低地及河谷周围，农草、农林的混合像元现象较为严重，该区农田物候纬度带上的波动性可能由于土地覆被分类误差引起。

各个纬度带的农田EVI年内基准值呈现小幅的波动，主要集中在1100，EVI年内最大值（MAX）和振幅变化趋势较为一致，在48°N以南较为稳定，在48°N以北出现大幅下降，且波动性明显，其中EVI年内最大值主要集中在5700。在43°N以南，生长季EVI活动积分值（SI）逐渐降低，而后在25 000附近，呈现波动性变化，表明农田的生产力在43°N以南较高，并随纬度的降低逐渐下降，到43°N以北，SI随纬度变化不大，呈现小幅度的波动。生长季开始期SOS随纬度的增加表现为先增加再降低，在47°N左右达到最大值，也就是说，47°N以南农田生长季开始期随纬度升高而延后，主要集中在第154d，而47°N以北，农田生长季开始期随纬度升高而逐渐提早，主要集中在140d。农田生长季结束期（EOS）随纬度增加呈现稳定降低，即随纬度升高，农田生长季结束期逐渐提早，而且提早的趋势逐渐趋缓。农田生长季长度（LOS）随纬度的升高先呈现降低的趋势，主要集中在105d，在47°N以北，生长季长度逐渐增大，主要集中在113d。对于农田来说，除气候条件外，不同的作物类型，耕作制度和土壤类型等都会对其物候格局和变化产生重要影响（Debeurs et al.，2004）。

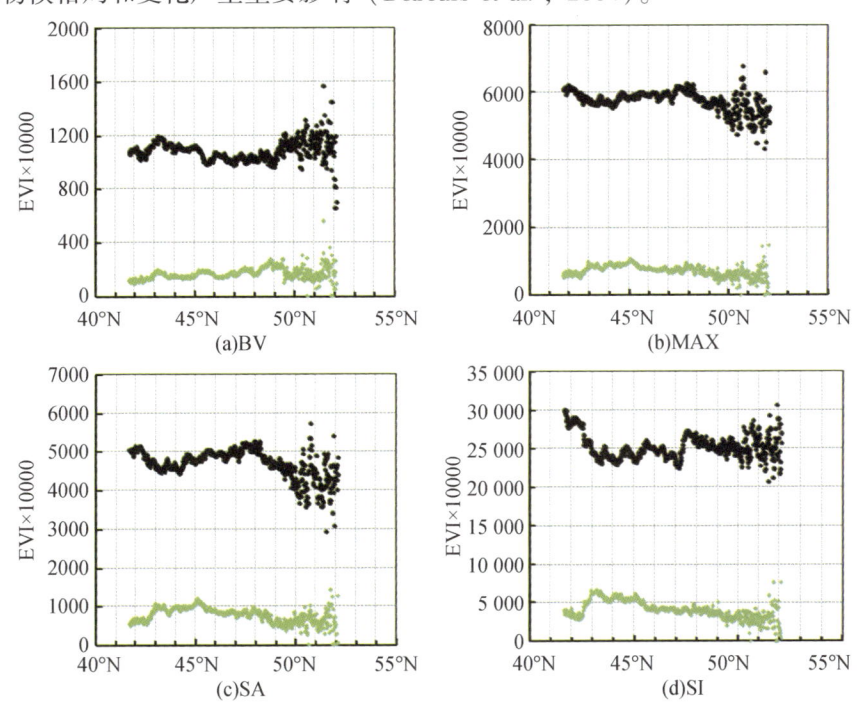

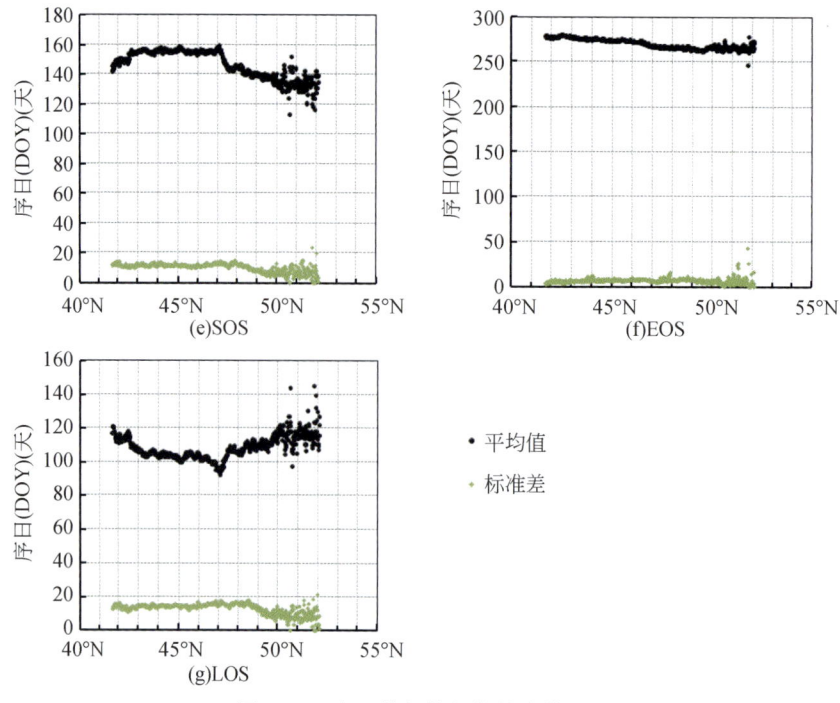

图 3-15 农田物候特征的纬度带差异

3.6.1.3 城市物候的空间格局

城市热环境影响局地气候状况，进而影响局地植被物候格局（Huang et al.，2009）。本研究选择黑龙江（阿穆尔河）流域两个典型城市——长春和哈尔滨，利用模型方法分析城市物候空间格局，定量刻画城市热环境对植被物候的影响，并进一步比较两个城市植被物候格局。

长春市作为中国吉林省的省会，地处 124°18′E ~ 127°02′E，43°05′N ~ 45°15′N，其城区位于 125°09′E ~ 125°48′E，43°46′N ~ 43°58′N，属于中温带大陆性季风气候，年均降水量约为 512mm，年均气温约为 4.9℃。2008 年，长春市的 GDP 约为 2588 亿元，人口约为 746 万人。黑龙江省省会哈尔滨市位于黑龙江省南部，地处 125°42′E ~ 130°10′E，44°04′N ~ 46°40′N，属于中温带大陆性季风气候，年均降水量约为 570mm，年均气温为 3.6℃。2008 年，哈尔滨市的 GDP 约为 3258 亿元，人口约为 998 万人。长春和哈尔滨市均位于东北平原中部，是中国粮食的主要产区，其辖区土地利用类型主要为农田（图 3-16）。

长春市和哈尔滨市城市核心区根据 2005 年 Landsat-TM 影像进行目视解译确定，以保证城市核心区的边界为自然边界，能够更加客观地反映城市热环境的影响。本研究假定城市热环境对植被物候的影响随着距离变大逐渐降低。因此，以城市核心区界线为边界，以 1km 为间隔，生成距离城市核心区 10km 范围的 10 个梯度带，距城市核心区 10km 以外，以 5km 为间隔，继续生成 4 个梯度带，进而分析各个梯度带内植被生长季开始期（SOS）、结束期（EOS）及生长季长度（LOS）的空间格局，以带内物候期平均值表示该梯度带的植被物候状况，并计算每个梯度带植被物候的标准差来反映每个带内植被物候的变异。同时，计算每个梯度带内生长季开始期、结束期及生长季长度与城

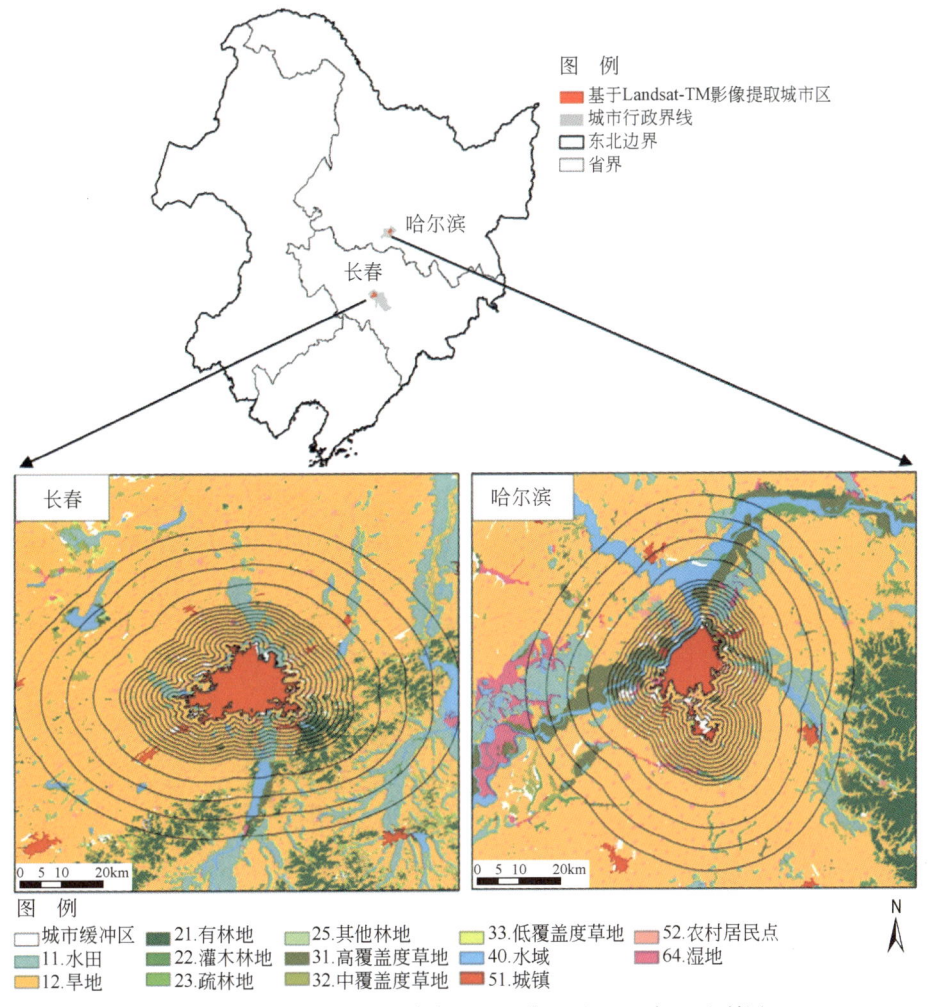

图 3-16　长春市和哈尔滨市的地理位置及 2005 年土地利用

市核心区相应物候期均值的差异，以此揭示城市热环境对植被物候的影响。

图3-17为长春市各个梯度带内植被生长季开始期、结束期及生长季长度相对于城市核心区相应物候期的差异以及各个带内物候期的标准差。长春市城市核心区周边梯度带植被生长季开始期随距离增大而逐渐推迟，延迟速率逐渐减小，各个带内生长季开始期的标准差主要在 11～13d。各个梯度带内生长季结束期的标准差大部分小于9d，这说明各个梯度带内生长季结束期的变化较为均衡。在城市周边 30km 范围，植被的生长季长度随到城市核心区的距离增大而缩短，各个梯度带内生长季长度的标准差主要在 12～14d。

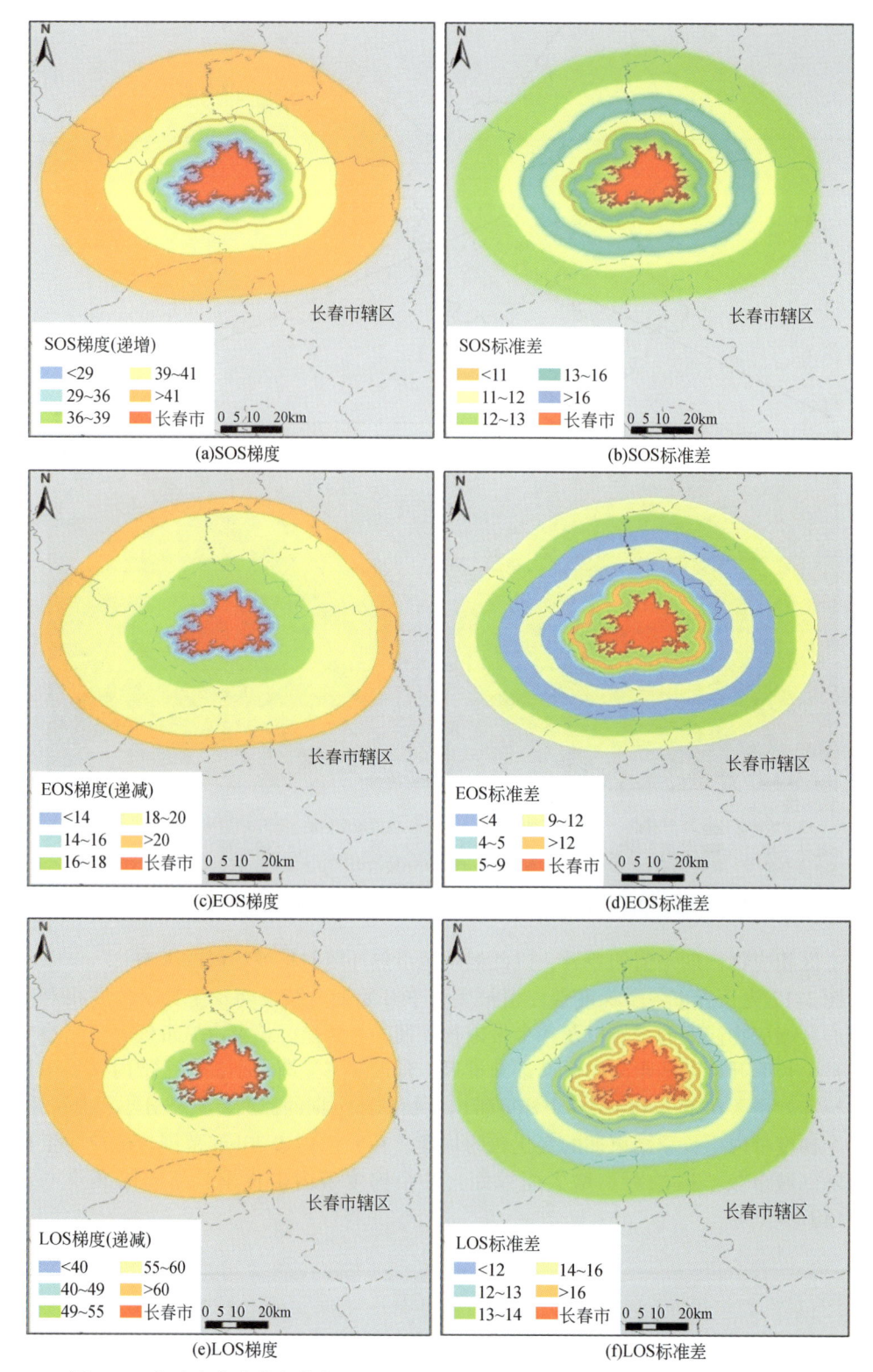

图 3-17　长春市各个梯度带内植被生长季开始期、结束期及生长季长度的空间分布

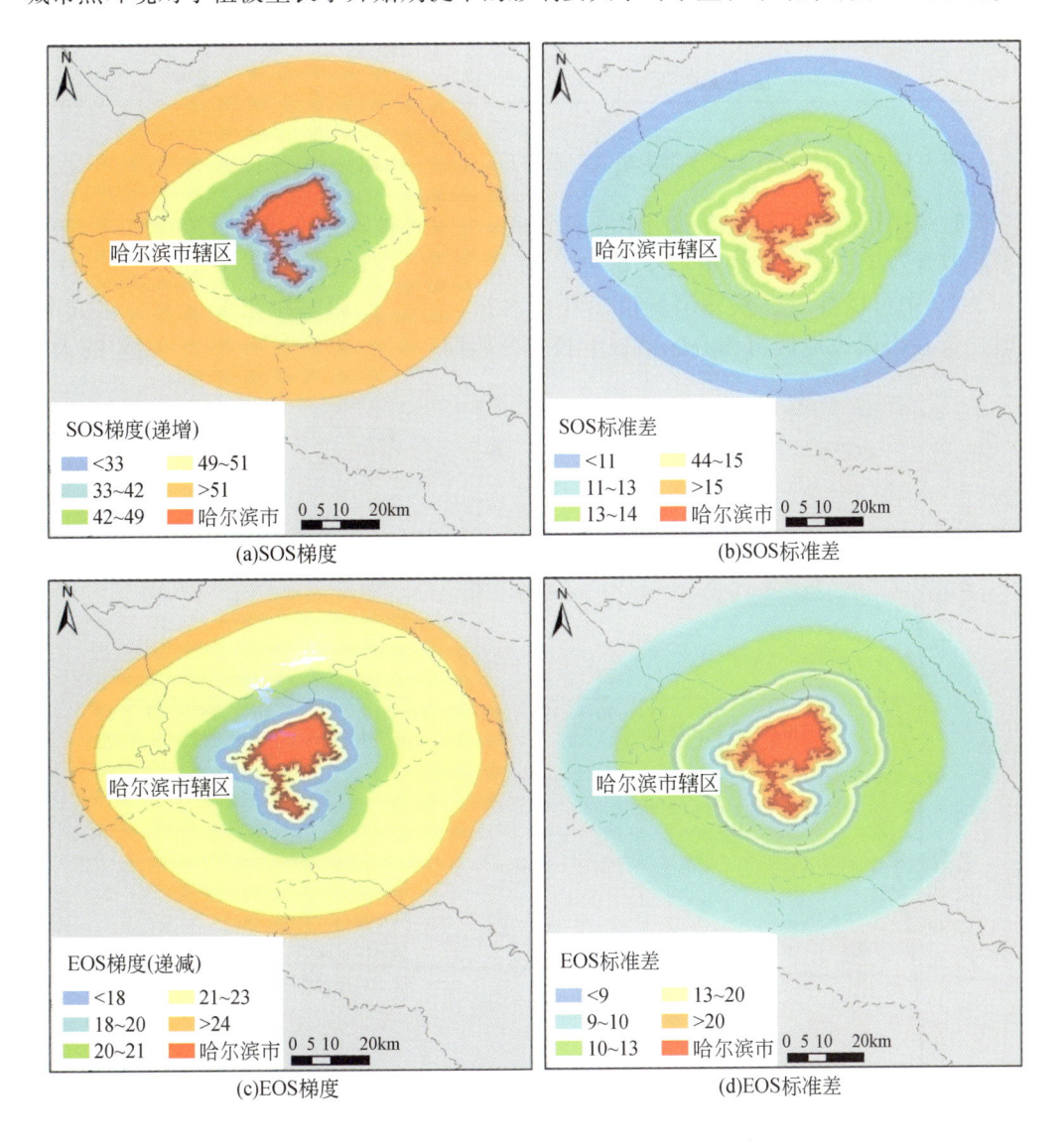

图 3-18 为哈尔滨市各个梯度带内植被生长季开始期、结束期及生长季长度相对于城市核心区相应物候期的差异以及各个带内物候期的标准差。哈尔滨市城市核心区周边梯度带植被生长季开始期随距离增大而逐渐推迟，延迟速率逐渐减小，各个带内生长季开始期的标准差主要小于 14d。而生长季结束期和生长季长度呈现相反的趋势，即距离城市核心区越远，生长季结束时间越早，生长季长度越短，变化速率逐渐降低，各个梯度带内生长季结束期的标准差大部分小于 13d，生长季长度的标准差主要小于 15d。同时，在 0~1km 的梯度带内生长季开始期、结束期及生长季长度标准差都很大。进一步分析发现，哈尔滨位于松花江畔，距离城市核心区 1km 范围受河流影响，使得该梯度带物候值成为异常值。因此，在后续曲线拟合时将其排除。同样，也可以发现哈尔滨市城市热环境对于植被生长季开始期提早的影响要大于对于生长季结束期推迟的影响。

(a)SOS梯度

(b)SOS标准差

(c)EOS梯度

(d)EOS标准差

(e)LOS梯度

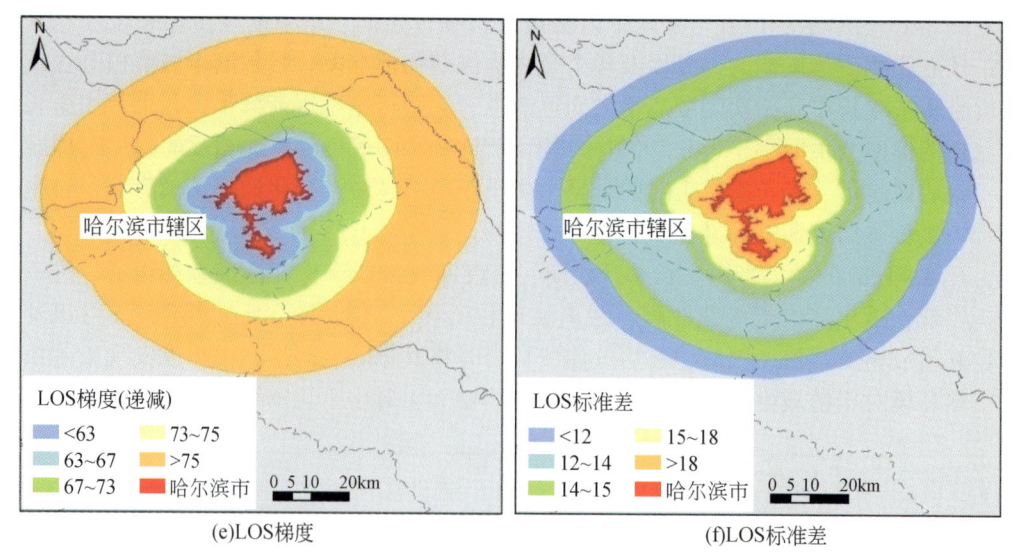

(f)LOS标准差

图3-18 哈尔滨市各个梯度带内植被生长季开始期、结束期及生长季长度的空间分布

同时利用指数模型对长春和哈尔滨各个梯度带的植被物候格局进行拟合(图3-19)，模型的拟合效果极好，R^2均超过了0.95，均方根误差（RMSE）小于4d（表3-11）。从图3-19中可以看出，长春市城市热环境对植被物候的影响距离要小于哈尔滨市。同时，长春市周边地区与核心区植被生长季开始期、结束期及生长季长度相差的天数

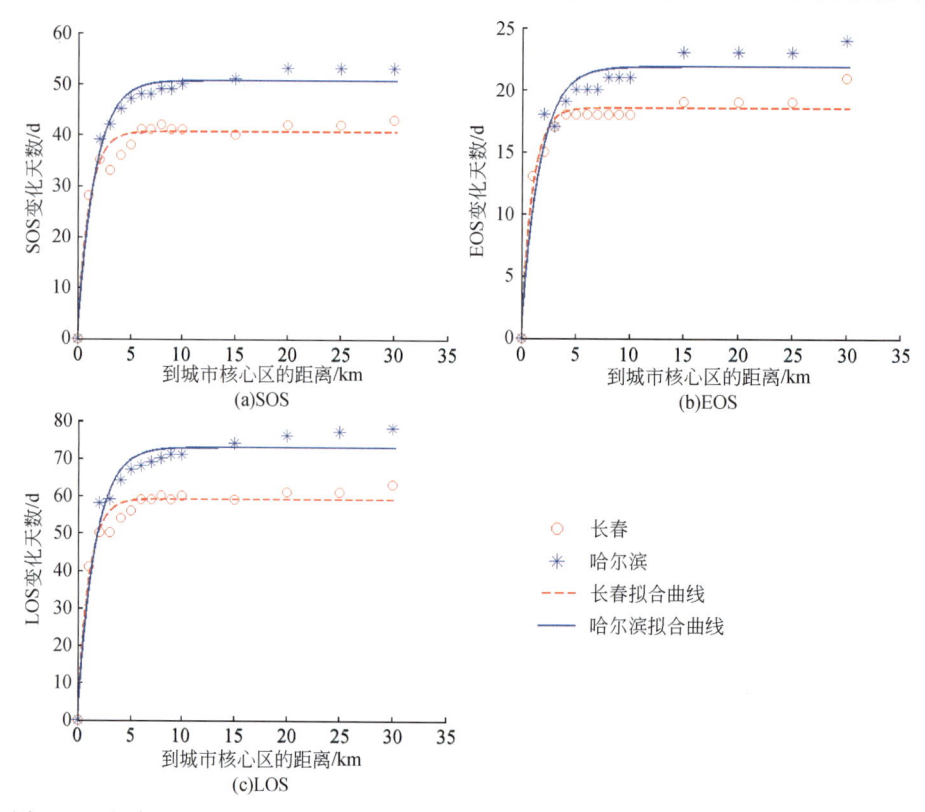

(a)SOS

(b)EOS

(c)LOS

图3-19 长春和哈尔滨城市周边梯度带植被生长季开始期、结束期及生长季长度曲线拟合

也要低于哈尔滨市，长春市周边地区植被生长季开始期的延迟天数最大约为41d，而哈尔滨市周边地区的最大延迟天数约为51d，长春市周边地区植被生长季结束期的提早天数最多约为19d，而哈尔滨市周边地区的提早天数最多约为22d，同时长春市周边地区植被生长季长度的缩短天数最多约为59d，而哈尔滨市周边地区的缩短天数最多约为73d。

表 3-11　长春和哈尔滨城市周边梯度带植被生长季开始期、结束期及生长季长度指数模型拟合

物候期		拟合方程	R^2	RMSE
SOS	长春	$\Delta_{SOS} = 40.55 - 39.7e^{-0.94d}$	0.96*	2.38
	哈尔滨	$\Delta_{SOS} = 50.59 - 50.14e^{-0.62d}$	0.98*	1.91
EOS	长春	$\Delta_{EOS} = 18.52 - 18.28e^{-d}$	0.97*	0.97
	哈尔滨	$\Delta_{EOS} = 21.85 - 21.44e^{-0.6d}$	0.95*	1.49
LOS	长春	$\Delta_{LOS} = 59.06 - 58e^{-0.96d}$	0.97*	2.86
	哈尔滨	$\Delta_{LOS} = 72.81 - 71.88e^{-0.62d}$	0.97*	3.6

* 模型在95%的置信水平显著。

Zhang等（2004）利用2001年MODIS数据分析了北美东部城市气候对植被物候的影响，发现城市周边乡村地区植被生长季开始期晚于城市区，大约晚6.92±4.85d，而植被生长季结束日期大约要早于城市区7.91±7.12d。Roetzer等（2000）利用站点的物候数据分析了欧洲东部城市与乡村物候的差异，认为城市早春物候期要早于周边乡村约4d。而本研究得到的结果大于已有的研究结果，原因主要在于土地覆被类型的差异，Zhang等（2004）、Roetzer等（2000）的研究主要分析城市气候对于自然植被物候的影响，没有考虑农田类型，本研究中长春和哈尔滨主要处于农田区，周围自然植被较少。长春和哈尔滨城市内植被主要为引进的树木或草地，在相同气候条件下，其生长季开始期要早于农田，生长季结束期延后于农田，生长季较长（宫攀，2009；Zhang et al.，2004）。因此，本研究所得到的城市周边地区植被物候期与城市内部的差异引入了城市内自然植被本身与农田物候期差异的不确定性，为此，本研究以长春和哈尔滨周边1km和2km梯度带为基准（主要为农田区），分析其他梯度带内植被物候与该基准的差异，以反映城市热环境对周边植被物候的影响。

图3-20为长春和哈尔滨以城市核心区最近1~2km梯度带内的植被物候为基准，进行其他梯度带与基准梯度带差异天数指数模型拟合，模型拟合的效果很好，R^2均大于0.85，RMSE小于2d（表3-12）。可以看出，哈尔滨市城市热环境对于周边植被的影响距离大于长春市，在95%置信水平上，哈尔滨市对于城市周边植被生长季开始期、结束期及生长季长度的影响距离分别约为15km、25km和18km，而长春市对于城市周边植被相应物候期的影响距离分别约为9km、9km和8km。但长春市对周边植被物候的影响天数与哈尔滨市基本相等，对于城市周边植被生长季开始期、结束期及生长季长度影响的天数分别约为14d、6d和20d，说明两个城市对于周边植被生长季开始期的提早天数大于对于生长季结束期的延迟天数，大约为1周，也就是说城市热环境对植被生长季开始期的提早影响大于对于生长季结束期的推迟影响，这与已有的研究结论较为一致（Zhang et al.，2004）。

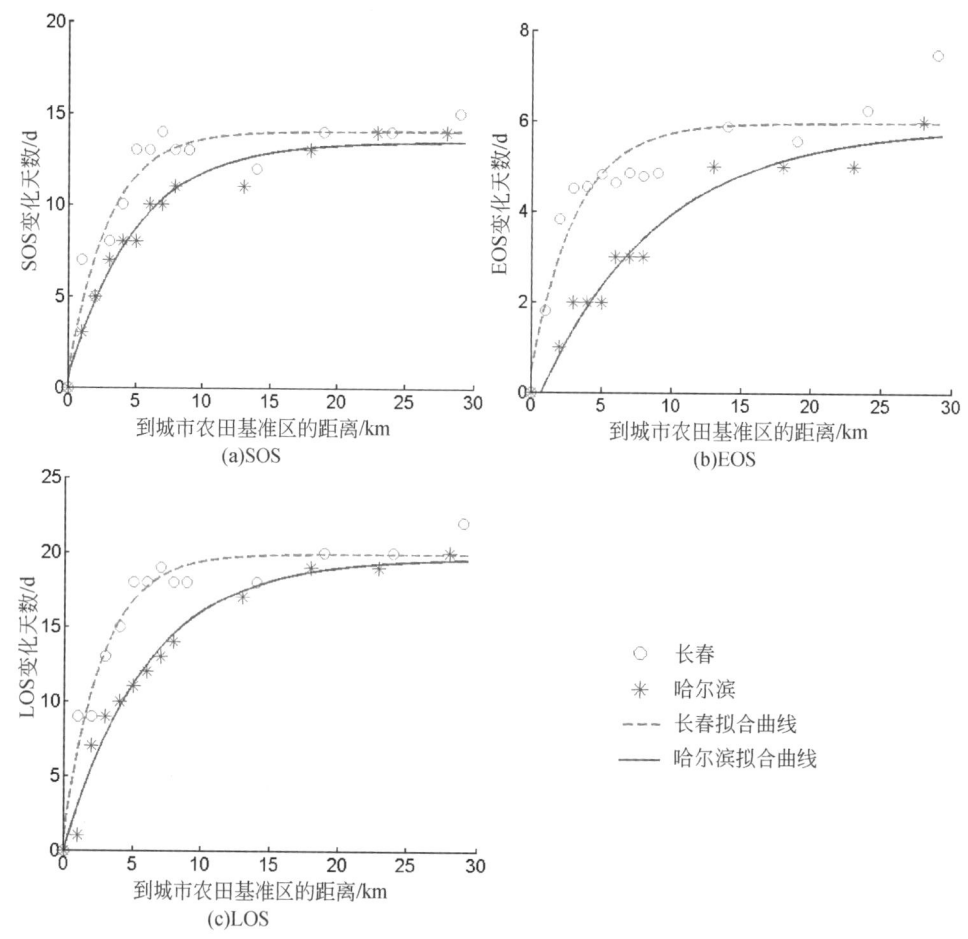

图 3-20　长春和哈尔滨城市农田基准梯度带生长季开始期、结束期及生长季长度曲线拟合

表 3-12　长春和哈尔滨城市农田基准梯度带生长季开始期、结束期及生长季长度指数模型拟合

物候期		拟合方程	R^2	RMSE
SOS	长春	$\Delta_{SOS} = 14.03 - 13.45e^{-0.34d}$	0.91*	1.42
	哈尔滨	$\Delta_{SOS} = 13.49 - 12.99e^{-0.2d}$	0.98*	0.69
EOS	长春	$\Delta_{EOS} = 5.96 - 5.55e^{-0.32d}$	0.87*	0.71
	哈尔滨	$\Delta_{EOS} = 5.9 - 6.44e^{-0.12d}$	0.94*	0.552
LOS	长春	$\Delta_{LOS} = 19.88 - 19.04e^{-0.36d}$	0.95*	1.38
	哈尔滨	$\Delta_{LOS} = 19.64 - 19.76e^{-0.17d}$	0.98*	0.96

* 模型在 95% 的置信水平显著。

3.6.2　黑龙江（阿穆尔河）流域植被物候特征动态变化格局分析

3.6.2.1　研究方法

利用最小二乘拟合方法分析黑龙江（阿穆尔河）流域 2001~2009 年近 10 年间植被

物候特征的时空动态格局,分析的物候特征包括:EVI 年内基值(BV),年内最大值(MAX),年内振幅(SA),生长季 EVI 活动积分值(SI),生长季开始期(SOS),生长季结束期(EOS),生长季长度(LOS)。由于检测到的植被物候特征存在异常值,因此,本研究首先对各个植被特征的异常值进行滤除,各个特征的有效值范围见表3-13。

表3-13 黑龙江(阿穆尔河)流域植被物候特征有效值范围

植被物候特征	有效值范围(EVI×10 000)	植被物候特征	有效值范围(EVI×10 000)
BV	>-2000	SOS	(1,360)
MAX	>-2000	EOS	(1,360)
SA	>0	LOS	(1,360)
SI	>0		

分析植被物候特征近10年的变化趋势,以年为自变量,物候特征值为因变量,采用最小二乘拟合方法进行基于像元尺度的植被物候变化斜率估计,同时计算 t 值进行显著性检验,回归方程的公式如下:

$$Y = \beta_0 + \beta_1 x + \varepsilon \tag{3-8}$$

式中,x 为年数;Y 为植被物候特征值;β_0 为回归常数(截距);β_1 为回归系数(斜率);ε 为随机变量。

多年物候特征的变化斜率估计值公式如下:

$$\hat{\beta}_1 = \sum_{i=1}^{n}(x_i - \bar{x})(y_i - \bar{y}) / \sum_{i=1}^{n}(x_i - \bar{x})^2 \tag{3-9}$$

式中,n 为年数,本研究分析 2001~2009 年黑龙江(阿穆尔河)流域物候特征的变化趋势,因此 $n=9$;x_i 为第 i 年,分别将生成9个与物候变量空间尺度完全匹配的 250m 栅格,并分别赋值为 1,2,3,…,9,代表 2001~2009 年;y_i 表示第 i 年的植被物候特征值;$\bar{x}$,$\bar{y}$ 分别为自变量 x 与因变量 y 的平均值,即

$$\bar{x} = \frac{1}{n}\sum_{i=1}^{n} x_i \tag{3-10}$$

$$\bar{y} = \frac{1}{n}\sum_{i=1}^{n} y_i \tag{3-11}$$

同时基于每个像元计算回归方程的 t 值,检验回归系数的显著性,t 值的计算公式如下:

$$t = r\sqrt{(n-2)/(1-r^2)} \tag{3-12}$$

式中,r 为回归方程的相关系数,计算公式如下:

$$r = \frac{\sum_{i=1}^{n}(x_i - \bar{x})(y_i - \bar{y})}{\sqrt{\sum_{i=1}^{n}(x_i - \bar{x})^2 \sum_{i=1}^{n}(y_i - \bar{y})^2}} \tag{3-13}$$

在本研究中,各个物候特征的多年变化斜率在 95% 的置信水平下表现显著的将被保留,用于后续植被物候时间动态分析。

3.6.2.2 结果分析

图 3-21～图 3-24 表征了黑龙江（阿穆尔河）流域植被物候特征 BV、MAX、SA、SI、SOS、EOS、LOS 在 2001～2009 年的变化趋势与速率。

可以看出，BV 显著性变化速率在整个流域分布较广（图 3-21），其中呈现正向与呈现负向显著性变化的像元百分比大致相等（表 3-14），分别为 10.84% 和 10.09%，空间分布上主要表现为：①在黑龙江（阿穆尔河）流域的中国部分，植被的年内 BV 变化率大部分在 -100～100/a 变化。在东北的大兴安岭北段、长白山大部、张广才岭、完达山及小兴安岭东段的森林区，BV 主要表现为增加趋势，每年增加速率为 0～100，而在东北中部的平原农田区东北部，BV 主要表现为降低趋势，每年降低速率小于 100，东北平原南部植被的 BV 主要表现为增加趋势，每年增加速率小于 100。大兴安岭西坡 BV 变化速率增大，每年降低速率超过 100，而在呼伦贝尔草原，BV 呈现显著增加，每年增加速率超过 100。②在黑龙江（阿穆尔河）流域的蒙古部分，BV 表现为显著增加，每年增加速率大约超过 100，而该地区主要土地覆被类型为草地，可以认为该区草地的年内基值在显著提高。③在黑龙江（阿穆尔河）流域的俄罗斯部分，BV 变化速率分布较为分散，西部外贝加尔边疆区与蒙古相接地区 BV 主要表现为以 0～100/a 的速率在增加，中部阿穆尔州布拉戈维申斯克地区的农田区 BV 降低速率超过 100/a，同时在黑龙江（阿穆尔河）流域东北部出现 BV 快速增加（变化速率大于 100/a）的斑块区，进一步分析这些地区主要是森林砍伐或森林火烧后的区域，说明这些受人类强烈干扰的区域在逐渐恢复，而处于黑龙江（阿穆尔河）流域东南部的滨海边疆区的森林区，BV 变化

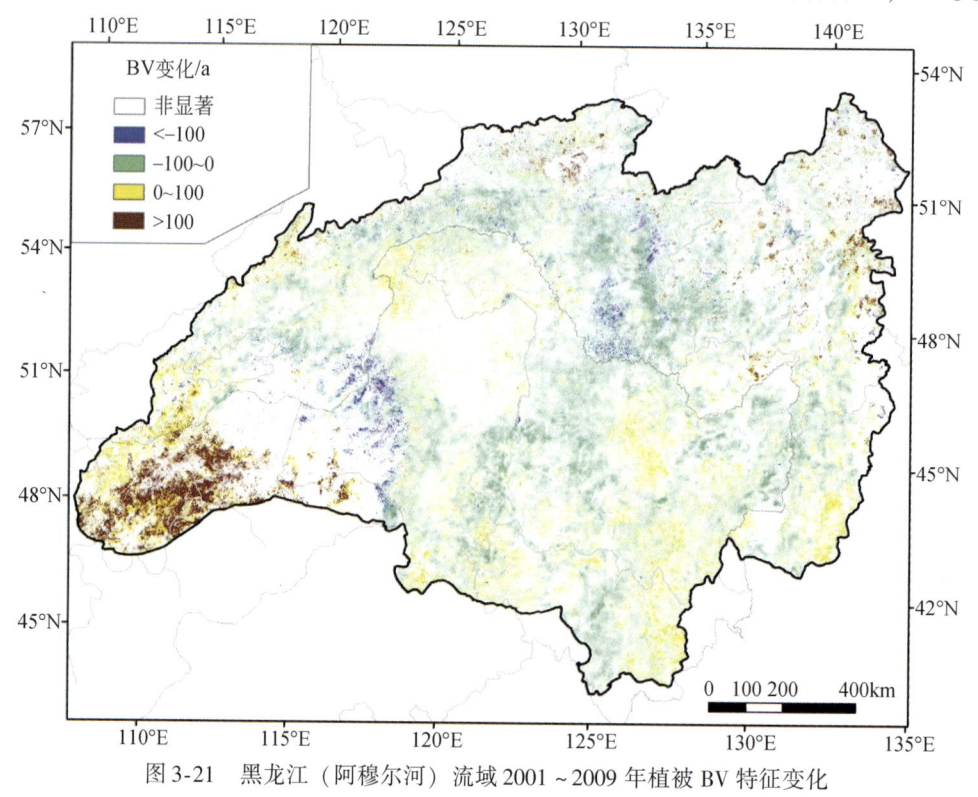

图 3-21　黑龙江（阿穆尔河）流域 2001～2009 年植被 BV 特征变化

趋势与长白山区较为相似，主要表现为 BV 以 0~100/a 速率在增加。

图 3-22 表征了黑龙江（阿穆尔河）流域 2001~2009 年 MAX 变化率的空间分布，变化趋势分布较为集中，其中呈现显著增加的像元百分比为 3.89%，而呈现显著降低的像元百分比为 4.85%，表明黑龙江（阿穆尔河）流域植被 MAX 降低趋势超过增加趋势。全区植被年内最大值的变化速率主要在 -400~400/a，具体表现为：①在黑龙江（阿穆尔河）流域中国部分，在大兴安岭与小兴安岭森林区 EVI 年内最大值呈现降低趋势，每年降低速率在 0~400，然而在东北平原和三江平原的农田区及呼伦贝尔的草原区，呈现相反趋势，年内 EVI 最大值表现为逐渐增加趋势，每年增加速率为 0~400。②黑龙江（阿穆尔河）流域的蒙古部分，MAX 变化速率主要表现为东部草原区 MAX 呈现上升趋势，与中国呼伦贝尔草原较为相似，每年增加速率为 0~400，向西 MAX 表现为以 0~400 速率降低。③黑龙江（阿穆尔河）流域的俄罗斯部分，西部外贝加尔边疆区与中国、蒙古草原接壤的地区，MAX 表现为增加趋势，其他大部分地区主要表现为 MAX 以 0~400 的速率降低，同时可以看到在中部阿穆尔州及东北部的哈巴罗夫斯克边疆区出现许多 MAX 的增长速率斑块，进一步分析发现，这些斑块区与 BV 的增长速率斑块较为一致，主要是森林砍伐及森林火烧区，也进一步表明了这些地区正在逐渐恢复，MAX 以每年 0~400 的速率在增长。处于东部滨海边疆区的森林地区，MAX 呈现降低趋势，变化速率为每年降低 0~400。

图 3-22 黑龙江（阿穆尔河）流域 2001~2009 年植被 MAX 特征变化

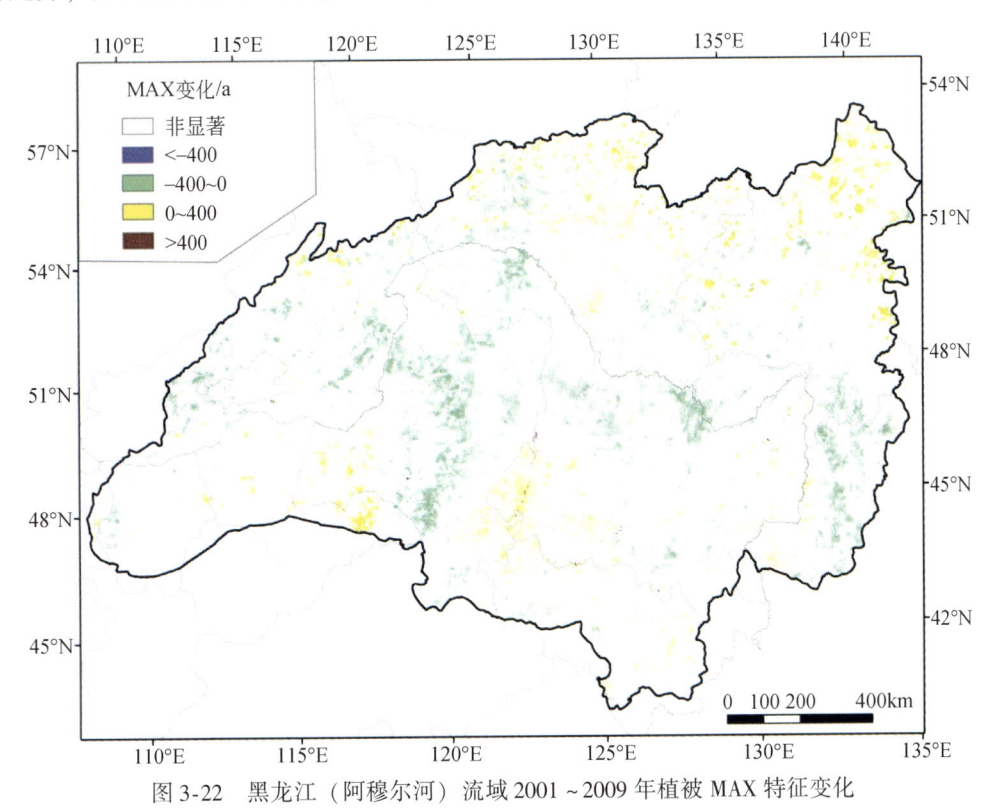

图 3-23 表征了黑龙江（阿穆尔河）流域 2001~2009 年 SA 与 EVI 生长季活动积分值 SI 变化率的空间分布。SA 显著的变化速率在全区分布较广，其中呈现显著增加的像

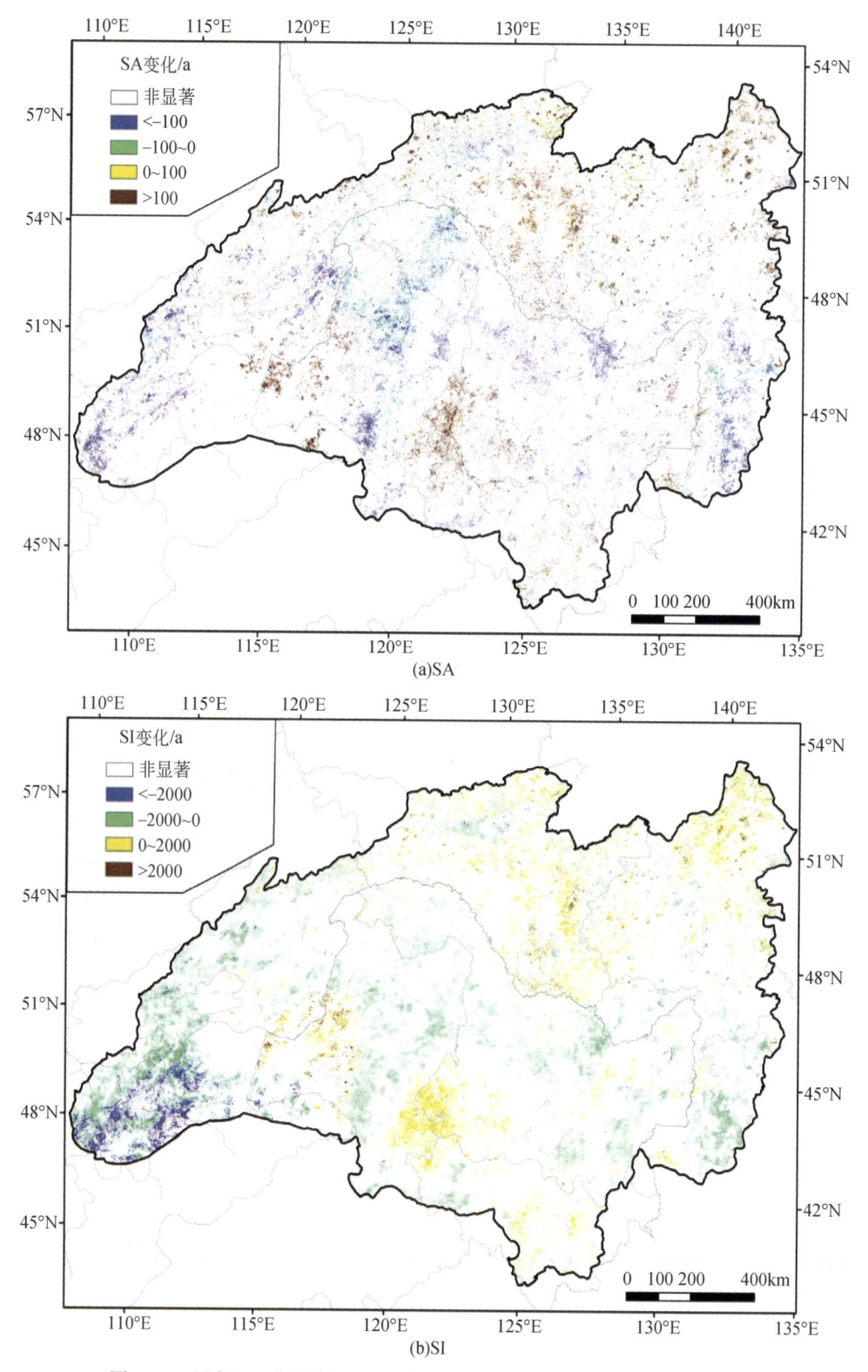

图 3-23 黑龙江（阿穆尔河）流域 2001~2009 年植被 SA 和 SI 特征变化

元比例约为 4%，而呈现显著降低的像元比例约为 5.59%，表明黑龙江（阿穆尔河）流域植被变化主要变现为 SA 显著降低。由于 SA 主要由年内最大值 MAX 及年内基值 BV 计算得到，因此 MAX 与 BV 的变化特征在 SA 中也有所体现，如在中国大兴安岭地区 BV 呈现增加趋势，而 MAX 却以 0~400/a 速率在降低，因此在 SA 变化速率分布图中可以看到该区植被的 SA 主要呈现降低趋势。假设植被的生产力与 EVI 年内振幅呈正相关关系，那么可以认为在中国东北大兴安岭、小兴安岭及俄罗斯滨海边疆区的森林地区，森林生长力在近 10 年的变化主要表现为显著减少，也表明该区可能降低了对 CO_2 的季节性吸收，这一推论与 Piao 等（2009）的研究结论较为一致。Piao 等认为，由于森林过度开采及森林退化，东北地区已经成为净碳源。对于东北的农田区，SA 主要以每年大于 100 的速率在增长。同样在黑龙江（阿穆尔河）流域的俄罗斯部分仍然可以看到森林砍伐或森林火烧后植被逐渐恢复的斑块（SA 增长速率大于 100/a）。在蒙古西部及与之相邻的赤塔州西部，SA 呈现降低趋势。同样，由于 SA 与 SI 之间存在相关关系（Olsson et al.，2005）。SA 变化趋势在 SI 中也有所体现，SI 显著性变化的像元百分比约为 11.61%。其中，呈现降低变化的像元比例为 6.75%，呈现增加变化的像元比例为 4.86%。SI 显著增加的区域主要分布在东北平原西部，呼伦贝尔草原及黑龙江（阿穆尔河）流域北部地区，而 SI 显著降低的区域主要分布在大小兴安岭、张广才岭的森林区、蒙古高原、外贝加尔边疆区的大部及滨海边疆区的森林地带。同时可以发现，呼伦贝尔草原与蒙古草原空间上相邻，但 SI 变化趋势却相反，中国呼伦贝尔地区 SI 显著增加，而蒙古草原区 SI 却显著降低，这可能与区域气候差异和人类干扰强度有关。Yu 等（2003）在分析中亚东部草原物候时发现，中国内蒙古与蒙古邻近的草原区生长季开始期的变化趋势明显不同，Yu 等认为可能由于不同的放牧强度影响局地地表–大气相互作用过程，从而导致生长季开始期变化趋势的差异。

图 3-24 表征了黑龙江（阿穆尔河）流域 2001~2009 年 SOS、EOS 及 LOS 变化率的空间分布，其中 SOS 和 EOS 正向变化速率表示生长季开始和结束期的延后，负向变化速率表示生长季开始和结束期的提前，而 LOS 正向变化速率表示生长季长度延长，而负向变化速率表示生长季开始期缩短（表 3-14）。SOS 显著发生变化的区域百分比为 5.29%，其中植被生长季提前的区域仅为 1.48%，植被生长季延后的区域为 3.81%，表明黑龙江（阿穆尔河）流域 2001~2009 年植被生长季的开始期主要表现为延后趋势。SOS 显著变化的区域在空间分布上较为零散，仅在蒙古和中国东北平原、呼伦贝尔地区、三江平原及小兴安岭地区出现聚集。蒙古及中国呼伦贝尔草原区 10 年生长季开始期显著延后，延后速率为每年大于 4d，在三江平原及东北平原农田区大部分区域，SOS 延后速率主要在每年 0~4d，在小兴安岭大部分地区 SOS 表现显著提前，提前速率主要为每年 0~4d，在内蒙古、吉林及黑龙江省交界的农田–森林–草地交错区，植被生长季的开始显著提前，提前速率为每年 0~4d。生长季结束期分布也较为零散，EOS 发生显著变化的区域百分比约为 3.77%，其中 EOS 提前区域为 2.59%，而 EOS 延后区域仅为 1.18%，表明黑龙江（阿穆尔河）流域近 10 年生长季结束期主要发生显著提前。EOS 发生显著提前的区域主要集中在大兴安岭地区、小兴安岭中部、呼伦贝尔及蒙古草原区、赤塔州大部分区域，EOS 发生显著延后的区域主要集中在东北平原大部分地区、小兴安岭东部及西部与大兴安岭相接的地区。LOS 发生显著变化的区域百分比约为

(a)SOS

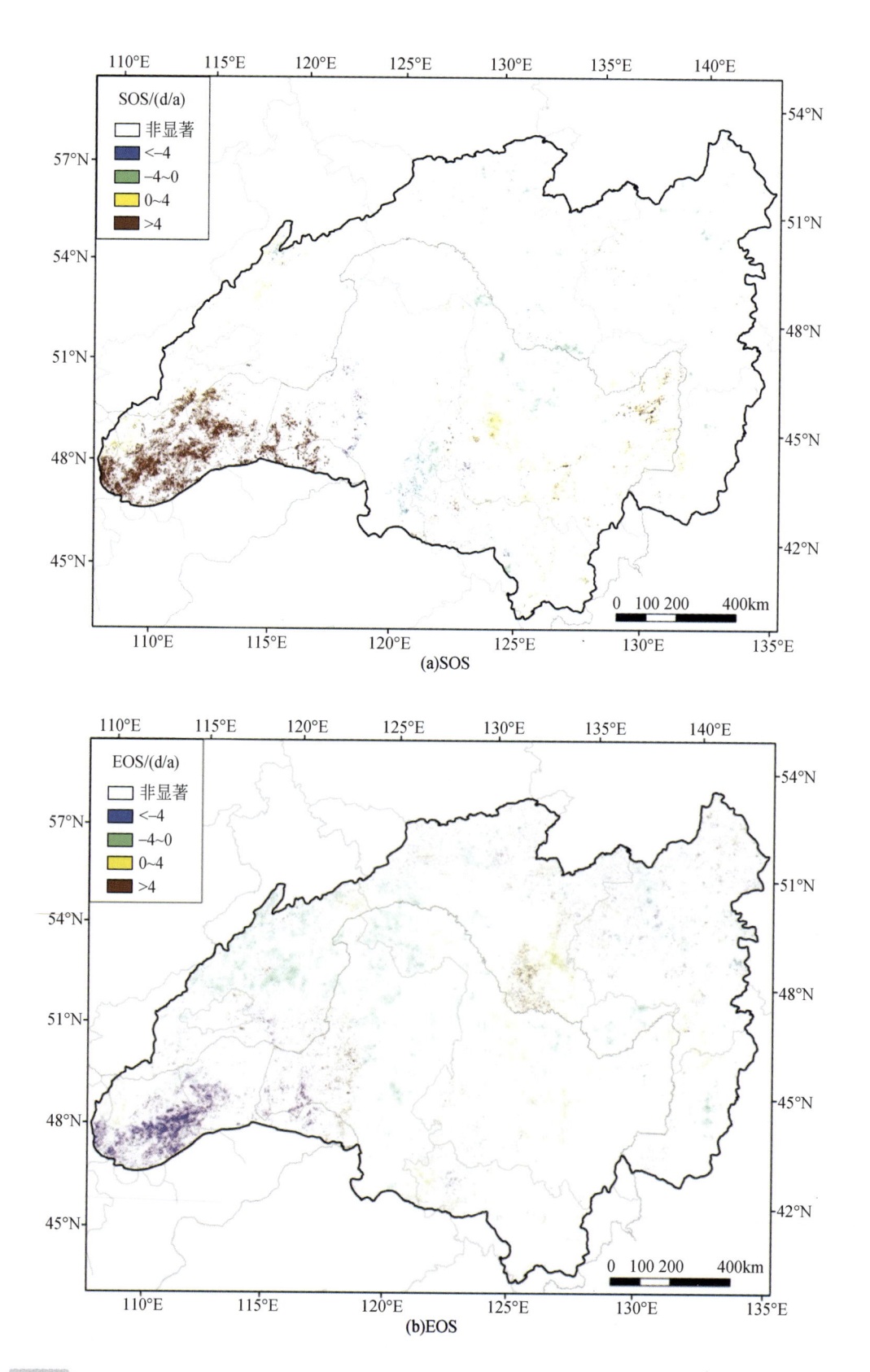

(b)EOS

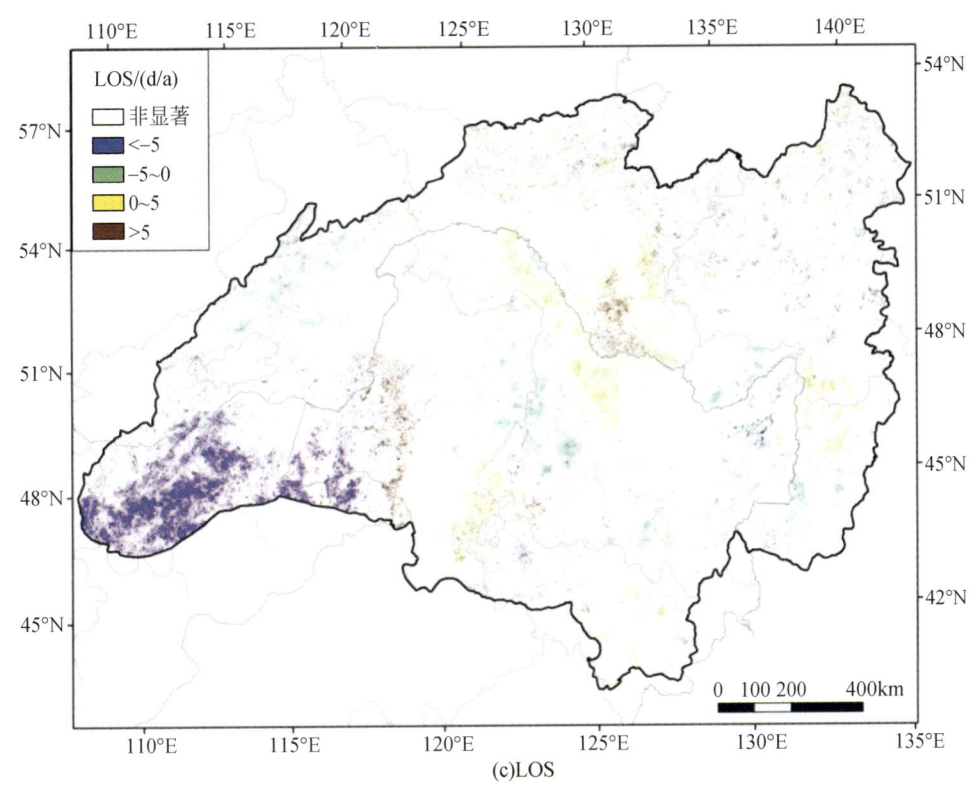

图 3-24 黑龙江（阿穆尔河）流域 2001~2009 年植被物候 SOS、EOS 和 LOS 特征变化趋势

7.97%，生长季缩短的区域百分比为 5.18%，生长季延长的区域百分比约为 2.79%，表明黑龙江（阿穆尔河）流域近 10 年植被生长季长度发生显著缩短。LOS 显著缩短的区域主要集中在蒙古及中国呼伦贝尔地区、东北平原南部、三江平原及大兴安岭部分地区，LOS 显著延长的区域主要集中在小兴安岭西部、内蒙古、吉林及黑龙江省交界的农-林-草交错地带、布拉戈维申斯克的农田区、滨海边疆区南部及哈巴罗夫斯克边疆区的北部森林区。

表 3-14 黑龙江（阿穆尔河）流域 2001~2009 年植被物候年变化率统计

植被物候特征	非显著性像元百分比/%	显著性像元百分比/%	
		负向	正向
BV	79.07	10.09	10.84
MAX	91.26	4.85	3.89
SA	90.41	5.59	4.00
SI	88.39	6.75	4.86
SOS	94.71	1.48	3.81
EOS	96.23	2.59	1.18
LOS	92.03	5.18	2.79

3.7 黑龙江（阿穆尔河）流域中、俄、蒙三国土地利用/土地覆被对比分析

3.7.1 中、俄、蒙土地利用/土地覆被现状及变化特征

黑龙江（阿穆尔河）流域地处欧亚大陆温带草原的东缘及北部森林的南缘过渡带，同时地跨中国、蒙古及俄罗斯三国，具有重要的生态与社会意义。因此对黑龙江（阿穆尔河）流域和整个考察区做土地覆被对比。对于黑龙江（阿穆尔河）流域，利用项目设计的土地覆被分类技术框架，即在生态气候分区的基础上，选择物候分类特征、EVI 季节曲线统计特征及地理环境特征为分类输入数据，采用监督决策树算法进行土地覆被分类，得到 2009 年黑龙江（阿穆尔河）流域土地覆被图（图 3-12），并统计各个土地覆被类型的面积比例（图 3-25、图 3-26），进行黑龙江（阿穆尔河）流域中国北方、俄罗斯及蒙古的土地覆被对比分析。黑龙江（阿穆尔河）流域各种土地覆被类型分布空间差异显著，其中以森林、草地和农田类型为主（图 3-12）。森林主要分布于中国的大小兴安岭、长白山、完达山区，流域西部的俄罗斯与蒙古境内的 Khenty-Chikoysky 山地、Bureinsky 山脉、东部的 Sikhote-Alin 山地；草地主要分布于流域西南部，包括蒙古高原区、俄罗斯赤塔州南部地区、中国的呼伦贝尔草原及松嫩平原部分地区；农田主要分布在中国东北平原和三江平原，以及俄罗斯布拉戈维申斯克（海兰泡）地区；湿地主要分布在流域内大兴安岭林间地区，以及松花江、黑龙江（阿穆尔河）中下游及兴凯湖等河流湖泊附近；裸地主要分布在流域西部的中国呼伦贝尔及蒙古高原部分地区；其他土地覆被类型所占比例较低。由图 3-25、图 3-26 可以看出，黑龙江（阿穆尔河）流域中国区以森林和农田类型为主，其面积比例分别为 45.99% 和 28.44%，其次是草地，约占 17.36%。黑龙江（阿穆尔河）流域蒙古区以草地和森林为主，分别约占 72.55% 和 14.52%；其次是裸地，约占 10.25%。黑龙江（阿穆尔河）流域俄罗斯区以森林和草地为主，分别约占 71.06% 和 20.12%；其次是湿地，约占 4.51%。进一步分析各国土地覆被二级类型的分布特征，发现黑龙江（阿穆尔河）流域中国区和俄罗斯区均以森林为主要土地覆被类型，但其森林组成有很大区别。中国区以落叶阔叶林和针阔混交林为主，分别占 21.27% 和 14.98%。俄罗斯区以针阔混交林和落叶针叶林为主，分别占 29.04% 和 22.03%；其次为常绿针叶林，约占 13.18%。蒙古的森林以针阔混交林为主，约占 7.34%。黑龙江（阿穆尔河）流域蒙古区和俄罗斯区草地覆盖面积较大，但其草地组成也有差异。蒙古区以稀疏草地为主，占整个草地面积的 90% 以上；俄罗斯区郁闭草地、稀疏草地和开放草地面积所占比例差距不大。

3.7.2 中、俄、蒙三国土地利用对比分析

针对项目考察区，采用欧洲空间局 300m 分辨率土地覆被数据进行处理。考虑到欧洲空间局数据分类体系和本研究分类体系之间的差异，故采用表 3-15 进行二者类别的转化，最后得到三国相应的土地覆被面积，见表 3-16。

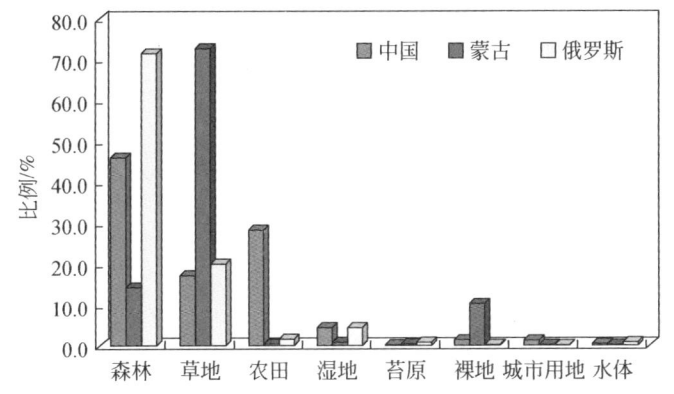

图 3-25　黑龙江（阿穆尔河）流域 2009 年土地覆被一级类三国比较

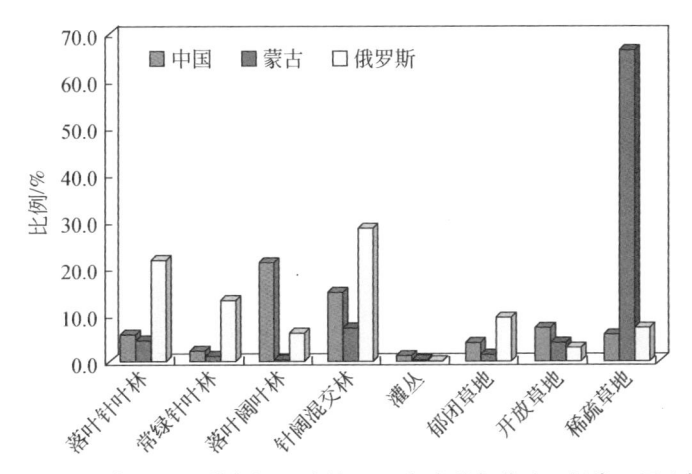

图 3-26　黑龙江（阿穆尔河）流域 2009 年森林与草地二级类三国比较

表 3-15　欧洲空间局数据分类系统与本研究分类系统转换对应

GlobCover 土地覆被分类系统	代码	本研究土地覆被分类系统
水淹或灌溉农地	11	农田
雨养农地	14	
耕作（50%~70%）/其他自然植被（20%~50%）镶嵌	20	
耕作（20%~50%）/其他自然植被（50%~70%）镶嵌	30	
郁闭或敞开（>15%）常绿阔叶或半落叶阔叶林（>5m）	40	落叶阔叶林
郁闭（>40%）常绿阔叶（>5m）	50	常绿阔叶林
敞开（15%~40%）落叶阔叶林（>5m）	60	落叶阔叶林
郁闭（>40%）常绿针叶林（>5m）	70	常绿针叶林
敞开（15%~40%）常绿针叶或落叶针叶林（>5m）	90	落叶针叶林
郁闭或敞开（>15%）针阔混交林（>5m）	100	混交林（没有主导类型超过 60% 覆盖）
草地（20%~50%）/森林/灌丛（50%~70%）镶嵌	110	中覆盖度草地

续表

GlobCover 土地覆被分类系统	代码	本研究土地覆被分类系统
草地（50%~70%）/森林/灌丛（20%~50%）镶嵌	120	高覆盖度草地
冠层敞开或封闭（>15%）灌丛（<5m）	130	灌丛
冠层敞开或封闭（>15%）草地	140	低覆盖度草地
稀疏植被（<15%）	150	稀疏植被
郁闭或敞开（>15%）各种有规律水淹或长期水浸阔叶森林	160	湿地
郁闭（>40%）永久盐水水淹阔叶林或灌丛	170	
郁闭或敞开（>15%）各种有规律水淹或长期水浸草地	180	
人工地表或附属区域	190	城市和建成区
裸地	200	裸地
水体	210	水体
永久雪/冰	220	雪/冰

表 3-16　考察区 2005 年欧空局数据土地覆被数据三国比较（单位：100km²）

Class Ⅰ	俄罗斯	蒙古	中国	Class Ⅱ	俄罗斯	蒙古	中国
森林	36 527.35	401.33	2 691.49	落叶针叶林	39 335.36	416.58	4 616.87
	228.62	0.01	879.62	常绿针叶林			
	2.37	0.00	70.79	落叶阔叶林			
	1 212.95	6.18	704.46	常绿阔叶林			
	1 329.15	9.06	117.25	混交林			
	34.92	0.00	153.26	灌丛			
草地	4 878.91	15.83	750.00	封闭草地	9 983.68	667.97	8 956.09
	4 766.82	68.00	1 549.42	开放草地			
	337.95	584.14	6 656.68	稀疏草地			
耕地	893.09	3 532.72	18 030.09	耕地	893.09	3 532.72	18 030.09
稀疏植被	6 488.33	2 431.69	2 930.36	—	6 488.33	2 431.69	2 930.36
湿地	527.46	0.65	6.01		527.46	0.65	6.01
建设用地	21.30	1.79	385.36	—	21.30	1.79	385.36
裸地	1 717.48	8 454.78	20 325.1		1 717.48	8 454.78	20 325.10
水体	1 462.32	150.63	486.18		1 462.32	150.63	486.18
雪/冰	114.73	4.82	654.49		114.73	4.82	654.49

　　图 3-27、图 3-28 和表 3-16 显示了考察区内中国北方、俄罗斯和蒙古各土地利用/土地覆被类型所占面积。俄罗斯以森林和草地覆盖为主，面积约为 3 933 536km² 和 998 368km²；其次是稀疏植被，约占 648 833km²。蒙古以裸地为主，面积约为 845 478km²；其次为农田和稀疏植被，面积分别为 353 272km² 和 243 169km²。中国北方以

裸地和农田为主，面积分别为 2 032 510km² 和 1 803 009km²。进一步分析中国北方、俄罗斯和蒙古的森林和草原构成，发现其中存在显著差异。虽然三个国家的森林面积存在很大差异，但是俄罗斯、蒙古和中国北方的森林均以落叶针叶林为主，分别占其森林面积的93%、96%和58%。中国北方除落叶针叶林外，也有一定比例的常绿阔叶林和常绿针叶林，分别占15%和19%。中国北方和俄罗斯的草原面积大小相差不大，但成分组成有一定差异。中国北方草原主要是由高覆盖度草地为主，占草地面积的70%以上，其次是中覆盖度草地，而在俄罗斯，中覆盖度草地和高覆盖度草地面积大致相等的，二者总面积占了整个草地面积的90%以上。

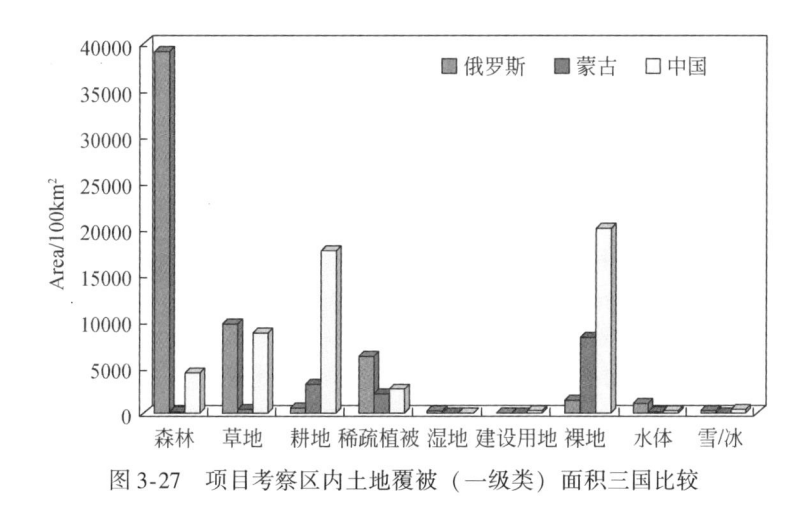

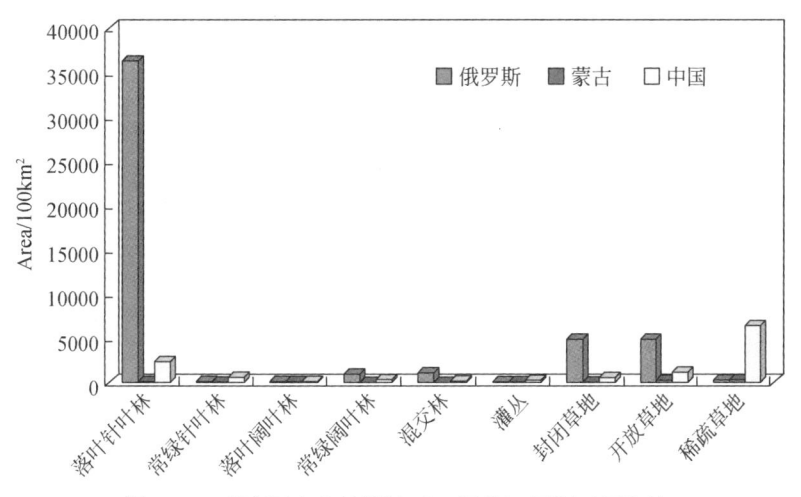

图 3-27 项目考察区内土地覆被（一级类）面积三国比较

图 3-28 考察区内土地覆被（二级类）面积三国比较

第 4 章　典型土地覆被类型——积雪时空变化分析

4.1　积雪数据集综述

全球气候正经历以变暖为主要特征的变化，积雪覆盖作为一种气候变化的响应对气候变化非常敏感（Kulkarni et al.，2002）。在此背景下，南北半球积雪的平均面积已经减少，而积雪的大范围减少已经引起海平面上升，预测未来的积雪覆盖范围将进一步缩小（陈海山等，2012），同时，地球陆地表面的30%以上被季节性积雪所覆盖，10%的陆地被永久性积雪和冰川所覆盖，雪的积累和融化是地表最重要的季节性环境变化之一（Robinson et al.，1993）。

大尺度积雪变化是气候变化的指示剂，不仅如此，积雪还能在不同的尺度下影响地球系统的其他部分（Frei et al.，2012）。凭借其辐射和热性能，它能够调节地表–大气之间的能量和物质转移（Dery et al.，2007），从而在控制局部乃至全球的反馈网络中扮演重要的角色。积雪可以影响地表径流，调节水文循环（Dyer et al.，2008），积雪覆被的变化可能会影响生物物候和生态系统功能（Wania et al.，1998）。在北方寒冷地区积雪储存了大量的水资源，积雪的变化对人类活动有深远的影响（Jaagus，1997）。此外，积雪的观测是气候模型输入与研究的关键（Cohen et al.，2001）。因此，积雪信息的观测与提取就变得非常有意义。

在卫星遥感出现之前，受技术的限制，积雪的监测与管理主要依赖气象站点数据进行独立点的观测，其非连续性严重制约了积雪信息的提取与应用。20世纪60年代以来，遥感技术的蓬勃发展为积雪的监测与应用提供了有力的平台，并开始了全方位的积雪监测，产生大量雪产品。本章在查阅大量的文献资料的基础上，对这些用于积雪监测的遥感数据进行了统筹与划分，并分析国内外目前应用广泛的积雪数据集，目的是对积雪研究有一个综合全面的认识，对未来积雪研究的发展提供思路。

4.1.1　理论基础与背景

积雪监测的方法包括气象站点法、模型以及遥感方法。气象站点法是对各个站点的观测值进行插值分析，但受气象站点的数量和分布影响较大。模型方法主要是通过建立积雪变量，如雪深、雪水当量等与气象观测值或者遥感观测值之间的经验或者半经验关系完成雪的监测。遥感方法则是应用雪与其他地物的电磁特性差异来反演积雪覆盖范围、雪水当量和雪深等参量，这使得卫星观测对全球雪盖监测和大尺度的积雪数据的环境应用更具吸引力。

(1) 传统的气象站点监测

最早的积雪观测方法就是气象站点法，积雪观测资料包括积雪日数和雪深，利用气象站点的空间插值，得到积雪的空间分布数据集（Tait et al.，2000）。其年代较长，资料的准确性和完整性较好。例如，中国的积雪观测资料是从20世纪50年代至今，已有60多年的数据，测点达到760个之多。这可以很好地弥补卫星遥感资料出现之前资料的不足，也为数据集的验证奠定了基础。

这种传统方法的不足是我们只能获得一些离散的资料，且站点分布不均匀，特别是偏远地区和高寒地区气象站点的分布极少，对于区域性的积雪监测代表性欠佳（裴欢，2006），而且不同的气象站点在观测时间上也无法协调一致，不能及时、全面、准确地反映大范围乃至全球的积雪分布状况。同时，仅靠气象记录来判断山区积雪情况和牧区雪灾有很大的局限性。

(2) 可见光/近红外监测

卫星遥感的出现打破了传统观测资料时空连续性差的问题。可见光/近红外提取雪信息主要是利用雪的光谱特性及其与云、裸地、植被等光谱特性的差异，提取积雪信息。在可见光波段，雪的可见光反射率较高（80%或者更高），在近红外波段1.6 μm和2.0μm 波长处的反射率最低，而云在该波段反射率仍很高，这一特点使得可见光/近红外监测可以有效识别雪、云层和其他地表覆被类型（Gao et al.，2010）。利用这一性质，许多传感器已被用于全球大尺度和区域尺度的积雪信息的提取与研究。例如，数据和信息服务中心的地球同步环境卫星（GOES）、美国国家海洋和大气局（NOAA）的AVHRR传感器、美国地球观测系统（EOS）的MODIS传感器、美国Landsat的MSS和TM传感器、法国SPOT卫星等都可以用于积雪信息的提取，并取得广泛的应用。

可见光/近红外监测空间分辨率较高，AVHRR数据可达到1.1km，MODIS数据可达到500m，TM数据可达到30m，也使其能够进行全球乃至区域范围的雪情监测，并可以作为气候模型或者水文模型的输入参数。但是，可见光影像容易受到云层的干扰，尤其是冬季，受大气和光线的影响严重。此外，浓密的森林区，茂密的植被可能会阻碍积雪的可见光或近红外信息到达传感器，很难确定雪的覆盖范围和数量，可能导致雪的范围被低估。

(3) 微波观测

由于雪的粒径与微波波长相似，雪可以散射地球表面反射的微波，这样就可以有效地识别积雪和无雪表面。理想情况下，散射量与雪颗粒的数目成正比，因此，可以通过分析微波能量和积雪深度、雪水当量之间的关系获得积雪信息（Pulliainen et al.，1999）。目前用于微波观测的传感器有美国雨云卫星多通道微波扫描辐射计（SMMR），美国空军空间局和海军空间系统活动局共同研究的微波辐射计系统——四频率线性极化专用微波成像系统（SSM/I），美国NASA Aqua卫星上的改进型多频段、双极化圆锥扫描的被动微波辐射计（AMSR-E），主动微波数据例如QuikSCAT可以利用Ku波段散射数据进行大空间尺度的雪盖监测（Bartsch，2010）。

微波遥感能够反演雪盖厚度、含水量和雪密度，与可见光监测相比，微波能穿透云层，有效地去除了云层对积雪提取的影响。它也能穿透大部分积雪层从而探测到雪深和雪水当量的信息。微波遥感不受太阳光照的影响，可以全天候进行积雪观测。此外，由于被动微波遥感具有很高的时间分辨率，能够迅速覆盖全球，因此它在监测全球和大陆尺度的积雪时空变化中的作用尤为突出。但是，微波遥感数据空间分辨率低，一般为25km或者更大，难以获取积雪的细节信息，不适合进行小尺度的研究。微波遥感还容易受积雪含水量、冻土等下垫面因素的干扰，难以检测浅雪或者湿雪。湿雪会造成亮温大的变化会掩盖雪信号，茂密的森林中植被发射的辐射信号也可能会掩盖积雪，导致积雪监测的不确定性增加。

4.1.2 雪产品分析

(1) 可见光/近红外数据集

1) 美国 NOAA 数据集。NOAA 数据集是发展最早的遥感数据集，该数据集从1962年4月开始就提供覆盖加拿大东部的遥感资料，并提供从1966年10月至今逐周的北半球雪盖制图。一开始它是有经验的气象学家对拍摄的可见光资料如 AVHRR、GEOS 和其他的可见光卫星数据等进行人工解译得到，1997年引进交互式多传感器（IMS）后，通过处理光学和微波遥感数据以及一定的气象台站数据，可得到24km分辨率和更高分辨率的（1999年之后4km）逐日北半球雪盖图。IMS产品的最主要的特征是基于时空场景的融合，在特定的区域和条件下由分析者决策哪个数据源更可靠和雪的最终位置，因此其准确性和可信度较高。NOAA数据集已广泛应用于大陆和半球积雪的监控，并输入到气候、水文模拟和数值模拟研究。然而，NOAA数据集作为气候模型的输入和长期环境变化的记录，为保持数据集的时空一致性，其优化也成为一个难题。

2) NASA 的 MODIS 数据集。作为世界上新一代图谱合一的传感器，MODIS 传感器的通道范围很广，在 0.4~14μm 的电磁波谱范围内设置36个光谱通道，具有250m、500m、1000m 的空间分辨率，每日或者每2日可以获取一次全球观测数据。这使得MODIS数据集在积雪观测方面具有很大优势。它利用雪盖指数（NDSI）来对冰雪信息进行提取，即 band 4（545~565nm）和 band 6（1628~1652nm）之间的归一化指数。一般来讲，归一化指数大于0.4的划分为雪像元，反之为无雪像元，在有云或者森林茂密的区域增加其他的阈值规则。

MODIS 提供每日的和合成的积雪资料，应用广泛的数据产品包括2000年至今的500m分辨率的 MOD10A1 逐日雪产品数据；MOD10A2 八天合成的雪产品数据，该数据主要用于高纬度地区，持续的云层阻碍了每天观测数据的使用；MOD10C1 逐日气候模型网格产品，分辨率0.05°。由于传感器的改进，MODIS 卫星资料在空间分辨率、积雪反演算法等方面明显优于25km的NOAA数据集，在时间分辨率和光谱分辨率上比TM等可见光数据具有更大的优势。基于以上优势，Liang 等（2008）采用MODIS数据监测中国新疆牧区的雪盖情况，并得出用户自定义的多天合成的MODIS产品，比逐日的MOD10A1数据对于监测牧区的雪盖情况更有效；Salomonson 等（2004）用NDSI估算雪盖分数，并发现在局部或者大的区域如北美应用时，NDSI 与雪盖分数存在回归关系，并且具有鲁棒性。然而，该数据集受云的影响较大，在无云区精度很高，在经常有云层覆盖的区域其不确定性大大增加。

(2) 微波数据集

SMMR 因其多通道和双极化的性能扩大其应用范围，为雪深定量化遥感创造条件，传感器运行时间为1978年10月至1987年8月,每隔1天传送1次数据。从1987年8月开始,性能更好的SSM/I替代了SMMR,提供半球或全球尺度的雪深变化信息。SMMR和SSM/I都是利用雪颗粒散射在不同频率的敏感度差异来测量雪水当量、雪深(前者利用18 GHZ和37 GHz,后者利用19 GHz和37 GHz)。两个频率的亮温差异越大,SWE和SD越大。利用这一性质,Foster等(2009)采用1979~2006年的SMMR和SSM/I数据计算了南美洲季节性积雪范围和质量。SMMR和SSM/I可以构成时间序列最长的微波数据集。

AMSR-E微波辐射计(2002~2011年)可以测量6.9~89GHz水平和垂直极化辐射。AMSR-E搭载在Aqua卫星上于2002年开始使用,2011年10月因其天线旋转的问题而停止生产数据,它生成的雪产品包括每天(AE_DySno)、五天最大(AE_5Dsno)和月平均(AE_MoSno)雪水当量产品。它是采用36.5GHz和18.7GHz频段下的亮温差异来对雪深和雪水当量进行反演。现有的卫星遥感积雪产品中,AMSR-E积雪产品相当于SMMR和SSM/I具有更高的空间分辨率(25km),使用非常广泛。Dai等(2012)用AMSR-E数据估算了新疆地区的雪深和雪水当量,并证明与观测值有很好的一致性。

QuikSCAT是NASA在1999年7月发射的地球观测卫星,它是利用Ku波段上两个不变的入射角度进行测量,利用其高时间分辨率和散射图重建算法,在更好的空间分辨率下对地表后向散射系数进行重建,从而进行雪范围和积雪日数的监测(Hicks et al.,2006)。Brown等(2007)的研究表明,使用主动微波(QuikSCAT)Ku波段散射数据对于雪盖监测有很大的优势:这些数据对地表融雪有很高的敏感性,受植被覆盖的影响有限;对于高纬度雪融化持续时间的高分辨率(5km)制图是有潜力的,该方法对于监测春天融雪期的雪盖范围也非常有效。

(3) 融合的数据集

卫星遥感的出现为冰雪监测提供了有力的平台,但是依旧存在一些问题,如可见光数据集容易受云层影响的问题,微波数据集空间分辨率不高等。为提高积雪数据集的精度与质量,许多学者采用了不同类型的数据或者数据集融合,如观测数据与模型融合、地面观测与传感器融合、传感器融合及多源数据融合等。

1) 观测数据与模型融合。加拿大气象中心(CMC)结合可用的雪观测记录和简单的雪模型(NWP)生产了每日的全球雪深栅格数据集(Brasnett,1999)。Brown等(2007)发现CMC分析有一个趋势,春天会出现雪早融现象,这是因为气象站点往往设在空地上,导致积雪深度有偏浅的倾向。美国水文遥感中心(NOHRSC)采用卫星观测、实地观测、雪模型和数据同化方法开发了NOAA美国积雪分析系统。NOHRSC调查了美国大约10 000个气象站点,这些实测数据和模拟的积雪信息结合,用于提供美国和加拿大南部的每天的雪水当量和雪深信息(Rutter et al.,2008)。

2) 地面观测与传感器融合。Takala等(2011)采用地面天气数据和微波数据(SMMR、SMR/I、AMSR-E)相结合的算法计算了北半球30年长时间序列的雪水当量,能有效降低气象站点插值与微波数据算法的不确定性。微波遥感容易对雪水当量进行低估,尤其是在初冬和春季融雪时期。Derksen(2008)采用1915~1992年的历史数据和1978~2002年的SMMR和SSM/I微波数据融合计算了北美中部雪盖和雪水当量情况,并进行了时间序列分析。

3）传感器融合。Foster 等（2009）采用 AFSA 算法，利用 MODIS、AMSR-E 和 QuikSCAT 数据集的优势互补生成一个单独的全球每天的数据产品，包括改进的雪范围、雪水当量、雪的融化时间和雪正在融化的范围的产品。Gao（2010）及 Liang 等（2008）采用 MODIS 和 AMSR-E 相结合的方法计算每天无云的积雪覆盖和雪水当量产品，该产品在保证较高的空间分辨率条件下被证明能有效地降低云盖的影响。

4）多源数据的融合。Tait 等（2000）利用 NOAA AVHRR 数据、SSM/I 微波数据、气象站点以及高程数据结合，采用决策树的方法进行雪盖制图，这种多数据集的产品既弥补了可见光数据集时间分辨率的不足，也弥补了微波数据集空间分辨率较差的问题。Park（2012）结合水文和化学模型（CHANGE）、NOAA 每周的雪水当量数据和观测的实地数据来调查 1948~2006 年北极雪深和雪盖范围的空间和时间趋势，它既刻画了北极地区的雪深和雪盖的年际变动，又能预测未来的气候胁迫下，积雪参数的变化。

4.2 黑龙江（阿穆尔河）流域积雪覆盖时空变化分析

4.2.1 积雪数据集选取及其精度评价

综合不同可见光、微波数据集的时空分辨率及时间尺度特征，同时考虑到数据的一致性问题，本章采用两种遥感积雪数据集生成精度较高的连续积雪数据：一为基于 NOAA/NCDC 气象数据记录生成的北半球逐周的积雪覆盖和海冰范围 EASE-Grid 2.0 数据集（以下简称 NOAA 数据集），它提供 1966 年 10 月以来逐周的北半球积雪和 1978 年以来的海冰数据。二为 NOAA 的交互式多传感器（IMS）数据集（1999~2013 年），其时间分辨率变为 1 天，同时，它的空间分辨率在 2004 年之后升高到 4km。可采用 ArcGIS 对两种产品进行格式转换、投影转换，提取两种数据集研究区范围的积雪信息。

对积雪覆盖范围的验证，不考虑尺度效应和混合像元的影响，假设气象站点的雪深数据可以代表站点及其周围一定范围内的积雪信息，此条件下，采用点对点的验证方法，即利用气象站点的雪深数据与对应位置的两种数据产品提取的积雪覆盖信息一致性进行比较。其中，气象站点的数据为美国国家气象数据中心的逐日全球汇总数据（GSOD），该数据集的日值数据是根据全球气象站点的逐时数据平均得到，其气象要素包括：气温、露点温度、气压、最高气温、最低气温、降雨量、雪深等。选取总体精度（P）、漏分率（L）和错分率（C）作为精度评价指标，其计算公式如下：

$$P = (W + S)/T \times 100\%$$
$$C = M/T \times 100\%$$
$$L = N/T \times 100\%$$

式中，总体精度 P 为有雪和无雪分类都正确的像元比例；C 为错分率，指地面上无雪但被误分为有雪的像元比例；L 为漏分率，表示地面上有雪但遥感影像上无雪的像元比例；W 为影像和观测站点都无雪的样本数；S 为影像和观测站点都有雪的样本数；M 为观测站点无雪、影像有雪的样本数；N 为观测站点有雪、影像上无雪的样本数；T 为总样本数，$P+L+C=1$。本实验中 $T=99$，并且 $W+S+M+N=T$。

验证过程中首先对气象站点进行质量控制，然后利用气象站点 2011 年的雪深数据对同时间的 NOAA 数据集和 IMS 数据集进行精度验证。二者的总体精度分别为 91.6% 和 93.1%。NOAA 数据集的错分误差和漏分误差为 4.47% 和 3.9%；IMS 数据集分别为 2.77% 和 4.12%。由此可见，二者的总体精度可以满足研究要求，而 IMS 的精度更高一些。

4.2.2 长时间序列积雪覆盖数据集成与分析

（1）长时间序列数据集创建

长时间序列数据的集成就会遇到数据的一致性问题，NOAA 数据集分辨率为 25km，时间尺度是 1967～2013 年，而 IMS 数据集分辨率为 4km，时间尺度为 2004～2013 年，1997～2003 年分辨率为 24km。为分析长序列的积雪覆盖动态变化，本章对两种数据产品重叠年份（1999～2013 年）的年、春季、秋季以及冬季平均积雪面积进行相关分析，以获得 NOAA 数据和 IMS 数据的映射关系（图 4-1～图 4-4）。

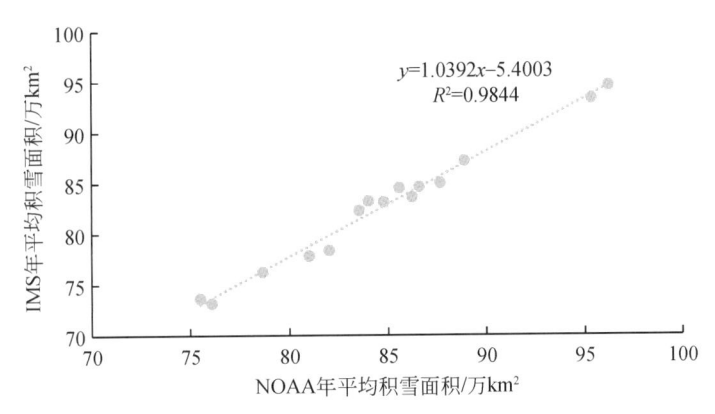

图 4-1　NOAA 与 IMS 数据年平均积雪面积的映射关系

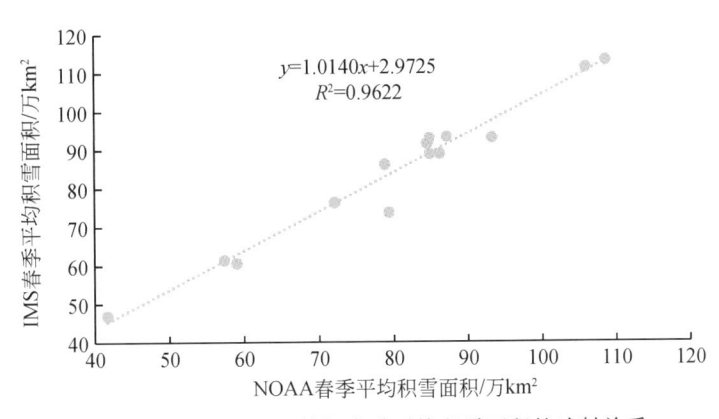

图 4-2　NOAA 与 IMS 数据春季平均积雪面积的映射关系

由图 4-3 和图 4-4 可见，两种数据在 15 个重叠观测年份的年平均积雪面积、春季、秋季和冬季的平均积雪面积之间存在良好的线性关系，其相关系数分别为 0.9844、0.9622、0.9833 和 0.9317，均通过了 0.001 的置信度检验。对 15 个重叠观测年份的数

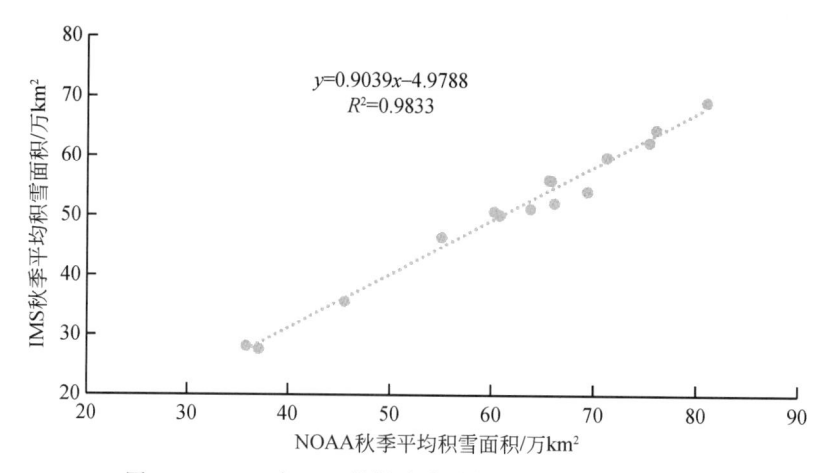

图4-3 NOAA与IMS数据秋季平均积雪面积的映射关系

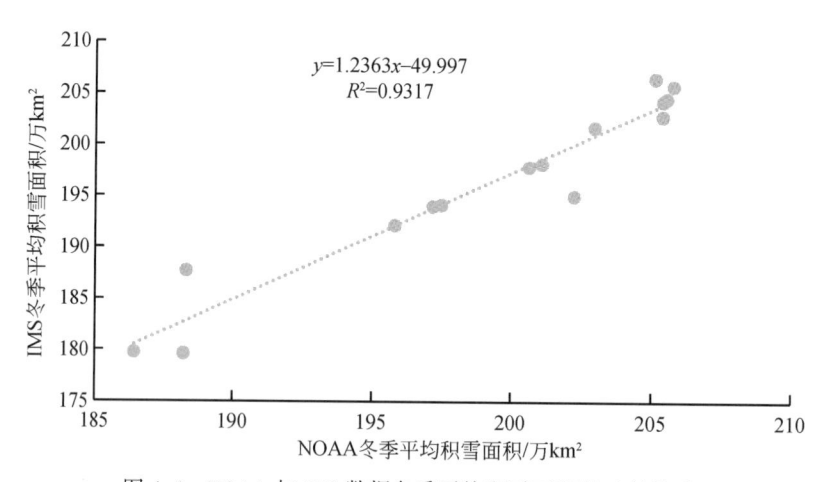

图4-4 NOAA与IMS数据冬季平均积雪面积的映射关系

据进行线性回归,得到二者的转换方程为:

IMS(年平均积雪面积)= $1.0392 \times$ NOAA(年平均积雪面积)-5.4003($R^2=0.9844$,$P<0.001$);

IMS(春季平均积雪面积)= $1.014 \times$ NOAA(春季平均积雪面积)$+2.9725$($R^2=0.9622$,$P<0.001$);

IMS(秋季平均积雪面积)= $0.9039 \times$ NOAA(春季平均积雪面积)-4.9786($R^2=0.9833$,$P<0.001$);

IMS(冬季平均积雪面积)= $1.2363 \times$ NOAA(春季平均积雪面积)-49.997($R^2=0.9317$,$P<0.001$)。

由于IMS数据的数据精度比NOAA数据高,本时间序列的集成把IMS数据作为真实值,基于以上回归方程,构建1967~2013年近50年黑龙江(阿穆尔河)流域积雪面积变化时间序列,如图4-5,其中红线为1967~2013年NOAA数据,黄线是1999~2013

IMS 数据，蓝线为插补后的 1967~2013 年的数据。

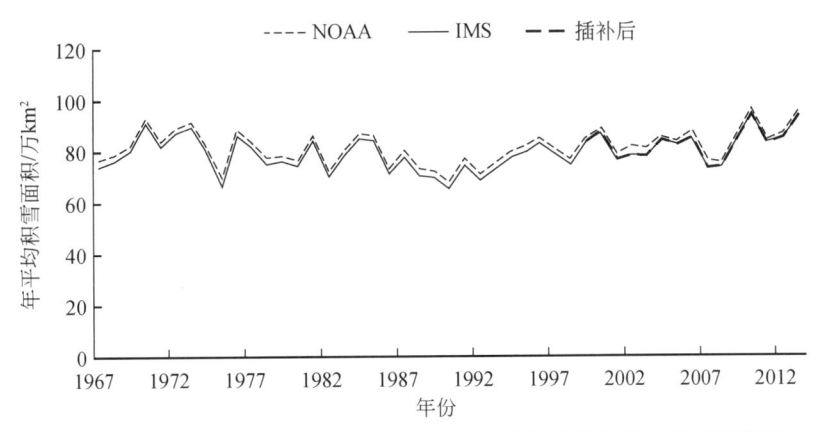

图 4-5 1967~2013 年黑龙江（阿穆尔河）流域年平均积雪面积时间序列

（2）积雪面积变化周期性分析方法

积雪变化周期分析方法。小波分析是一种具有时频多分辨率功能的分析方法，最初由法国油气工程师 Morlet 提出，而后逐渐发展并被引入到水文学分析中（徐东霞，2008），它可以揭示气候时间序列的突变、趋势等特性及气候系统变化的多尺度特性。本章主要采用 Morlet 小波进行积雪时间序列周期性分析，小波转换公式如下：

$$W_f(a, b) = |a|^{-\frac{1}{2}} \Delta t \sum_{k=1}^{n} f(k\Delta t) \varphi\left(\frac{k\Delta t - b}{a}\right) \tag{4-1}$$

式中，$W_f(a, b)$ 能同时反映时域参数 b 和频域参数 a 的特性，它是时间序列 $f(k\Delta t)$ 通过单位脉冲响应的滤波器的输出。此处，$f(k\Delta t)$ 代表了黑龙江（阿穆尔河）流域1967~2013 年近 50 年的积雪面积变化过程，其中 $k = 1, 2, \cdots, 47$，时间步长 $\Delta t = 1$。$W_f(a, b)$ 的变化等值线图能够反映积雪面积时间序列的变化过程，识别气候系统的周期性与突变特性。同时，计算小波方差，即对时间域上有关 a 的所有小波系数的平方进行积分，公式如下：

$$\mathrm{Var}(a) = \int_{-\infty}^{\infty} |W_f(a, b)|^2 \mathrm{d}b \tag{4-2}$$

制作小波方差图，识别气候系统波动能量的分布状况，揭示积雪面积时间序列变化的多时间尺度特性及主要时间尺度。

（3）积雪面积变化分析结果

1）年平均积雪面积变化趋势分析结果。近 50 年来，黑龙江（阿穆尔河）流域的年平均积雪面积存在一定的波动性，用一元线性方程对其进行拟合，斜率为 0.0813，整体上表现为增加趋势，相关系数 R^2 为 0.0254。同时，我们采用分段线性拟合，得到 1967~1990 年年平均积雪面积呈现减少趋势，斜率为 -0.4728，R^2 为 0.5466，1990~2013 年呈现明显的升高趋势，斜率为 0.6084，R^2 为 0.7891（图 4-6）。

2）年平均积雪面积周期性变化分析结果。用 Morlet 小波对 1967~2013 年黑龙江（阿穆尔河）流域年平均积雪面积进行连续的小波变换，根据计算结果绘制小波变换系数实部等值线图，如图 4-7 所示。该图反映了积雪序列的周期变化、突变点分布和位相结构特征。小波系数实部为正时，表示积雪面积较大，图中用暖色调表示，小波系数实部为负时表示积雪面积较少，用冷色调表示，为 0 时对应突变点。

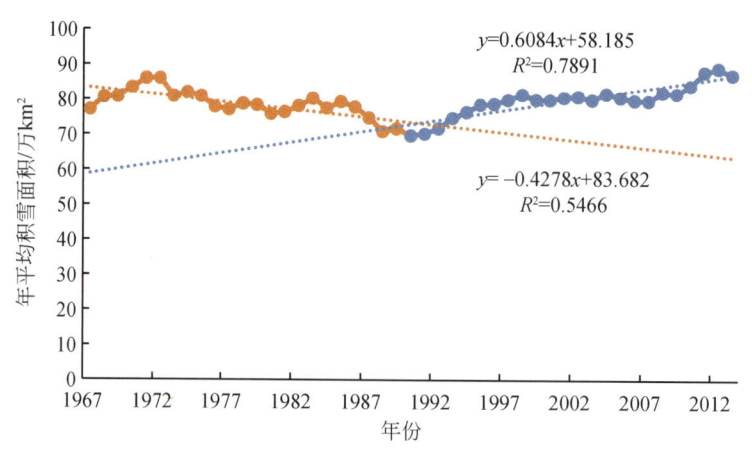

图 4-6　黑龙江（阿穆尔河）流域近 50 年平均积雪面积变化趋势

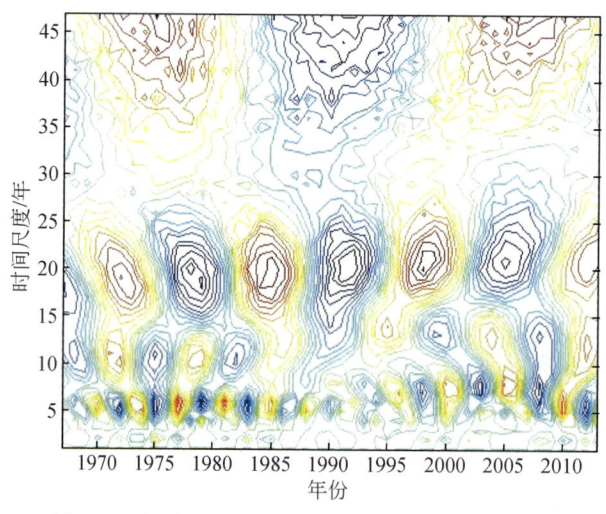

图 4-7　积雪面积 Morlet 小波变换的实部时频分布

由图 4-7 可以看出，小波变换的实部时频中心的尺度主要有 5 年左右、10 年左右、20 年左右以及 40 年左右，即在这几个尺度区间上呈现有规律的正负交替。其中 5 年左右和 10 年左右的周期在 1985 年以前和 2000 年以后较显著，1985~2000 年周期性不明显。20 年左右的周期十分明显，自始至终基本保持积雪面积较大（1972 年左右、1985 年左右、1998 年左右和 2012 年左右）和较少（1978 年左右、1991 年左右和 2005 年左右）的有规律的周期性变化。40 年的周期显示 20 世纪 90 年代左右是积雪面积最少的时期，20 世纪 70 年代和 2000 年以后是积雪面积最多的时期。

对小波方差进行计算，得到小波方差图（图 4-8），该图反映了小波波动的能量随时间尺度的变化，可以用于识别积雪时间序列中各个时间尺度扰动的相对强度和周期特征。图 4-9 表明，小波方差随时间尺度变化的过程中有 3 个明显的峰值区，其中 10~12

年左右有一个较集中的峰值区，20 年有一个显著的峰值，40 年有一个显著的峰值，这与图 4-7 的结果一致，对于 5 年的周期，在该图未显示出峰值，这与 1985 年以后该周期性变得不明显有关。

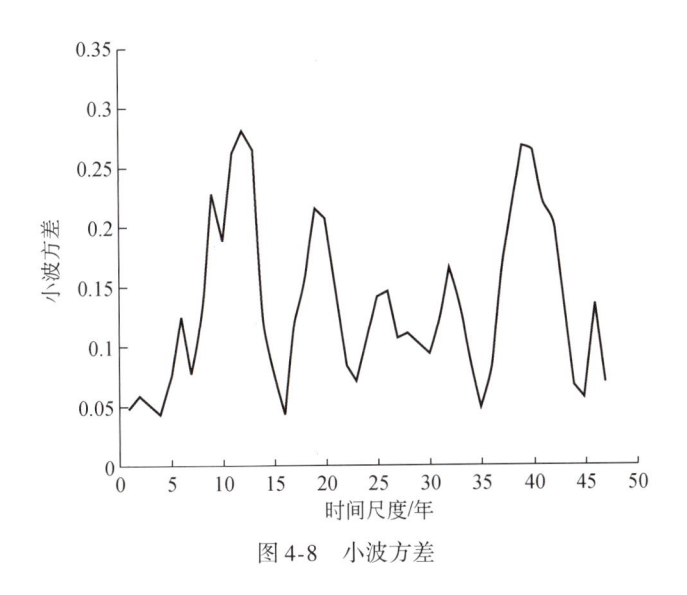

图 4-8　小波方差

此外，结合蔡红艳等对黑龙江（阿穆尔河）流域过去 40 年的气温周期变化研究，发现黑龙江（阿穆尔河）流域存在周期变化，如图 4-9 所示。

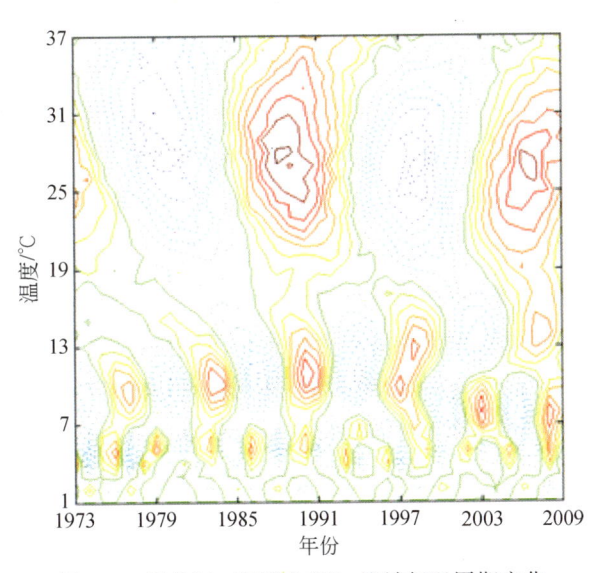

图 4-9　黑龙江（阿穆尔河）流域气温周期变化

由图 4-9 可知，黑龙江（阿穆尔河）流域气温存在 5 年、10 年和 26 年的周期性变化。以 10 年的周期为例，黑龙江（阿穆尔河）流域在 1977 年、1983 年、1991 年、1998 年为气温的高值区（周期性的中心），对应图 4-7 可知，这些年份对应于积雪面积较少的周期的边缘过渡地带,这意味着气温变化和积雪覆盖变化存在相关性,而且气温周期比积雪覆盖面积周期的滞后表明了气温对积雪覆盖变化的反馈作用。

4.2.3 黑龙江(阿穆尔河)流域积雪覆盖时空变化分析

(1) 黑龙江(阿穆尔河)流域积雪覆盖季节变化

在中高纬度的黑龙江(阿穆尔河)流域,冬季寒冷漫长,夏季温和多雨,积雪覆盖存在明显的季节变化。同时,由于黑龙江(阿穆尔河)流域在纬度上纵跨15°,较大的纬度差造成太阳高度角的不同,进而导致吸收的太阳辐射的差异,导致流域南北的气候差异,再加上该流域地形的多样性和景观的异质性,在不同时节的积雪空间分布呈现不同状态。本章利用2004~2013年IMS 4km的逐日积雪数据计算黑龙江(阿穆尔河)流域10年逐月平均积雪面积图(图4-10),试图概括黑龙江(阿穆尔河)流域积雪覆盖的季节特征。

从积雪覆盖的季节空间分布图(图4-10)可以看出,1月和2月,整个流域基本被积雪所覆盖,只有吉林西部及以西地区无雪覆盖,这很可能与该区域的气候条件有关。该地区相对干旱,较难形成降雪条件,同时不适宜积雪留存。3月之后积雪开始融化,首先发生在纬度较低和地势低平的区域,如松嫩平原区。4月是黑龙江(阿穆尔河)流域积雪融化的主要月份,低纬度地区的气温首先达到融雪的临界值,积雪融化表现出由南向北的特征。对比4月的积雪覆盖范围和黑龙江(阿穆尔河)流域地势图(图1-33)可以发现,对于同一纬度的地区,受气温直减率的影响,海拔较高的区域如图中大兴安岭地区的积雪在该月份依然存在。5月、6月开始全面融雪过程,到6月,黑龙江(阿穆尔河)流域的积雪基本融化完毕。7月、8月处于研究区气温最高的时间段,积雪覆盖面积最小甚至是零。10月开始高纬地区和海拔较高的山区开始降雪过程,积雪面积开始增多,降雪的扩散过程为从北向南、从高海拔到低海拔。11、12月开始大范围降雪,除松嫩平原等零星地区外积雪覆盖了整个黑龙江(阿穆尔河)流域。

(2) 黑龙江(阿穆尔河)流域积雪覆盖年际时空变化分析

根据上文中的趋势分析和小波分析可知,黑龙江(阿穆尔河)流域在1972年左右、1985年左右、1998年左右和2012年左右具有较大的年平均积雪面积,在1978年左右、1991年左右和2005年左右平均积雪面积较小,为了明确不同年代的季节积雪覆盖变化情况,对研究区春季、秋季和冬季的平均积雪面积做五年内平均,得到图4-11的变化曲线。

由图4-12可以看出,春季和秋季的平均积雪面积的波动性大于冬季,同时春季和秋季平均积雪面积呈现先减少再增加的趋势。结合黑龙江(阿穆尔河)流域逐月平均积雪面积图可知,春季积雪平均面积的变动主要集中于4月,秋季集中于11月,冬季积雪面积变化较小,将不做分析。在以下的年际变化时空变化分析中,我们将选择三个时间段1970~1974年、1990~1994年和2010年4月和11月的平均积雪范围进行积雪分布的空间变化分析。首先计算各时间段的4月和11月的平均积雪分布图,其中平均积雪分布情况按照以下的规则进行计算:将时间段内的积雪覆盖二值图(有雪为1,无雪为0)进行叠加,如果叠加值大于阈值,则平均积雪分布图中判定为有雪(值为1),

反之判定为无雪（值为0），其中阈值的计算根据叠加图层的属性表与统计的积雪面积平均值计算得到。各时间段的4月和11月的平均积雪范围图如图4-12所示。

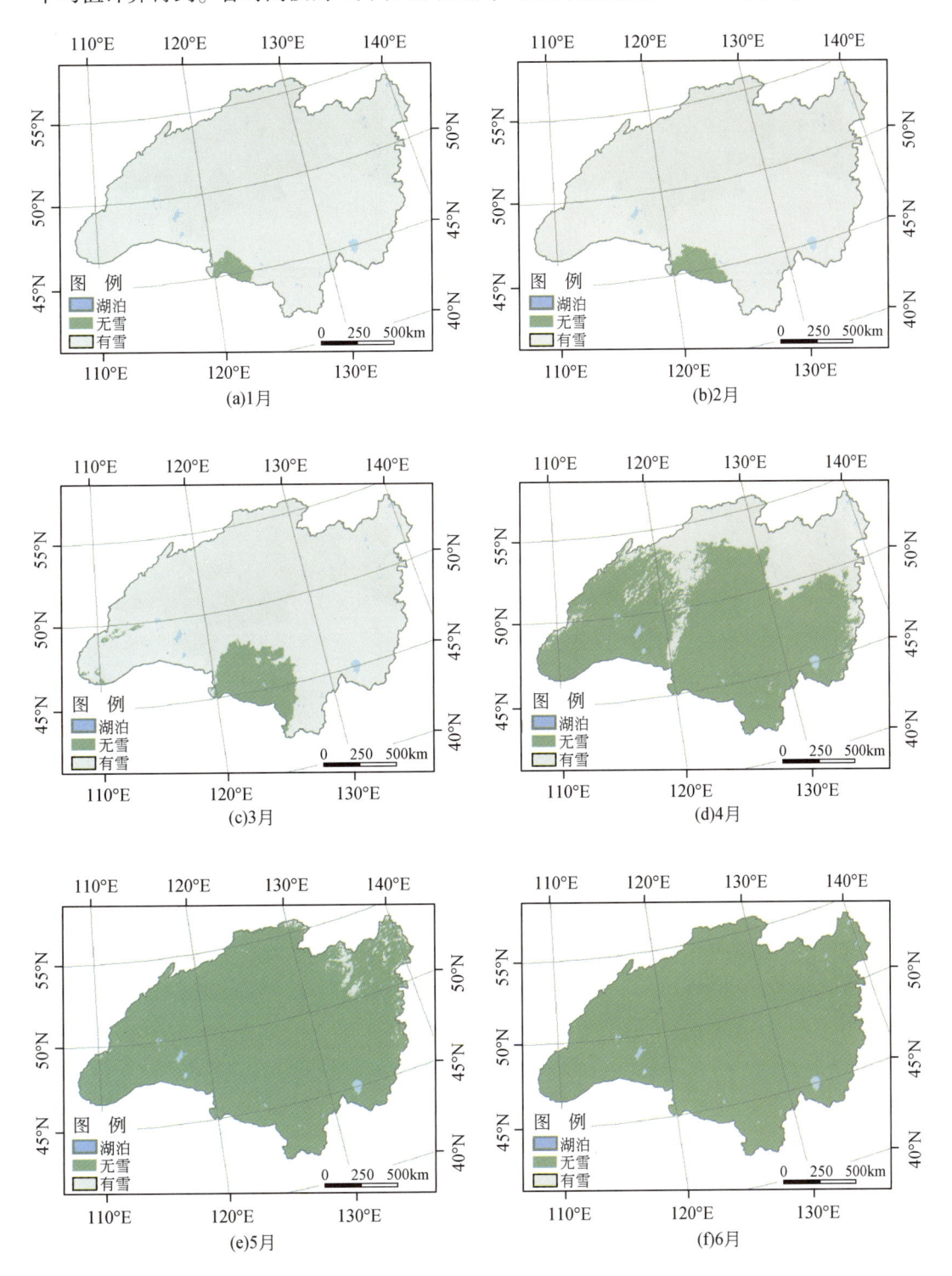

(a) 1月

(b) 2月

(c) 3月

(d) 4月

(e) 5月

(f) 6月

(g)7月 (h)8月

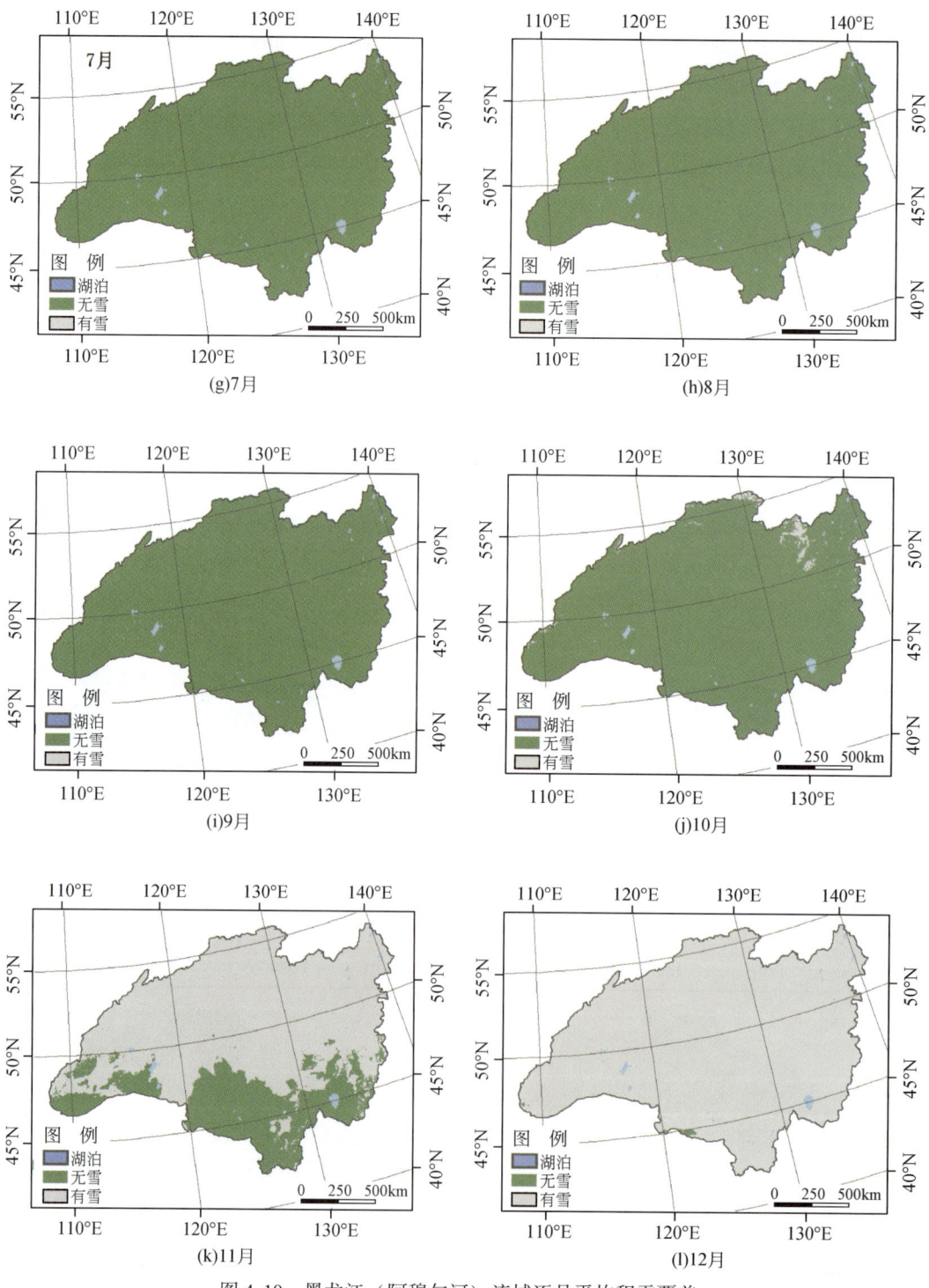

(i)9月 (j)10月

(k)11月 (l)12月

图 4-10 黑龙江（阿穆尔河）流域逐月平均积雪覆盖

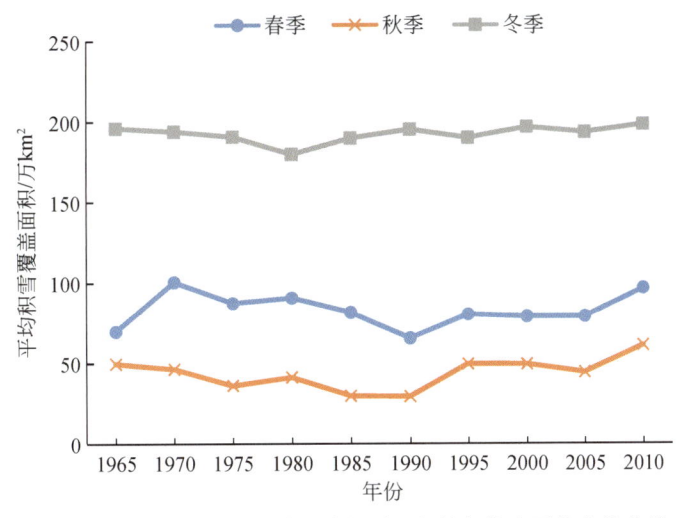

第4章 典型土地覆被类型——积雪时空变化分析

图4-11 春季、秋季和冬季平均积雪面积的年代内平均变化曲线

根据不同年代春季（以4月为例）和秋季（以11月为例）积雪覆盖范围图（图4-13）可以看出，在1970~1974年和2010年属于积雪覆盖的高值年份，1990~1994年为积雪覆盖的低值年份。对比这6幅图，1990~1994年相对于1970~1974年积雪覆盖范围向北分别移动了63.95万 km² （4月）和36.86万 km² （11月），而2010年相对于1990~

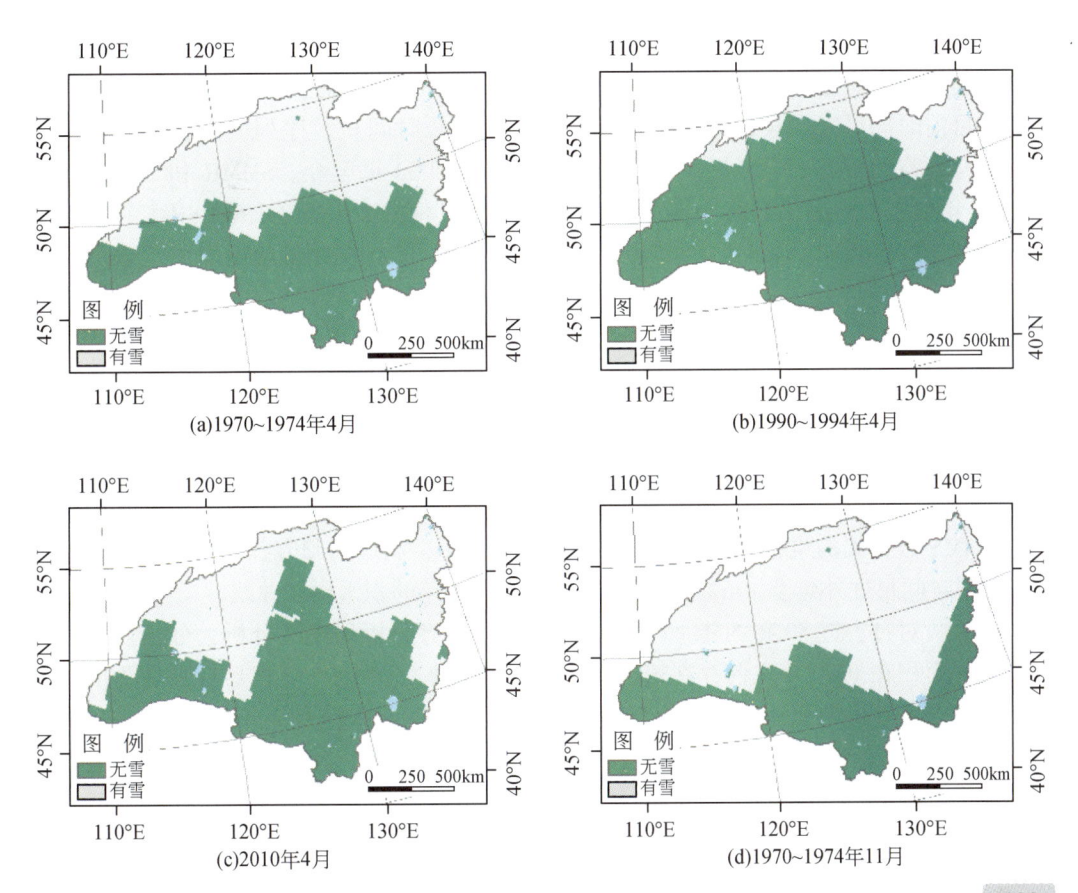

(a) 1970~1974年4月

(b) 1990~1994年4月

(c) 2010年4月

(d) 1970~1974年11月

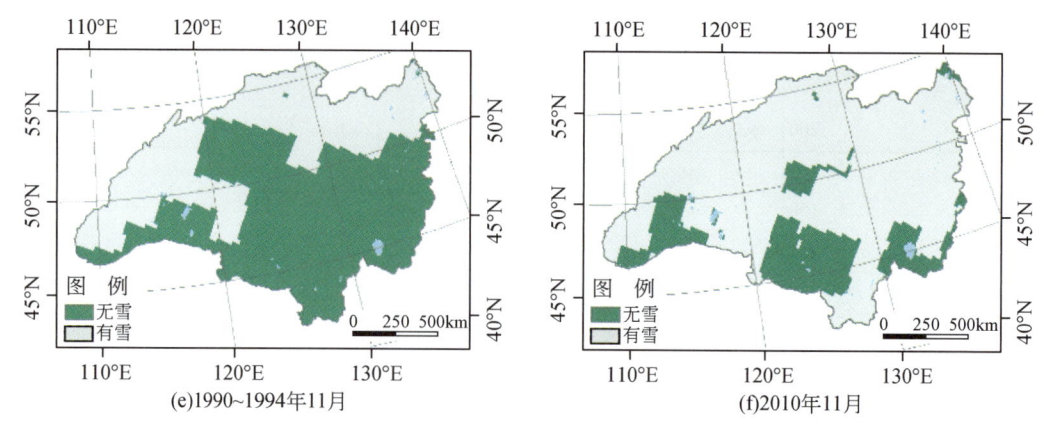

(e)1990~1994年11月 (f)2010年11月

图4-12　4月和11月平均积雪范围

1994年积雪覆盖范围向南分别扩展了54.41万 km² （4月）和68.11万 km² （11月）。积雪覆盖范围的缩减与扩展将会严重影响地表状态，主要表现在通过改变反照率影响地表吸收的短波辐射，改变地表比辐射率进而影响地表的净长波辐射，积雪覆盖变化对地表参数以及对整个气候系统都有重大的影响。

4.3　本章小结

本章首先综述了目前应用较为广泛的积雪数据集，主要包括气象观测数据集、可见光数据集、微波数据集以及融合的数据集。针对不同的雪产品进行了分析，发现NOAA数据是目前时间尺度最长的积雪数据，广泛应用于长时间积雪序列的分析，MODIS数据集具有高空间分辨率，可提供的数据时间范围为2000年至今。SMMR和SSM/I可提供1978年以来的数据，空间分辨率在25km以上，其他的数据集还有AMSR-E微波辐射计（2002~2011年）、QuikSCAT（1999年至今）等，还有在此基础上发展起来的融合的数据集。

考虑到NOAA数据集的数据一致性和时间长度，本章选择了NOAA数据集作为数据源进行1967~2013年的积雪覆盖面积的长时间序列分析。NOAA数据集在1999年以后采用IMS传感器，产品空间分辨率达到4km，1999之前为25km。首先我们对两种分辨率的数据进行了精度验证，结果显示NOAA数据集的错分误差和漏分误差为4.47%和3.9%，IMS数据集分别为2.77%和4.12%，IMS的结果相对较高。因此，对NOAA数据集和IMS数据集的重叠年份积雪面积进行回归分析，利用回归方程和NOAA数据值将IMS数据时间尺度外延至1967年，得到1967~2014年的积雪面积曲线。

然后，对过去近50年的年平均积雪面积进行趋势分析和小波分析，分析发现，年平均积雪面积在1990年之前存在较为显著的下降趋势，在1990年以后存在较为明显的上升趋势。对年平均积雪面积的周期性分析发现，积雪面积存在5年、10年、20年和40年的周期。20年的周期最为明显，该周期在47年的时间序列中基本保持，显示了1972年左右、1985年左右、1998年左右和2012年左右具有较大的积雪面积，而1978年左右、1991年左右和2005年左右积雪面积较小，是黑龙江（阿穆尔河）流域年平均积雪面积变化的最主要的周期性变化。此外对比积雪面积的周期和气温的周期可以发现，气温的周期比积雪覆盖周期具有一定的滞后性，这意味着气温对积雪覆盖变化的反馈作用。

最后，利用 IMS（2004~2013 年）数据计算了黑龙江（阿穆尔河）流域不同月份平均积雪覆盖范围，黑龙江（阿穆尔河）流域存在明显的季节变化，且积雪变化较为明显的月份主要为 4 月和 11 月。针对积雪的年际变化，本章首先采用了 5 年平均计算不同季节的平均积雪面积，发现不同季节的平均积雪面积（夏季除外）与年平均积雪面积的变化趋势一致，在 1990~1994 年达到最低值，1970~1974 年和 2010 年值较高。因此，本章选择这三个年代的 4 月和 11 月份的平均积雪范围进行空间分析，发现 1990~1994 年相对于 1970~1974 年积雪覆盖范围向北分别移动了 63.95 万 km^2（4 月）和 36.86 万 km^2（11 月），而 2010 年相对于 1990~1994 年积雪覆盖范围向南分别扩展了 54.41 万 km^2（4 月）和 68.11 万 km^2（11 月）。

综上所述，积雪覆盖存在明显的季节和年际变化，积雪覆盖的时空变化势必引起地表参数的变化，影响地表辐射收支和热量平衡，进而反馈给气候系统。

第 5 章　　　　火烧迹地提取与制图

5.1　林火发生特征

5.1.1　西伯利亚地区林火规律

位于极地附近的北方森林覆盖了大约 13.7 亿 hm² 区域，占世界陆地面积的 9.2%。西伯利亚地区是北方森林的重要组成部分，同时也是气候变化研究的热点区域。作为一个气温起主导作用的区域，西伯利亚地区对于温度的变化特别敏感。研究表明，自 1985 年以来西伯利亚地区就表现出增温趋势，而且其速度大于全球平均水平，而到 1990 年以后增温速度再次加快（Balzter et al.，2007）。

火是北方森林的重要影响因素，是千百年来森林演替的自然驱动力。森林火灾的发生将导致不同森林类型的交互镶嵌，促使地表景观的破碎化。降水、湿度、风速、可燃物累积量等都是影响火灾发生、发展的重要因素。总体来说，影响森林火灾的火环境条件主要包括气象条件、气候条件以及地形条件。在西伯利亚地区，森林长期遭受火灾的影响。目前区域内的森林覆被状态就是长期以来火灾作用的结果，而且几乎没有一片区域不曾受到过火灾影响。在过去的几十年中，受全球气候变化的影响，森林火灾的数量显著增加。许多气候变化方案下的预测都表明了西伯利亚地区火环境的累积效应，即火灾发生呈增长趋势。除去自然火之外，人为干扰下的火灾也对区域有着重要的影响（Jupp et al.，2006）。森林火灾发生过程中所排放的温室气体是全球碳循环的重要组成部分。火被认为是全球范围内诸多生态系统的重要扰动因素。每年由火灾排放到大气中的碳接近 4Pg，相当于每年人为化石燃料释放量的 70%（Thonicke et al.，2001）。研究表明，发生于 1997/1998 年的大气碳氧化物异常，其主要原因在于火灾发生数量的增加，导致排放到大气中的温室气体异常（约占 66%），其中 10% 来源于北方森林（van der Werf et al.，2004）。Amiro 等（2000）认为，火灾发生所导致的温室气体排放的增加将对全球变暖产生一个正反馈。对于未来气候条件的预测表明，北半球未来夏季的干、热条件将增强，植被的生长季将延长。这些都将增加未来北方森林火灾发生的可能性（Ayres and Lombardero，2000；Kobak et al.，1996）。

(1) 西伯利亚地区森林火灾特征

每一片森林都有其特有的火灾特征。火势（fire regime）是火干扰的一个重要属性，是对某一生态系统长时间内火干扰自然属性的描述，包括火干扰的强度、频率、季节性、大小、类型以及破坏性。

西伯利亚地区覆盖了广袤的区域，其中包含了许多的气候带以及植被带。气候以及局地条件的空间差异导致了每年森林火灾发生状况的不同。大多数的火灾都发生于针叶林地区，并且以地表火为主导（占森林火灾数量的90%以上）。统计数据显示，特大森林火灾的数量仅占火灾发生数量的1%，但面积却占90%以上。

中西伯利亚地区森林火灾发生的时间随纬度的变化而不同：在南部区域（50°N~55°N）森林火灾的发生多开始于4月末5月初，中部区域（55°N~60°N）为5~6月，北部区域则为6月以后。森林火灾发生的峰季为7月。

夏季干燥期持续较长，成为森林火灾最容易发生的时期。西伯利亚地区夏季的平均干燥期为45d，而在一些极端区域可以达到115d。干旱的植被条件使得火灾极易发生，同时也易于火灾的扩散，从而导致特大火灾的发生。

极端火灾季节（extreme fire season）的特征表现为干燥期长，发生特大森林火灾并伴随着诸多较小火灾的发生。中西伯利亚地区的极端火灾季节受纬度的影响。

干旱能够促进森林火灾的发生以及发展。通常情况下，西伯利亚地区干旱的发生受中亚、蒙古以及东西伯利亚中部地区干湿气团的影响，其结果表现为干旱的周期性，尤其是在西伯利亚地区南部和东部区域更为显著。在干旱年份，极易发生特大森林火灾且火灾的发生概率较高。

火灾发生的频度及其回归周期受地理位置、森林条件、天气条件以及人类活动等的影响。在大尺度条件下，地表景观特征也是影响火灾的重要因素。地表景观交错相邻的区域较之被沼泽或者山体环绕的孤立区域，火灾发生的频度更高。例如，在Yenisei平原松林区域，非孤立地区（20~40a）比孤立地区（80~90a）的火灾回归间隔时间要短很多。后者的主要火源为雷击，火灾的发生主要依赖于可燃物的积累。初次火灾发生之后，只有当可燃物累积到一定的水平，火灾才有可能再次发生。

西伯利亚松林地区的火灾回归周期具有较高的纬度差异，随纬度的变化由北到南递减：泰加林带北部为45~53a；泰加林带中部为20~40a；泰加林带南部为24~38a（北部边界）以及12~21a（南部边界）；森林-草原过渡地带为8~12a；山区松林带为13~27a。

（2）大气环流的影响

也有一些学者认为，北方森林的火灾受大尺度下大气环流的影响（Balzter et al.，2005，2007）。大气波动作用于区域气候变化，进而导致区域植被特性的变化。影响北半球的大气环流主要包括厄尔尼诺-南方涛动（El Niño-Southern Oscillation, ENSO）以及北极涛动（Arctic Oscillation, AO），两者都将对西伯利亚地区的气候条件以及植被生长造成巨大的影响（Los et al.，2001；Buermann et al.，2003）。

近年来，西伯利亚地区经历了极端的火灾年份（Sukhinin et al.，2004），而这些年份往往是北极涛动活跃的年份（Balzter et al.，2005）。Jupp等（2006）认为，在西伯利亚地区，如果干季的降水发生异常，则森林火灾的发生频率增加。Frey和Smith（2003）的研究表明，西西伯利亚地区的气温和降水都呈增加趋势，尤其是春季气温的增加以及冬季降水的增加，并且这一增加与北极涛动密切相关，而这些变化都对森林火灾的发生产生重要影响。

（3）火源

雷击是西伯利亚地区火灾发生的重要原因。中西伯利亚地区34%的森林火灾为雷击火，而到北部区域则增加到90%。雷击火多发生于偏远地区，不能及时发现，因此很容易形成特大森林火灾。雷击火发生的条件主要包括以下方面。

1) 可燃物条件。主要是有两方面的可燃物存在：一是森林中有枯立木，降雨时具有导电性且易被雷击，雷击后枯立木内部含水量低易被引燃；二是地表枯死可燃物数量较多，其含水率能在雨后很短的时间内降至30%以下。这样，遭雷击的而燃烧的枯立木倒下后就有可能使地表可燃物燃烧而引发森林火灾。

2) 天气条件。主要与降水和雷击发生有关：一是只要有积雨云存在，就有产生雷击的可能；二是要有一定数量的降水，增加大气的导电性，引起地闪闪电；三是降水量较小，对地表可燃物含水率影响不大，雨后很快晴天，使细小可燃物快速干燥。

此外，火灾的回归周期也受到人类活动的强烈影响。在过去的几十年中，由于人类活动的影响，安加拉河地区（西伯利亚中南部）松林的火灾回归周期减少了50%。人为火灾所占的地位越来越重要。

总体来说，影响火灾发生的主导因素在20世纪末期发生了重大的改变。在早期，火灾的发生主要取决于气候条件，受干旱周期等的影响。而到后来，人类活动成为影响火灾的重要因素，特别是西伯利亚大铁路建成以来，人类在偏远地区的定居及其开发活动对于火灾的发生和发展起着越来越重要的作用。

5.1.2 中国东北地区火环境及可燃物特征

东北地区包括黑龙江、吉林、辽宁三省以及内蒙古自治区的呼伦贝尔市、兴安盟、通辽市和赤峰市，全区面积约124万km²。北、东、西三面环中低山，南部及中部为平原或农田。地带性植被在大兴安岭地区为寒温带针叶林，在东部山地则为温带针阔混交林。该区森林资源丰富，森林覆被率高，是国家木材生产的重要基地。但是，由于大面积的开发和火灾等自然灾害的影响，森林覆被呈减少趋势。

(1) 火环境及其火灾特征

东北不同的气候、地形及植被等差异悬殊。降水量从东到西递减，东部年降水量高达600mm，而西部仅为300mm左右。年平均温度在南部为2~4℃，北部降到-4~2℃，≥10℃的年积温在南部达2400~3300℃，在北部仅为1600~2000℃。虽然气候条件差异很大，但是，春（3~6月）、秋（9~11月）两季高温、干旱以及大风是该区共同的火灾气候特征。因此，火灾主要发生于春、秋两季。人为火是主要火源，雷击火多发生在大、小兴安岭北部。春季火灾从南部开始，逐渐向北推移，秋季则从北部开始逐渐向南推进。适宜的气候条件加以高的植被覆盖使得该区成为森林火灾的高发区域。

(2) 可燃物类型及其火行为特征

本区北部（大兴安岭地区）代表性植被主要由西伯利亚植物区系植物组成，其中兴安落叶松广泛分布于该区，在低海拔以及高海拔地区均有分布。樟子松在立地条件较干燥的阳坡呈不连续岛状分布。云杉在谷底或高海拔（600~800m）地区呈散生或小面积纯林。白桦常常在原始落叶松林火烧后形成大面积纯林或白桦落叶松混交林。在大兴安岭地区南部，火灾活动频繁，落叶松林经反复火烧破坏后已基本消失，植被以柞木、黑桦组成的林分为主。

本区的东南部（东北东部山地）地带性植被为红松阔叶林，以长白植物区系种类为主，其他的针叶树有鱼鳞云杉、臭冷杉、沙冷杉等。阔叶树种主要有蒙古栎、白桦、山杨等（胡海清等，1991）。

东北林区可燃物差异很大，有森林、灌丛、草地及沼泽。胡海清等（1991）将东北林区划分为 14 个主要可燃物类型（表 5-1）。

表 5-1 东北林区主要可燃物类型及其火行为特征

可燃物类型	分布区	海拔/m	立地条件	燃烧性	蔓延程度	林火程度	林火种类
柞椴树红松林	小兴安岭，长白山	600~900	干燥	易燃	快	强	地表火、树冠火
枫桦红松林	小兴安岭，长白山	900~1000	湿润	难燃	慢	中	地表火、冲冠火
云冷杉林	小兴安岭，长白山	700~1100	湿润	较难燃	较慢	中	地表火、冲冠火
樟子松林	大兴安岭北部	300~850	干燥	较易燃	较快	强	地表火、树冠火
偃松林	大兴安岭北部	>1000	湿润	难燃	快	中	树冠火
坡地落叶松林	大兴安岭	300~1100	较干燥	较易燃	较快	中	地表火
谷底落叶松林	大兴安岭	600~700	湿润	难燃	慢	中	地表火
人工落叶松林	全区		湿润-干燥	最难燃	最慢	弱	地表火
柞木林	全区	250~1000	干燥	最易燃	最快	中	地表火、冲冠火
杨桦林	全区	200~1000	湿润-干燥	较易燃	较快	中	地表火
硬阔叶林	全区	300~700	湿润	较难燃	较慢	弱	地表火
灌丛	全区		湿-干	易燃	快	中	树冠火
草甸、草地	全区		湿	最易燃	最快	弱	地表火
采伐迹地	全区		干-湿	较易燃	快	弱	地表火

5.2 基于 MODIS 时序数据的火烧迹地提取方法

5.2.1 数据选取及预处理（以黑龙江省作为典型研究区）

本研究数据主要包括两个部分：遥感影像与非遥感的地理及观测数据。遥感数据主要包括 MOD09A1、MOD09Q1、MOD14A2、MOD17A3、Landsat TM/ETM+影像，以及来源于 Google Earth 的高分辨率影像，作为提取黑龙江（阿穆尔河）流域火烧迹地信息及监测火烧迹地植被动态变化的基础数据源。非遥感数据主要包括气象数据以及土地覆被数据等。由于本研究设计的数据来源多样，数据的存储介质、数据分辨率及质量各不相同，采取有效的数据处理方法，识别和分析数据质量可以为后续研究提供可靠的数据保证，降低数据分析的不确定性。

5.2.1.1 MODIS 数据收集与处理

(1) MODIS 介绍

当今全球环境变化研究的关键问题是明确地球大气圈、水圈、岩石圈与生物圈之间的相互作用和相互影响。为了对大气和地球环境变化进行长期的观测与研究，美国国家宇航局（NASA）建立了陆地观测系统（EOS），以承担对陆地、海洋和大气以及三者交互作用的长期观测、研究和分析（NASA 陆地过程数据中心——LP DAAC）。

Terra 作为 EOS 观测计划中的第一颗卫星，在美国（国家宇航局）、日本（国际贸易与工业厅）、加拿大（空间局、多伦多大学）的共同合作下于 1999 年 12 月 18 日发射成功。Terra 卫星是每天上午以从北向南的方向通过赤道，故称上午星（EOS-AM1）。EOS 的第二颗星为 Aqua，于 2002 年 5 月 4 日发射成功。为了与 Terra 卫星在数据采集时间上相互配合，Aqua 卫星每天下午从南向北通过赤道，故称为下午星（EOS-PM1）。两颗星均为太阳同步极轨卫星（NASA 陆地过程数据中心——LP DAAC）。

MODIS（The Moderate Resolution Imaging Spectroradiometer）是 Terra 和 Aqua 卫星上搭载的主要传感器之一，两颗星互相配合，每 1~2 天可重复观测整个地球表面，得到 36 个波段的观测数据。其空间分辨率为 250m（2 个波段）、500m（5 个波段）以及 1000m（29 个波段），扫描宽度为 2330km。与之前的遥感数据相比，MODIS 数据在诸多方面得到了改善，空间分辨率较之 AVHRR 数据提高到了 250m，而与 SPOT、TM 等数据相比，光谱分辨率也有所提高，达到了 36 个波段。MODIS 数据的波段较窄，减少了水汽吸收对相关波段的影响（如近红外波段），而红外波段对叶绿素将更敏感，这将大大改善植被指数的质量。多波段、高时相的 MODIS 数据在全球观测中发挥着越来越重要的作用，对于开展自然灾害与生态环境监测、全球环境与气候变化研究有着非常重要的意义。

(2) 产品数据收集

MODIS 的数据产品分为大气、海洋、陆地三大块。研究中使用的为 MODIS 三级标准数据产品，包括地表反射率产品数据 MOD09A1、MOD09Q1、火灾产品数据 MOD14A2 以及 MODIS 植被净初级生产力数据 MOD17A3。

MOD09Q1 地表反射率数据包含了红光波段、近红外波段以及一个数据质量波段（Band Quality），数据的空间分辨率为 250m，每 8 天合成一期，每年 46 期。MOD09A1 数据包含蓝光波段（459~479nm）、绿光波段（545~565nm）、红光波段（620~670nm）、近红外波段（841~875nm）、三个短波红外波段（SWIR1，1230~1250；SWIR2，1628~1652；SWIR3，2105~2155）、视角（view_zenith_angle）、太阳高度角（sun_zenith_angle）、相对方位角（relative_azimuth_angle）等 13 个波段信息，数据的空间分辨率为 500m，每 8 天合成一期。

MODIS 火灾产品数据主要包括以下几种：MOD14、MOD14A1 以及 MOD14A2 产品。其中，MOD14 为 2 级产品，是基础产品数据，用于产生其他两个更为高级的数据。MOD14A1 为 3 级产品，为逐日火产品数据。MOD14A2 为 8 天合成的数据，分辨率均为 1km。

为了与 MOD09A1 及 MOD09Q1 的时间分辨率相匹配，研究选取了 MOD14A2 作为基础数据。MOD14A2 包含两个波段：Fire Mask 以及 QA 波段。前者为火点信息波段，后者为像元质量信息波段。火点信息波段包含了地表可能发生火灾的信息，其属性见表 5-2。

表 5-2 MODIS 火产品属性

像元值	属性
0	未处理（缺失数据）
2	未处理（其他原因）
3	水体
4	云
5	非火灾区域
6	未知
7	低置信度火点
8	中置信度火点
9	高置信度火点

MOD17A3 为年平均植被净初级生产力数据，用于火烧迹地的植被恢复研究。

上述 MODIS 产品数据均采用 Sinusoidal 投影系统进行全球免费发布，数据格式为 HDF。本研究收集了 2000～2011 年近 12 年的 MOD09A1、MOD09Q1、MOD14A2 以及 MOD17A3 产品数据，研究区共涉及 6 景 MODIS 标准分幅数据（图 5-1）。

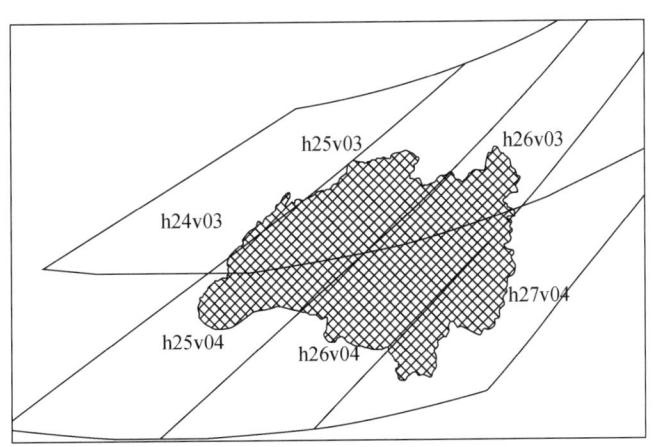

图 5-1 黑龙江（阿穆尔河）流域 MODIS 标准分幅

注：h24v03 表示 MODIS 标准分幅中的第 24 列、第 3 行数据。其余照此类推。

（3）数据预处理

采用 NASA 网站提供的 MODIS 投影转换工具（MODIS Reprojection Tool，MRT）以及 ENVI 软件对上述产品数据进行镶嵌、投影体系及数据格式转换。本研究所需用到的数据为 MOD09A1 中的蓝光波段和 SWIR2 波段、MOD09Q1 中的红光和近红外波段以及 MOD14A2 中的 Fire Mask 波段。研究时间跨度较大，且时间分辨率采用 8 天的间隔，因而数据量大，每个数据集涉及 3276 个（46 期/年×12 年×6 景/期，其中 2000 年数据从 2 月 26 日开始）HDF 文件，三个数据集共计 9828 个 HDF 文件。镶嵌后分别对所需数据层进行提取。

由于数据量太大，本文采用编程对其进行处理（IDL 平台），将所需数据转换为 Albers 等积割圆锥投影。投影选择的主要依据是保证投影后面积无变形，同时，尽量与已有数据的投影参数一致，以减少投影转换方面的处理，具体投影参数设置如下。

坐标系：GCS_ WGS_ 1984

投影：Albers 正轴等面积双标准纬线割圆锥投影

南标准纬线：25°N

北标准纬线：47°N

中央经线：105°E

坐标原点：105°E 与赤道的交点

纬向偏移：0

经向偏移：0

椭球参数：D_ WGS_ 1984 参数

$a = 6\ 378\ 137.0000$

$b = 6\ 356\ 752.3124$

统一空间度量单位：m

5.2.1.2 土地覆被数据的收集与整理

近年来，由于全球环境问题的出现以及气候变化呈严重化的趋势，全球尺度的土地覆被产品变得越来越重要（Friedl，2002）。土地覆被信息有着广泛的应用，如生态系统和生物多样性评估、气候变化研究和环境建模等（Brown et al.，1999；Giri et al.，2003；Loveland et al.，1999）。目前，有多类应用比较广泛的全球土地覆被产品，其中美国波士顿大学生产的全球土地覆被产品（即 MCD12Q1 数据集）具有较好的实效性，应用越来越广泛。MODIS 三级数据土地覆被产品是根据一年的观测数据经过处理，描述土地覆被的类型。MODIS 三级土地覆被类型年度产品（MCD12Q1）采用了五种不同的土地覆被分类方案，信息提取主要技术为监督决策树分类。5 个分类方案包括：①IGBP 的全球植被分类方案；②美国马里兰大学方案；③基于 MODIS 叶面积指数/光和有效辐射方案；④基于 MODIS 衍生净初级生产力（NPP）方案；⑤植被功能型方案。本章采用了第一个方案。MODIS 土地覆被产品的 IGBP 土地分类系统共分为 17 类，其中包括 11 个自然植被类型，3 个土地开发和镶嵌的地类以及 3 个非草木类型定义类。

MODIS 土地覆被产品数据集与其反射率产品的发布格式相同，均为 HDF 格式。下载研究区所需的 6 景标准分幅数据，选择时间为 2001 年，然后对其进行数据镶嵌、投影转换及数据格式转换等处理，提取土地覆被产品数据层。

此外，课题组曾对研究区［黑龙江（阿穆尔河）流域］的植被动态变化进行了研究。蔡红艳（2011）在对黑龙江（阿穆尔河）流域进行气候分区的基础上，利用

MODIS-EVI 数据提取植被物候特征，分析了黑龙江（阿穆尔河）流域 2001～2009 年的植被覆盖时空动态特征。首先，基于近 40 年的气候时间序列数据，采用空间聚类的方法进行黑龙江（阿穆尔河）流域生态气候分区；其次，进行各个分区的植被覆盖分类，在满足精度要求的情况下，拼接形成黑龙江（阿穆尔河）流域植被覆盖图，最终得到研究区 2001 年、2009 年两期土地覆盖图。土地覆被分类系统见表 3-9。

5.2.1.3 其他数据收集

(1) TM/ETM 数据

美国 NASA 的陆地卫星（Landsat）计划，从 1972 年 7 月 23 日以来，已发射 7 颗陆地资源卫星（第 6 颗发射失败），先后携带了 MSS、TM 和 ETM+ 等传感器。目前常用于火烧迹地研究的是 TM1～TM5、TM7 遥感数据，以及 ETM+ 数据，空间分辨率为 30m，重复周期为 16 天，包括可见光到短波红外的 6 个波段（0.45～2.35μm）。

研究共选取了 5 期 TM/ETM+ 影像，分别为 2000 年 6 月、2000 年 9 月、2001 年 7 月、2006 年 8 月以及 2011 年 7 月，用以对大兴安岭地区特大森林火灾发生后不同火烈度下的植被恢复过程进行分析。各时相分别代表了火灾发生前、火灾发生后、火灾发生后 1 年、火灾发生后 6 年以及火灾发生后 11 年。条带号为 122024。

(2) 气候数据集

本章中采用的气候数据来自美国国家气候数据中心（National Climatic Data Center, NCDC）。NCDC 拥有过去 150 年的气象资料，并且每天增加 224GB 新数据。

NCDC 有部分数据是全球免费共享的。其中，全球每天地表概要数据集（Global Surface Summary of Day）提供了全球范围内超过 9000 个气象站点的实测气象数据。本章从中下载了黑龙江（阿穆尔河）流域及其周围一定范围内的气象站点 2000 年的气象数据（图 5-2），用以讨论环境因子对于火烧迹地分布的影响。

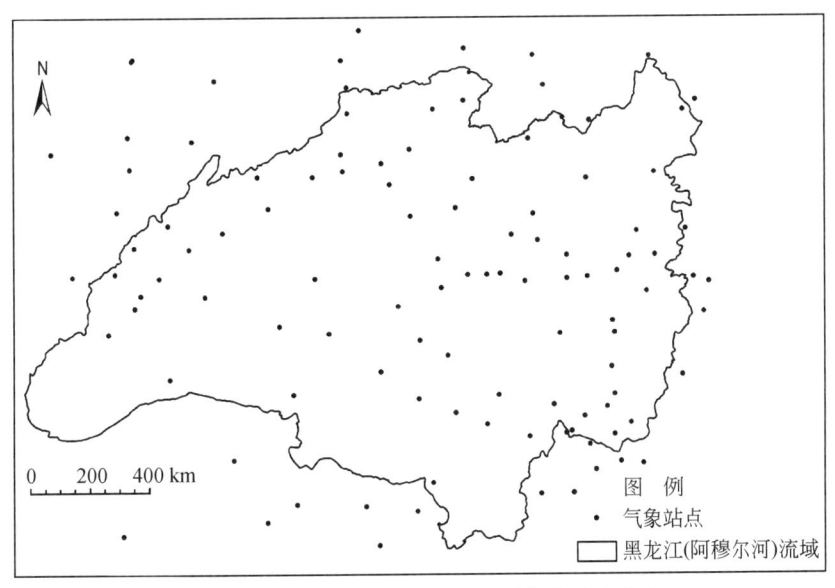

图 5-2 黑龙江（阿穆尔河）流域气象站点分布

以 NCDC 下载的气象数据为基础，通过一系列的单位转换、统计计算等操作，获得了研究区 2000 年各站点的年平均气温、年总降水量以及 3~10 月平均气温数据。在 ArcGIS 软件中，通过空间插值的方法获得了上述气象要素的栅格数据。

(3) 黑龙江省火灾统计数据

收集整理黑龙江省 2000~2005 年的火灾统计数据（图 5-3），包括火灾发生的时间、地点、经纬度信息、过火面积、火因以及扑救情况等，数据来源为相关林业部门。

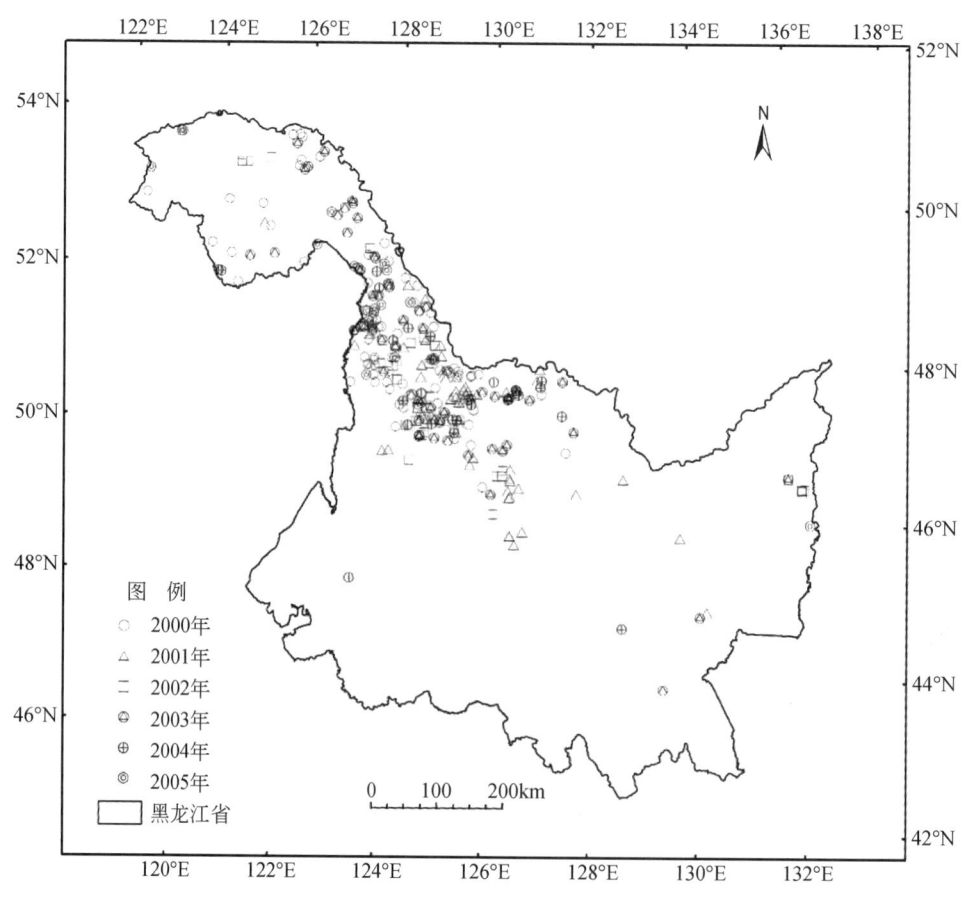

图 5-3 黑龙江省 2000~2005 年火灾分布

5.2.2 火烧迹地提取流程

5.2.2.1 判别指数选取

火烧迹地识别方法是通过比较火灾发生前后的光谱特征变化来提取火烧面积。因而需要选取适合的光谱指数来进行表征，如 NDVI、BBFI（burned boreal forest index）、GEMI（global environmental monitoring Index）以及 BAI（burned area index）等。其中，NDVI 的应用最为广泛。NDVI 能够很好地对植被覆盖进行描述（Fraser et al., 2000；Kucera et al., 2005），但研究表明，NDVI 在植被覆盖度较高的地区容易达到饱和，且在火烧迹地信息提取中存在较大的潜在误差（Chuvieco et al., 2002；Pereira, 1999）。因此，我们选用 GEMI（Pinty et al., 1992）作为识别火烧迹地的主要判别指数，其计算公式如下：

$$\mathrm{GEMI} = \eta \times (1 - 0.25\eta) - (\rho_{\mathrm{red}} - 0.125)/(1 - \rho_{\mathrm{red}})$$

$$\eta = (2(\rho_{\mathrm{nir}}^2 - \rho_{\mathrm{red}}^2) + 1.5\rho_{\mathrm{nir}} + 0.5\rho_{\mathrm{red}})/(\rho_{\mathrm{nir}} + \rho_{\mathrm{red}} + 0.5) \tag{5-1}$$

式中，ρ_{nir} 和 ρ_{red} 为近红外波段和红光波段。由图 5-4 可以看出，火灾发生后 GEMI 表现出显著的下降。

图 5-4　火灾发生前后 GEMI 变化（2005 年 10 月呼玛县特大森林火灾）

为了避免采用单一光谱指数所带来的潜在误差，我们选择了另一个光谱指数 BAI 来做进一步的限定，其计算公式如下：

$$\mathrm{BAI} = 1/[(\rho_{\mathrm{nir}} - \rho_{\mathrm{cnir}})^2 + (\rho_{\mathrm{red}} - \rho_{\mathrm{cred}})^2] \tag{5-2}$$

式中，ρ_{cnir} 和 ρ_{cred} 分别被设定为 0.06 和 0.1。由图 5-5 可以看出，火灾发生后 BAI 值表现出显著的上升。

图 5-5　火灾发生前后 BAI 变化（2005 年 10 月呼玛县特大森林火灾）

除此之外，在比较火灾发生前后光谱特征变化的同时，为了考虑火灾发生时的热学特性，即温度异常，我们将 MODIS 火产品数据作为一个输入波段加入判别流程，以提高判别精度。

5.2.2.2 判别流程

火烧迹地提取方法以一个火烧迹地两步提取算法为基础。该算法针对 AVHRR 数据提取火烧迹地，因此对该算法进行了调整以用于 MODIS 时间序列数据，同时在算法中加入了 MODIS 火产品数据，提高了判别精度，最终形成了基于 MODIS 数据的森林火灾火烧迹地提取方法。

火烧迹地的识别流程主要分为两个阶段：首先，设定较为严格的判别阈值以提取火烧的核心像元，即火灾最有可能发生的像元。这一阶段的主要目标在于尽可能地减少错判误差，因而需要对火灾发生前后的光谱指数变化设定严格的阈值，并同时考虑火灾发生时的热学特性来进行判别。其次，对第一阶段提取的核心像元一定距离范围内的光谱指数变化特征进行判别，设定较为宽松的阈值，以尽可能减少漏判误差。判别流程如图 5-6 所示。

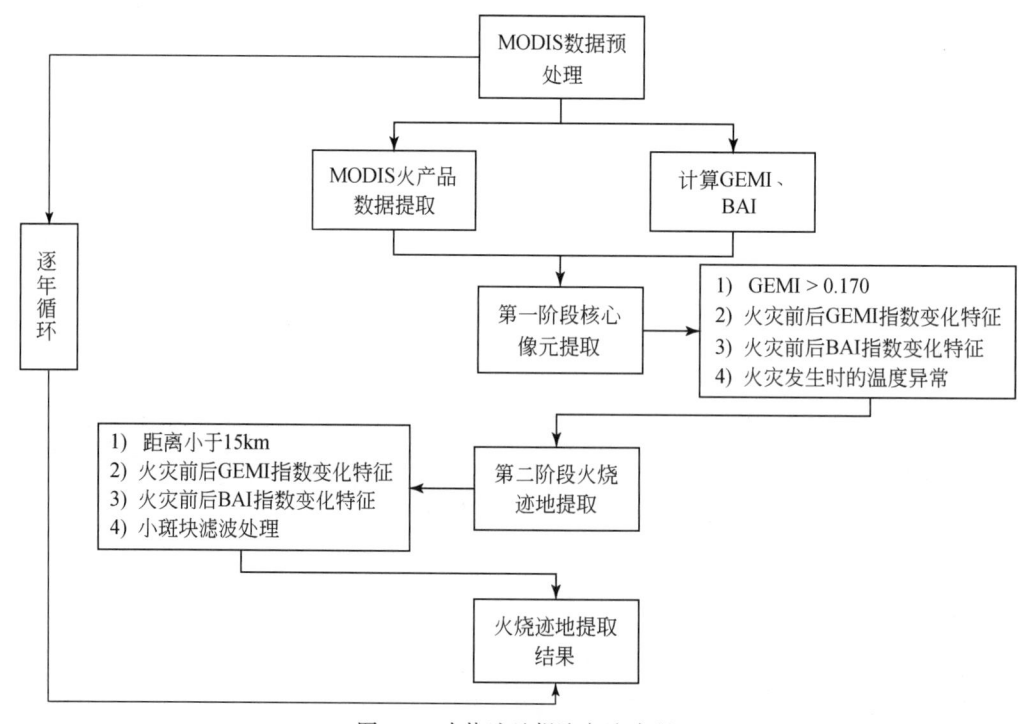

图 5-6 火烧迹地提取方法流程

第一阶段的提取过程以 GEMI、BAI 以及 MOD14A2 产品为基础，具体的判别条件如下所述：

首先，火灾发生之前的 GEMI 值必须大于一定的阈值，以确保判别区域为植被覆盖。

$$GEMI_{t-1} > 0.170 \tag{5-3}$$

式中，t 为时间（下同）。选择数据为 MODIS8 天合成数据，每年共 34 期数据，因此 t 的范围为 $0 < t \leqslant 34$。

火灾发生后，GEMI 值必须表现出显著的下降，且这一下降过程必须持续一定的时间，以区分由云污染等造成的 GEMI 值的短暂下降。这一过程通过以下两个判别条件来实现：

$$(\mathrm{GEMI}_t - \mathrm{GEMI}_{t-1})/\mathrm{GEMI}_t < -0.1 \tag{5-4}$$

$$(\mathrm{GEMI}_{t+2} - \mathrm{GEMI}_{t-1})/\mathrm{GEMI}_{t+2} < -0.1 \tag{5-5}$$

然后，我们使用 BAI 指数来对火烧像元做进一步的限定。火灾发生后，BAI 值显著增加，其判别条件如下：

$$\mathrm{BAI}_t > 250 \text{ 且 } \mathrm{BAI}_{t-1} > 200 \tag{5-6}$$

最后，我们使用 MODIS 火产品数据来对火烧像元进行掩膜，以保证光谱指数变化前，所提取像元表现出温度异常的特征。

$$\rho_t > 6 \text{ 或者 } \rho_{t-1} > 6 \tag{5-7}$$

式中，ρ 为 MODIS 火产品数据像元值。

第二阶段的判别过程以第一阶段提取的核心像元为基础，采用较为宽松的阈值来对邻近像元进行判别。在对研究区的火灾发生特征进行分析之后，距离核心像元的最大距离被设定为 15km。第二阶段的火烧迹地信息提取，仅对核心像元 15km 范围内像元进行判别，判别条件如下：

$$\mathrm{GEMI}_t - \mathrm{GEMI}_{t-1} < -0.03 \tag{5-8}$$

$$\mathrm{GEMI}_{t+1} - \mathrm{GEMI}_{t-1} < -0.02 \tag{5-9}$$

$$\mathrm{GEMI}_{t+2} - \mathrm{GEMI}_{t-1} < 0 \tag{5-10}$$

$$\mathrm{GEMI}_{t+1} - \mathrm{GEMI}_t \leqslant 0 \tag{5-11}$$

$$\mathrm{BAI}_t > 250 \tag{5-12}$$

最后，将两个阶段的提取结果进行合成。采用一个 3×3 的变换核，对合成结果进行滤波处理，消除提取过程中产生的小斑块。

5.2.2.3 提取结果及精度验证

（1）提取结果

统计数据显示，黑龙江省 2000～2005 年受火灾影响严重，平均每年发生火灾 183 起。其中，2000 年、2002 年、2003 年较为严重，分别发生火灾 258 起、242 起、232 起。6 年间总过火面积 137 万 hm^2，平均每年 22.9 万 hm^2。过火面积最大为 2003 年，达 79.7 万 hm^2。2003 年黑龙江省不仅火灾发生次数较多，而且发生数起过火面积大于 1 万 hm^2 的特大森林火灾。其中，最大的一场火灾发生于 2003 年 5 月，呼玛县与塔河县交界处，过火面积超过 30 万 hm^2。受火灾影响最为严重的县级行政区包括呼玛县、嫩江县、逊克县、孙吴县以及黑河市辖区等，几乎每年均有过火面积超 1 万 hm^2 的特大森林火灾发生。

基于上述算法，对黑龙江省 2000～2005 年的火烧迹地信息进行了提取，并且以统计数据为验证数据，对结果进行验证（图 5-7）。

(a)2000年火烧迹地分布

(b)2001年火烧迹地分布

(c)2002年火烧迹地分布

(d)2003年火烧迹地分布

(e)2004年火烧迹地分布

(f)2005年火烧迹地分布

图 5-7　2000~2005 年火烧迹地分布

（2）精度验证

利用 2000~2005 年火灾发生的经纬度信息（图 5-3），对提取结果进行错判以及漏判分析（表 5-3）。由于验证数据仅提供了火灾发生的位置，因而不能对提取结果进行空间化（逐像元）的误差分析。以火灾发生的位置信息为参照，对提取结果进行分析，两者一致则认为提取结果正确。如果在标有火灾发生的位置没有提取出火烧迹地信息，被认为是漏判；相反，在没有标出火灾发生的位置，却提取出火烧迹地信息，认为是错判。但是，虽然 MODIS 产品数据经过了几何校正，但仍具有一定的误差，因此，提取的火烧迹地信息未必能与用于验证的经纬度信息完全一致，特别是当发生火灾过火面积较小时，这一情况可能更为明显。而且用于验证的经纬度信息为点状信息，用以对提取结果进行验证（面状信息）存在一定的困难。所以，对火烧迹地进行漏判以及误判评估只能做一个大致的判断，即对验证经纬度信息一定范围内所提取的火烧迹地进行评估。

表 5-3　火烧迹地提取验证

年份	2000	2001	2002	2003	2004	2005
火灾发生次数/起	88	61	33	62	27	10
提取火灾次数/起	83	53	36	68	25	13
漏判/起	21	23	8	11	9	3
错判/起	16	15	11	17	7	6
提取面积/hm^2	50 541.4	81 837.17	45 244.2	486 747	155 413	93 757.7
验证数据/hm^2	76 613.9	128 233.9	53 352.85	797 247.6	185 547.2	132 247.8

此外，我们将提取结果的面积进行汇总与验证数据进行了比较（表 5-3）。结果显示，2000~2005 年每年均有一定的漏判以及错判误差存在，且提取的火烧迹地面积均小于验证数据。总体精度为 71%。其中，提取面积精度最高为 2002 年，达 84%；提取面积精度最低为 2003 年，精度为 61%。

相对于以往选择过火面积大于 200hm^2 的森林火灾进行验证的算法研究（Emilio et al., 2008），基于 MODIS 数据空间分辨率以及提取结果滤波处理的需求，我们将过火面积大于 60hm^2 的森林火灾作为验证数据，提高了对算法精度的要求。结果显示，虽然算法的漏判以及误判精度均有所提高，但主要的漏判误差仍来源于 100hm^2 左右的森林火灾。证明由于遥感数据空间分辨率的局限，算法对于面积较小的火烧迹地提取具有一定难度。空间分辨率较高的遥感数据，如 TM 数据，其时间分辨率却难以满足火烧迹地信息提取的要求。

此外，算法对于过火面积大于 10 万 hm^2 的特大森林火灾的火烧迹地信息提取也存在较大的误差，需要改进。以发生于呼玛县境内的 2003 年 5 月以及 2005 年 10 月的两次特大森林火灾为例，前者过火面积逾 30 万 hm^2，后者过火面积逾 10 万 hm^2，这两场火灾的提取效果均不太理想，所提取面积远小于验证数据。研究区每年均有面积较大的特大森林火灾发生，这就成为提取面积精度较低的主要原因。

通过以上分析可以认为，本章提出的火烧迹地提取方法具有一定的可靠性，可以根据提取结果进行比较宏观的研究。

5.3　2000~2011年黑龙江（阿穆尔河）流域火烧迹地制图及其分布特征

5.3.1　黑龙江（阿穆尔河）流域火烧迹地提取

借助上一节所验证的火烧迹地提取方法，以 MOD09Q1 数据以及 MOD14A2 数据为基础，对黑龙江（阿穆尔河）流域 2000~2011 年的火烧迹地信息进行了提取（图 5-8）。

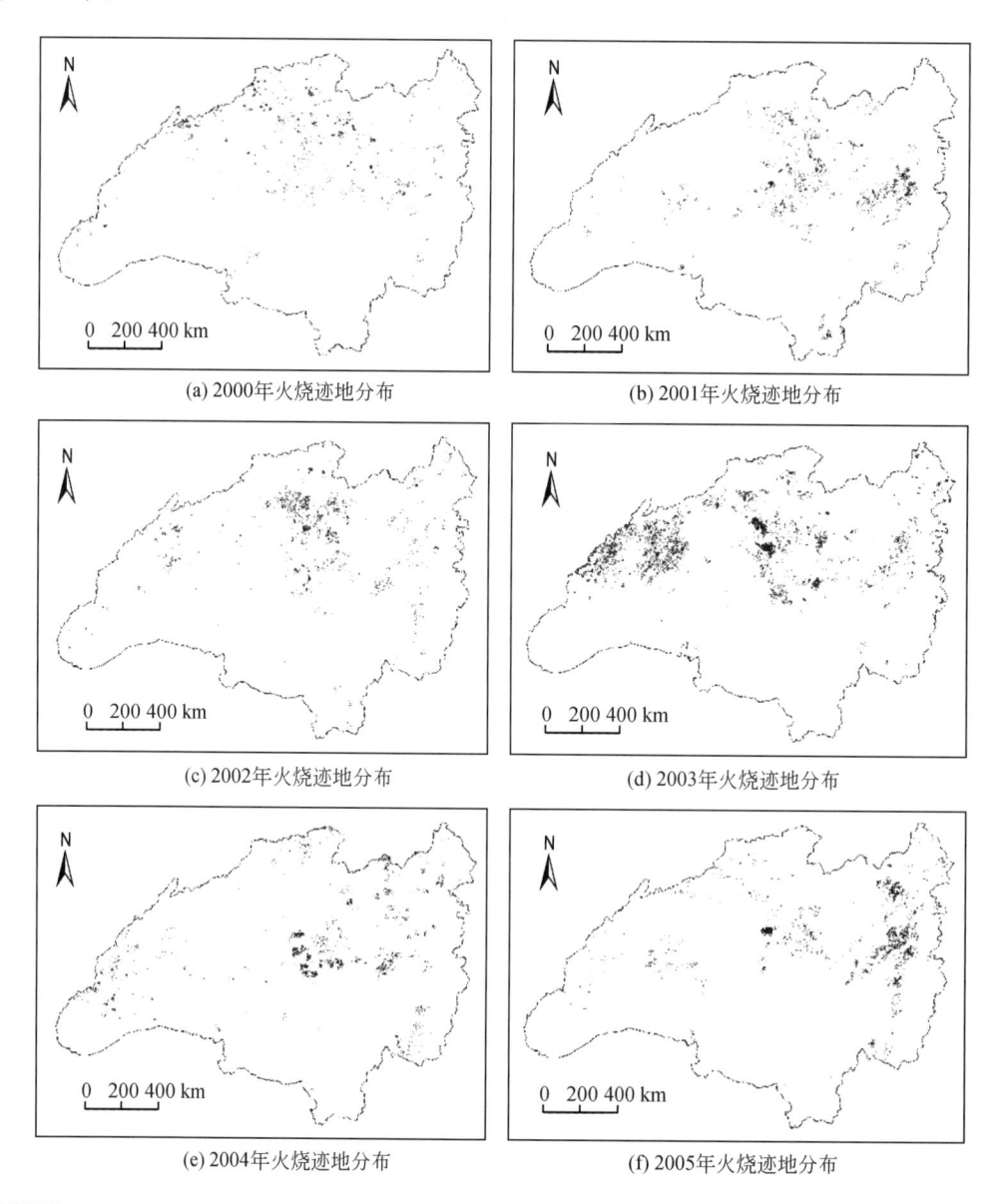

(a) 2000年火烧迹地分布　　(b) 2001年火烧迹地分布

(c) 2002年火烧迹地分布　　(d) 2003年火烧迹地分布

(e) 2004年火烧迹地分布　　(f) 2005年火烧迹地分布

(g) 2006年火烧迹地分布　　　　　　　(h) 2007年火烧迹地分布

(i) 2008年火烧迹地分布　　　　　　　(j) 2009年火烧迹地分布

(k) 2010年火烧迹地分布　　　　　　　(l) 2011年火烧迹地分布

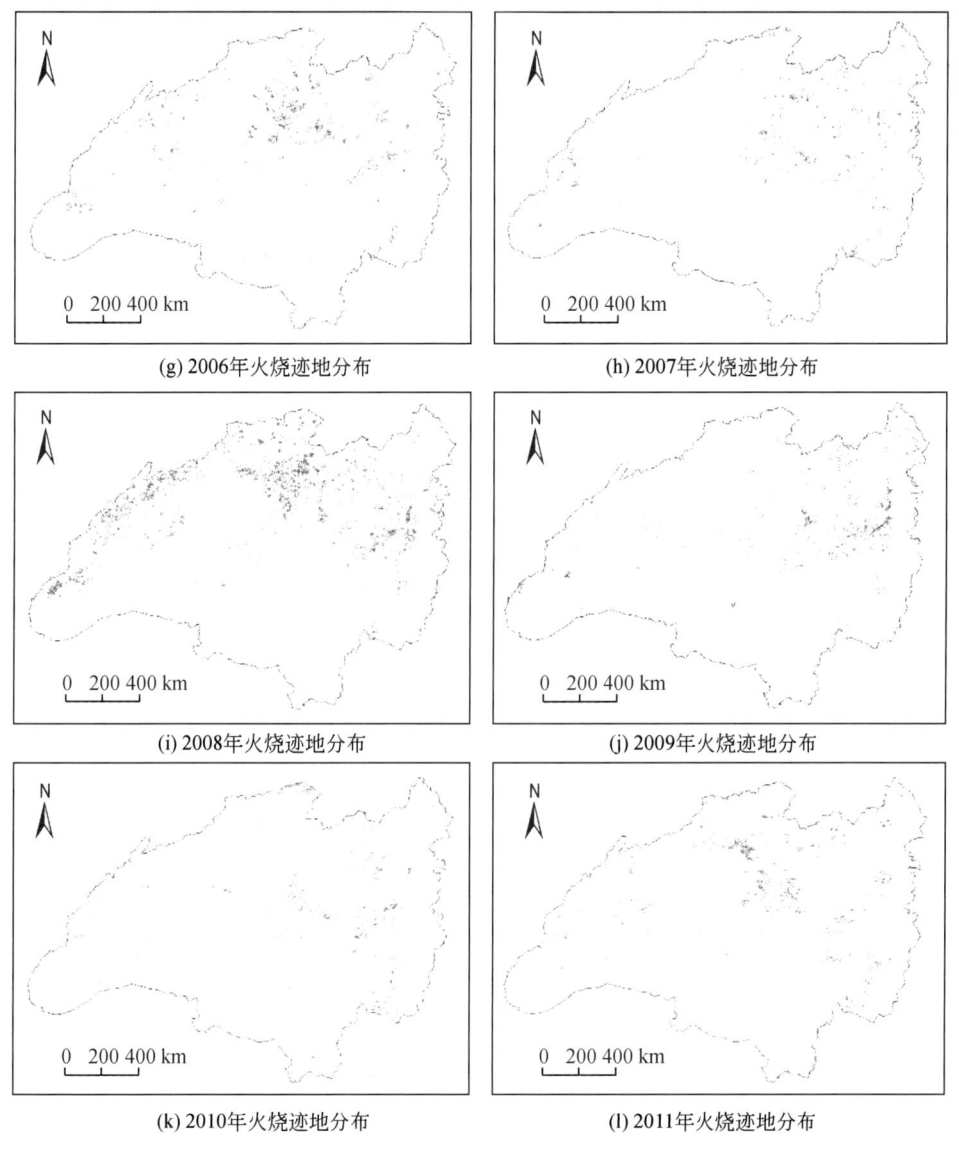

图 5-8　黑龙江（阿穆尔河）流域 2000~2011 年火烧迹地分布

5.3.2　火烧迹地分布特征

5.3.2.1　年际变化

将黑龙江（阿穆尔河）流域的火烧迹地面积进行逐年汇总，从而得到流域逐年的火烧迹地面积统计数据（图 5-9）。

由图 5-9 可知，黑龙江（阿穆尔河）流域 2000~2011 年受火灾影响较为严重，年均过火面积达 53.21 万 hm²。火灾发生最严重的年份为 2003 年，面积为 146.79 万 hm²；而受火灾影响最小的年份为 2010 年，过火面积仅有 18.39 万 hm²，差距较大。火灾发生

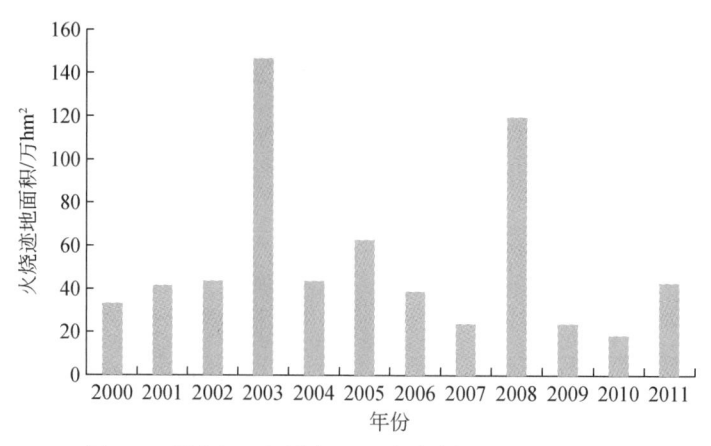

图 5-9　黑龙江（阿穆尔河）流域火烧迹地面积变化

较为严重的年份还包括2008年，过火面积也超过了百万公顷，达119.41万 hm^2。其他年份受火灾影响较为平均。其中，2005年较为严重，面积为62.41万 hm^2；其次为2001年、2002年、2004年、2011年，火烧迹地面积分别为41.55万 hm^2、43.83万 hm^2、43.59万 hm^2、43.23万 hm^2；最后为2000年、2006年、2007年、2009年，火烧迹地面积分别为33.08万 hm^2、38.87万 hm^2、24.01万 hm^2、23.41万 hm^2。

5.3.2.2　各气候分区下的火烧迹地分布

蔡红艳（2011）使用月平均气温和降水数据，采用空间聚类方法对黑龙江（阿穆尔河）流域进行了生态气候分区（图3-8）。

图3-8显示，黑龙江（阿穆尔河）流域分为三个生态气候亚区，每个生态区中多年平均气温与降水量均存在差异：生态气候3区的年均降水量最大，生态气候2区次之，生态气候1区最小。3个生态气候区年均降水量分别为602mm、502mm和340mm。生态气候1区年均气温为负值，而其他两个分区年均气温均为正值。生态气候1区、2区、3区的年平均气温分别为-2.33℃、3.04℃、1.56℃。

以上述生态分区为基础对火烧迹地面积进行统计，得到图5-10。可以看出，生态气候3区每年的火烧迹地面积均为最大，平均值为36万 hm^2。其他两个分区年均火烧迹地面积较小，分别为：1区10.2万 hm^2，2区7.01万 hm^2。生态气候1区和2区的火烧迹地面积最大值出现于2003年，分别为53.18万 hm^2和18.75万 hm^2；生态气候3区的最大值出现于2008年，为87.18万 hm^2。各分区火烧迹地面积最小年份：分区1和分区2分别为2001年和2007年，分区3为2010年。与火灾发生最少年份相对应，各年份的火烧迹地最小值分别为1.62万 hm^2、2.36万 hm^2、10.71万 hm^2。生态气候1区和3区最大值和最小值之间的差距较大，而生态气候2区差距较小，表明1区和3区火灾发生具有一定的波动性，而2区则较为稳定。其原因可能在于1区和3区主要位于俄罗斯境内。而2区则主要位于中国境内。前者受人类活动干扰较少，一旦发生大规模火灾，往往任其自由发展，不加控制，而后者则会通过各种森林火灾扑救手段对火灾进行控制。

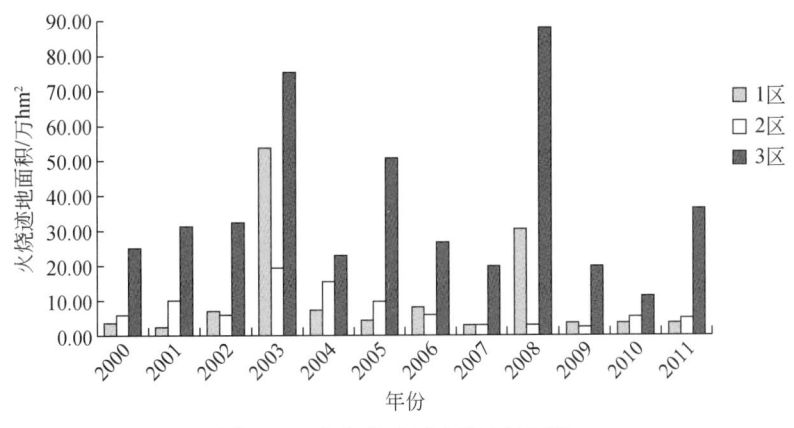

图 5-10 各气候分区火烧迹地面积

5.3.2.3 基于土地覆被类型的火烧迹地分布

以 MODIS 土地覆被产品为基础,即 MCD12Q1 产品,对黑龙江(阿穆尔河)流域 2001 年的土地覆被进行提取。选择覆盖研究区的 3 景 MCD12Q1 产品,采用 NASA 网站提供的 MODIS 重投影工具(MODIS Reprojection Tool)对所下载产品进行镶嵌、投影体系以及数据格式转换,并提取 land_ cover_ type_ 1 数据层,从而得到研究区 2001 年的土地覆被图。数据遵循了 GIBP 的土地覆被分类系统,共分为 17 个土地覆被类别。

将数据原有土地覆被类型进行归并,最终分为针叶林、阔叶林、混交林、灌丛、草地、农田和其他,共 7 类。并以此为基础对火烧迹地进行统计分析,得到图 5-11。

由图 5-11 可以看出,混交林和针叶林所占火烧迹地面积比重最大,分别达到 27.77% 和 26.86%;阔叶林和草地次之,分别为 19.35% 和 18.21%,剩余土地覆被类型所占比重均较小。林地火烧迹地面积占总面积的 73.98%,表明研究区森林受火灾影响严重,且黑龙江(阿穆尔河)流域主要火灾类型表现为森林火灾。因此,研究黑龙江(阿穆尔河)流域森林火烧迹地的植被恢复过程对于区域的生态系统结构以及功能的恢复有着重要的意义。

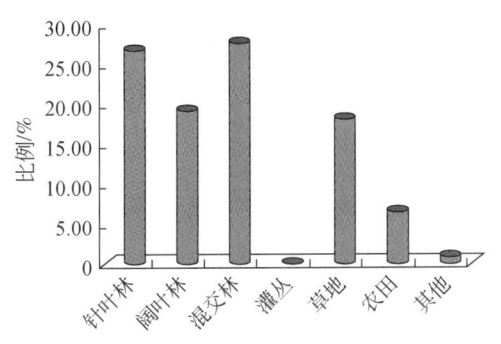

图 5-11 各土地覆被类型火烧迹地所占比例

第 6 章　中国东北地区农林交错带时空变化与土地利用景观特征研究

东北地区是中国重要的农林业基地，土地开发过程中形成了典型的农林交错带。本章首先基于土地利用数据对东北地区农林交错带和其他生态交错带的空间分布进行了界定；进而分析了农林交错带和其他生态交错带的分布格局、变化和典型特征。然后在东北地区不同位置典型的农林交错带上提取了五个景观剖面，分析不同地区农林交错带横剖面上的土地利用分布格局。最后，引入景观生态指数计算和两个主要的环境因素，对比了典型地区农林交错带和其他类型的生态交错带之间景观异质性的差异与变化。

6.1　东北地区生态交错带空间分布与变化

区域尺度上生态交错带研究中一个首要的问题就是明确其空间分布。本节利用基于土地利用数据的界定方法获取了两个时期东北地区包括农林交错带在内的各种生态交错带空间范围，进而分析了它们的分布特征及其在两个时期内的变化。

6.1.1　当前生态交错带界定方法

目前国内对生态交错带的研究以中国北方农牧交错带为主，其中包括了一些对其空间范围进行界定的研究。农牧业区划在中国北方农牧交错带的界定中占据了传统优势，对农牧业土地利用现状进行区划可以得到中国北方农牧交错带的范围（吴传钧和郭焕成，1994；孙颔等，2003）。随着对中国北方农牧交错带自然环境认识的逐渐深入，研究者们认识到气候在中国北方农牧交错带形成与发展中的重要性，根据农业气候区划指标界定的中国北方农牧交错带已经被广泛接受（朱震达等，1984；李世奎等，1988；赵哈林等，2002）。近年来生态脆弱性研究在地理学和生态学领域越来越被研究者们所重视，一些学者从生态系统脆弱性和敏感性的角度对农牧交错带进行了界定（王静爱等，1999；刘庆，1999；周道玮等，1999）。以上这些研究深化了对中国北方农牧交错带的综合特征、地理和环境要素关系、生态问题等方面的认识，然而绝大多数的界定尚缺乏定量的空间表达。随着 GIS 技术的发展，该问题已有了突破。陈全功等（2007）以 GIS 为平台，依据《中国草业开发与生态建设专家系统》提供的数据库并对 9 个相关参数进行计算，最终模拟并做出了"基于 GIS 的中国农牧交错带的地理分布图"，尽管精度有待提高，但实现了空间定量化。

国外对生态交错带的研究比较多样化，也衍生了大量用于不同尺度上生态交错带界定的方法。他们对生态交错带植被特征的研究在不同空间尺度上也成功地实现了生态交错带定量化的空间界定。根据研究技术方法的不同，这些研究可以分为一维方法和二维方法。一维方法可以根据植被在样线上的分布变化提取出生态交错带的位置、宽度、形状等信息。一维方法对数据的限制促生了二维方法，使之不再局限于样线数据，而是面向二维栅格式的卫星或航空数字影像。基于这些影像的最简单的方法就是边缘检测滤波，计算相邻栅格 3×3 移动窗口的一次导数（Pitas，2000）。然而基于一次的滤波方法仅仅能够提取出相邻生态系统之间边界的所在。基于二次导数的边界检测滤波技术则可以用来获取生态交错带的位置和范围，这些滤波被称为拉普拉斯滤波（Hufkens et al.，2009）。然而，拉普拉斯滤波对噪声非常敏感，计算量也非常大（Pitas，2000）。

其他用来进行生态交错带界定的方法包括以下几种。

（1）聚类技术

聚类技术起源于图像分析领域。正如一些学者在生态交错带研究中使用的那样（Camarero and Guti，2002；McIntire and Fortin，2006），空间聚类是一个用于鉴定同质区域边缘的多元技术。这种技术只提供边界位置的信息，但没有范围的信息。最近该技术的适用包括基于小波变换的方法（Hay et al.，2001）。聚类技术有许多优点，比较容易实现，并具有简洁的解释结果。然而聚类方法无法提供生态交错带的宽度或密度信息。

（2）模糊逻辑

生态交错带及其范围可以用模糊集表示为一个不确定的值。生态交错带属性、变化率和位置可以由空间约束聚类（Fangju and Hall，1996）或者对计算可能性有用的后阈值来提取和表示（Arnot et al.，2004；Fisher et al.，2006；Hill et al.，2007）。此外模糊边界和使用阿尔法切的派生地图是否符合真正的生态交错带地区是不确定的，因此需要验证（Arnot et al.，2004；Hill et al.，2007）。模糊集已经成功地应用于加纳的萨瓦纳森林交错带（Foody and Boyd，1999）和高山树线交错带（Hill et al.，2007）的空间界定中。

（3）Wombling 技术

另一种比上述提到的技术更早的二维的技术是 Wombling 技术（Womble，1951）。Wombling 技术计算每个相邻采样点的一阶偏导数，进而计算边界成分（BE），BE 是指平均变化率和斜率值高的地区，而"高"的定义是随意的（Jacquez et al.，2000）。通常，高于斜率 5~10 个百分值被认为是边界成分。考虑 BE 时的任意选择和执行难被认为是 Wombling 的一些缺点之一。Fortin 等（2000）、Jacquez 等（2000）和 Kent 等（2006）等文献中有对 Wombling 技术进行生态交错带检测更详细的论述。

（4）空间统计

最后，二维点的格局和可能的生态交错带的特征可以用空间数据和其他统计技巧来描述。这些技术的案例可以在空间点的格局（Pelissier and Goreaud，2001）和 Getis 型统计（Wulder and Boots，1998；Boots，2001）中找到。

6.1.2 基于土地利用数据的生态交错带界定方法

目前这些方法各有优势，本章在此提出了一种基于土地利用数据的滑动窗方法来界定生态交错带的位置和范围。该方法既避免了影像噪声的干扰，而且计算量较小。与基于自然地理环境要素的界定方法相比，本章认为土地利用是自然地理环境基础上人类活动的结果，因此综合包括了自然要素和人类要素，同时还能体现出变化特征。本节选择东北地区为研究区，基于20世纪70年代和2010年土地利用数据提取东北地区各种类型的生态交错带。尽管我们重建了50年代土地利用数据，但由于数据源和方法的差异，精细尺度上难以与基于遥感影像的数据对比。因此本章的分析只针对20世纪70年代和2010年及其变化。

根据土地利用现状，东北地区可以识别出农牧交错带、农林交错带、林牧交错带和农林牧交错带4种类型的生态交错带。为了消除其他土地覆被类型的影响，本章对土地利用数据进行了合并，将建设用地归并到耕地中，将沙地和盐碱地归并到草地中，将水体、沼泽地和裸土进行了掩膜，得到了只包括合并了的耕地、林地和草地的土地覆被数据。然后将合并的土地利用数据进行栅格化，得到空间分辨率为1km的栅格数据。

首先，将生态交错带与非生态交错带进行区分。在本章中，我们将生态交错带定义为一定空间范围内两种或两种以上的土地覆被类型所占的比例达到一定阈值。根据东北地区区域特征和尺度，在多次试验的基础上选择空间范围为100km，并将阈值设定为80%。利用滑动分割窗口算法，以100km为窗口大小，计算窗口中耕地、林地和草地三种合并地类的面积百分比，将值赋给中间栅格。

判定流程如图6-1所示。

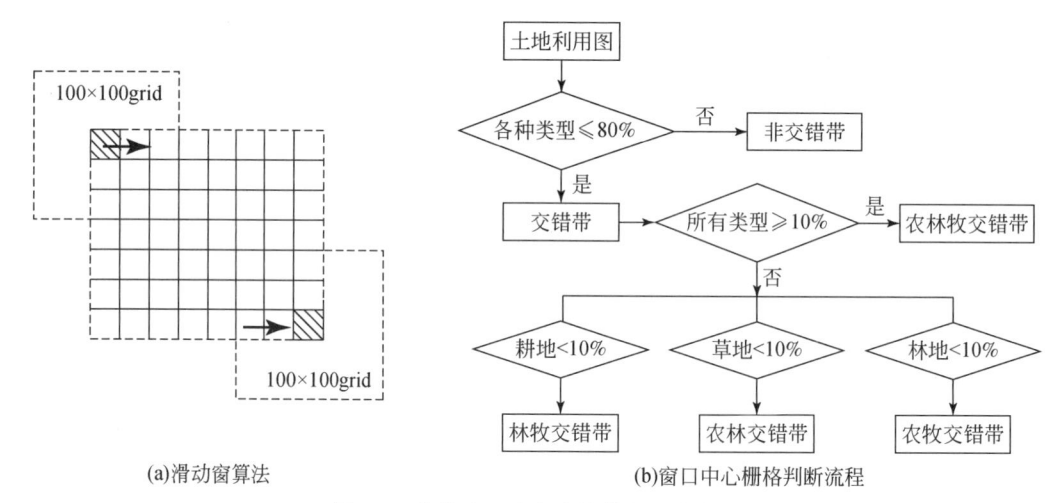

图6-1 东北地区生态交错带的界定方法

注：(a) 图中窗口的中心栅格被划分为不同的生态交错带类型。

6.1.3 东北地区生态交错带空间界定结果

基于20世纪70年代土地利用数据和2010年土地利用数据，得到两个时期生态交错带的分布见图6-2。由于20世纪70年代数据以1978年影像为主，因此本章下文将其称为1978年数据。

从图6-2中可以看出，东北地区农林交错带主要分布于长白山、小兴安岭、大兴安岭东北部与东北平原过渡区、辽西山地东南部过渡区；农牧交错带则主要位于松嫩

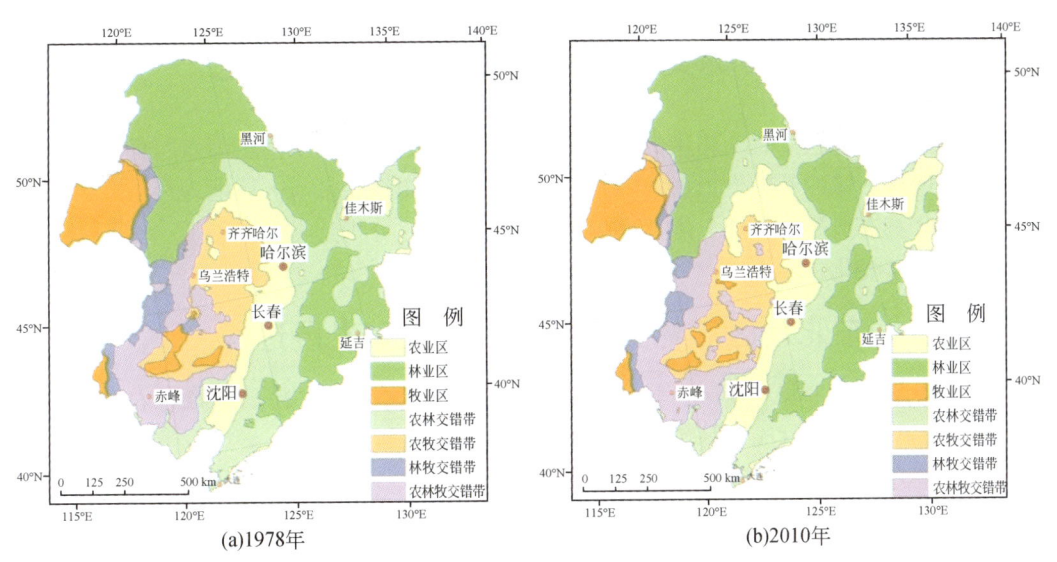

图 6-2 1978 年和 2010 年东北地区生态交错带分布

平原中部、西部和西南部；林牧交错带主要分布于大兴安岭南部以及大兴安岭与呼伦贝尔草原过渡区；农林牧交错带主要分布于松嫩平原与大兴安岭、辽西山地过渡区。除了各种类型的生态交错带以外，还有三类以某一土地利用类型为主的生态区：农业区、林业区和牧业区。其中，农业区主要分布于松嫩平原和辽河平原的东部与北部以及三江平原，林业区主要分布在大兴安岭中北部、长白山中东部和小兴安岭大部地区，牧业区则主要分布于呼伦贝尔草原地区，另外在松嫩平原西南部和大兴安岭西南部也有零星分布。

从格局上来看，东北地区的生态带中，农业区、农林交错带和林业区具有从东北平原腹地向山区过渡的典型环状结构，在小兴安岭和长白山山前尤其典型，从海岸线附近沿山脉走向一直延伸到嫩江流域北端。而在大兴安岭山前，由于气候湿润条件的变化，农林交错带从北向南逐渐过渡为农林牧交错带。农林交错带和农林牧交错带之间的过渡位置基本上在齐齐哈尔市西部的山前丘陵和台地。而在大兴安岭东南侧，在松嫩平原腹地与大兴安岭之间形成了牧业区——农牧交错带——农林牧交错带——林牧交错带的变化格局，该格局仍然以地形变化引起的气候差异为主导因素。在大兴安岭西侧，与呼伦贝尔草原过渡位置，林牧交错带和农林牧交错带较明显，且宽度较窄。

1978~2010 年，中国东北地区各种生态交错带具有显著的空间变化，主要表现为部分地区农林交错带向森林区移动，宽度增加，而农牧和林牧交错带面积缩小，农林牧交错带相应向森林区扩展。其中以农林交错带在嫩江流域、小兴安岭中部、三江平原和长白山间的移动和扩展最明显，相应伴随着农业区的扩张和林业区的萎缩。同时，在大兴安岭东侧，农林交错带向南扩展，农林交错带和农林牧交错带的界线已经跨过齐齐哈尔市西部，农业区也相应延伸。此外，在大兴安岭西部与呼伦贝尔草原之间，林牧交错带逐渐被农林牧交错带代替，并出现农牧交错带。总体来说，这些变化基本上都是森林、草地和湿地逐渐转变为耕地的结果。

6.2 东北地区农林交错带基本特征和时空变化

尽管对东北地区生态交错带的界定是以土地利用数据为基本判定因素，但土地利用格局是在地理环境的基础上形成的，因此东北地区生态交错带与区域地理环境具有密切的关系，并具有典型的特征。本节以农林交错带为例，分析其类型、特征、主要的生态问题及其时空变化。

6.2.1 东北地区农林交错带的类型及其发展过程

基于农林交错带与农业区、林业区之间的空间关系（图6-2），本章将农林交错带分为两种主要类型：林缘农林交错带和林间农林交错带。

（1）林缘农林交错带

东北地区的林缘农林交错带主要分布于东北平原向大兴安岭、小兴安岭和长白山区过渡的位置，即主要的林业区边缘向主要的农业区过渡带。在经度地带性影响下，长白山、小兴安岭的湿润、半湿润地区生长了大面积的森林，半干旱地区发育了广阔的草原，而在半干旱向湿润、半湿润过渡的地区则形成了森林草原景观。在人类农业活动的作用下，根据土地开发的适宜性程度，东北地区的森林草原带首先被开垦为耕地，大体位于长白山脉西侧沿柳条边一线，由南向北自辽宁省延伸至黑龙江省中部。随着农业土地需求量的增加，农业带向东侧的森林带和西侧的草原带扩展，在原始的草原带——森林草原带——森林带格局基础上，逐渐形成了草原带——农牧交错带——农业带——农林交错带——林业带的模式，其中向草原带扩展的范围更大。因此，该农林交错带的降水条件比相邻的农业带更加优越，气候因素对农业活动不具有限制作用。在这种格局下的农牧交错带以降水为主要限制因子，而农林交错带则以地形为主要限制因子。

除了经度地带性形成的湿润、半湿润地区，地形抬升同样在大兴安岭地区形成了半湿润的气候条件，森林广布。然而与经度地带性不同的是，该林业带是由垂直地带性主导形成的，从半干旱向半湿润的过渡伴随着平地向山地的过渡。在大兴安岭东麓，由北向南气候越来越干旱。在北部，水分条件较好的平原被开垦为耕地，山前丘陵和山麓地带成为森林和耕地的过渡区，形成了林业带——农林交错带——农业带的格局。而在中、南部，半干旱的气候条件使平原中草地分布较广，在水分条件较好、地形相对平坦的山前冲洪积平原和台地上仍然进行了耕地开发后，与北部农林交错带对应形成了农林牧交错带。而原有的林业带则成为林牧交错带，农业带成为农牧交错带。

在全球范围内，除了东北地区这两种类型的林缘农林交错带以外，还有受热量影响的林缘农林交错带。该类型的林缘农林交错带主要分布于北方林南缘，该农林交错带中农作物的积温条件处于阈值，再向北，积温已不能满足作物生长的条件。该类型的林缘农林交错带一般呈东西走向，美国中部大平原北部比较典型。

以上两种类型的林缘农林交错带基本处于稳定状态，无论是在气候还是地形限制因素作用下，农业用地和林业用地都难以产生大面积变动。但目前在热带平原地区仍然存在发展初期的农林交错带，典型区如亚马孙热带雨林林缘。由于缺乏气候、地形等主要限制因素，当农业用地或森林砍伐长期保持一定的需求量，该林缘农林交错带将持续向森林一侧移动。

（2）林间农林交错带

与林缘农林交错带不同，林间农林交错带分布于林业区腹地是由于森林带内部的农业活动形成的。由于林间农林交错带是在森林区，因此气候相对具有同质性，而地形地貌成为主要的控制因素。东北地区的林间农林交错带主要分布于长白山山地中。根据地质构造体系，以辉发河-牡丹江一线为界，该区域可以划分为东部的长白山熔岩台地与断块中山，以及西部断块侵蚀的中低山与丘陵。东部主要地貌类型是熔岩侵蚀和断块侵蚀的中山，镶嵌有绥芬河、嘎呀河、穆棱河、牡丹江和松花江上游、图们江、鸭绿江及其支流切割地面形成的河流阶地、构造断裂和受一些河流的侵蚀堆积形成的山间盆谷地。西部地貌格局表现为山脉与宽阔盆谷地相间分布，自北向南有四条北北东向山脉：完达山、张广才岭、吉林哈达岭和大黑山，山间盆谷地自北向南有倭肯河谷底、松花江谷底、蚂蚁河谷底、舒兰-伊通盆谷地和辉发河盆谷地。除倭肯河谷底为东南-西北走向外，其他均为北北东向平行排列。

这些古近系、新近系形成的盆谷地沉积了数米到数十米厚不等的第四纪松散沉积物，岩性为亚黏土、亚砂土、砂砾石，集中了该区几乎全部的农业用地。东部断裂构造和河流阶地形成的盆谷地相对狭窄、曲折，适宜于农业开垦的土地多呈狭长分布，农林交错带以地方尺度的镶嵌为主。西部断裂尺度较大，具有相对广阔的盆谷地。在这些盆谷地中开垦了大面积的农业用地，形成了典型的林间农林交错带。对于林间农林交错带，它的形成是在一定的地形地貌控制下，耕地代替森林植被形成的，因此林间农林交错带两侧气候不具有明显的差异。森林一般为湿润气候区，因此林间农林交错带中的水分条件相对优越。

6.2.2 农林交错带的特征

根据农林交错带形成的土地开发过程和土地利用格局，本章提出了农林交错带的一般性概念：农林交错带是一定时间内具有农业用地与林业用地逐渐过渡、镶嵌分布、相互转变特征的区域土地利用格局。并由此引申出农林交错带的一些特征，特别针对东北地区有以下几点。

1）农林交错带具有一个演变过程和一定的时间尺度。当前的土地利用格局是在长期土地开发过程中形成的，并持续变化。农业用地和林业用地之间的过渡区在时间序列中也具有一定的空间变化，因此不同时期的农林交错带具有不同的位置和范围。例如，耕地扩展中的林缘农林交错带逐渐向林业区移动，林业区边缘逐渐转变为农林交错带，而之前的农林交错带转变为农业区。当耕地停止扩展，森林恢复时，则具有相反的过程，但该过程具有区域差异性。从更大的时间尺度来看，农林交错带不仅仅指当前的土地利用格局，而应当包括整个农业用地开发过程中耕地和林地交错分布的区域。由于数据的限制，本章对东北地区农林交错带的刻画只包括1978年以来的变化。

2）农林交错带具有不同的空间尺度。农业用地和林业用地过渡的格局具有不同的空间尺度，包括不同等级的区域尺度、局地尺度、甚至田块尺度。以东北地区为例，大尺度包括长白山、大小兴安岭林业区与东北平原农业区的过渡，中尺度包括长白山区内较大的盆谷地中形成的农业区与邻近林业区的过渡，小尺度包括沿着山区沟谷形成的小面积耕地与周围林地的过渡。此外，从广义来讲，农田防护林和农林复合系统也属于农林交错带；前者由田块尺度上的耕地和林地组成，并具有区域尺度的范围，后者尺度更小，由耕作方式决定。当区域上小尺度的农林交错带分布较为密集时，可以表现为更大尺度的农林交错带。例如，辽东丘陵中小尺度的耕地和林地镶嵌分布格局形成区域上的农林交错带。其他类型的生态交错带同样具有这样的问题，本章对东北地区生态交错带进行界定时，所选的参数，如栅格大小和窗口大小，针对的是东北地区大中尺度。当栅格大小和窗口大小相应减小时，可刻画出更小尺度的生态交错带。

3) 地形地貌对当前主要农林交错带格局具有显著的控制作用。尽管农林交错带处于动态变化过程中，但从当前的土地利用格局来看，地形地貌的制约十分显著。在中纬度地区，农业开发历史较长，适宜于农业活动的土地基本上以被开发殆尽。当前农林交错带作为农业用地和森林的过渡区基本处于山区边缘，地形地貌对耕地扩展的制约作用也限制着农林交错带的分布。而对于快速发展中的农林交错带类型，如亚马孙森林边缘，地形地貌对耕地扩展则不具有限制作用。

4) 由于农林交错带整体降水较多，但坡度较大，在耕作条件下地表植被对水分和土壤的保护能力比森林弱，因此水土流失成为农林交错带的主要生态问题。湿润地区降水较多，而半湿润地区降水较为集中，高强度降水比例较大。在农林交错带中的耕地，尤其在生长季前期，作物郁闭度尚较低时，加上整体坡度较大、降水较多，水土流失问题较为严重。在农林交错带中，水土流失问题造成两方面的危害：一方面，表层肥沃土壤的流失使土层越来越薄、并逐渐粗骨化，逐渐削弱当地的耕地生产能力；另一方面，水土流失对下游水文系统和土地系统造成潜在危害，河流泥沙增加，汇流时间短，导致洪灾风险增大。特别对于林间农林交错带，其中耕地和居民点主要分布于山间盆谷地中的低地，洪灾风险更高。

5) 农林交错带中的耕地在开垦初期肥力较高，随着开垦时间的增加，耕地生产力急剧下降，其原因主要与土壤的脆弱性有关。在耕地开发以前，农林交错带中的土壤以森林土为主，富含有机质。当森林植被被耕地代替以后，土壤有机质来源基本消失，加上作物的消耗和水土流失的危害，耕地质量急剧下降。此外，农林交错带中土壤的可耕作层厚度比平原区更薄，土壤机械组成较粗，耕地质量恢复难度较大。以农林交错带中的吉林市为例，根据第二次土壤调查资料，吉林市有坡耕地 247.28 万亩[①]，开垦时间均为 20~100 年，其侵蚀模数为 900~1500t/（$km^2 \cdot a$），由于水土流失导致的粮食产量急剧下降问题已经严重威胁到当地的粮食安全和生态安全。针对这些问题，农林交错带中应该采取比平原农业区更谨慎、科学的耕作方式。从东北地区的现状来看，该问题并没有较好解决，虽然梯田的修建可以在很大程度上保护耕地，但推广难度较大。

---

① 1 亩 ≈ 666.7m^2。

6.2.3 东北地区农林交错带中的水土流失问题

水土流失是农林交错带主要的生态问题。经过多年的土地开发，当前东北地区的农林交错带已经远离较平坦的平原，逐渐深入山区，因此整体上坡度较大。加上农林交错带较好的降水条件，导致农林交错带中的耕地开发容易引发水土流失，是土地利用相对脆弱的地区。以吉林省为例，本章对农业带、林业带和农林交错带中水土流失情况进行了统计和比较。吉林省位于长白山中部，具有典型的林缘农林交错带和林间农林交错带。所采用的数据源为吉林省土壤侵蚀遥感数据，该数据是中国科学院东北地理与农业生态所基于遥感影像提取的土壤侵蚀等级，共分四级：微度侵蚀、轻度侵蚀、中度侵蚀和强度侵蚀，在此以微度侵蚀为背景，分析轻度、中度和强度侵蚀面积在农业带、林业带和农林交错带的分布。吉林省农林交错带的划分来自于图 6-2 两个时期的综合（图 6-3）。

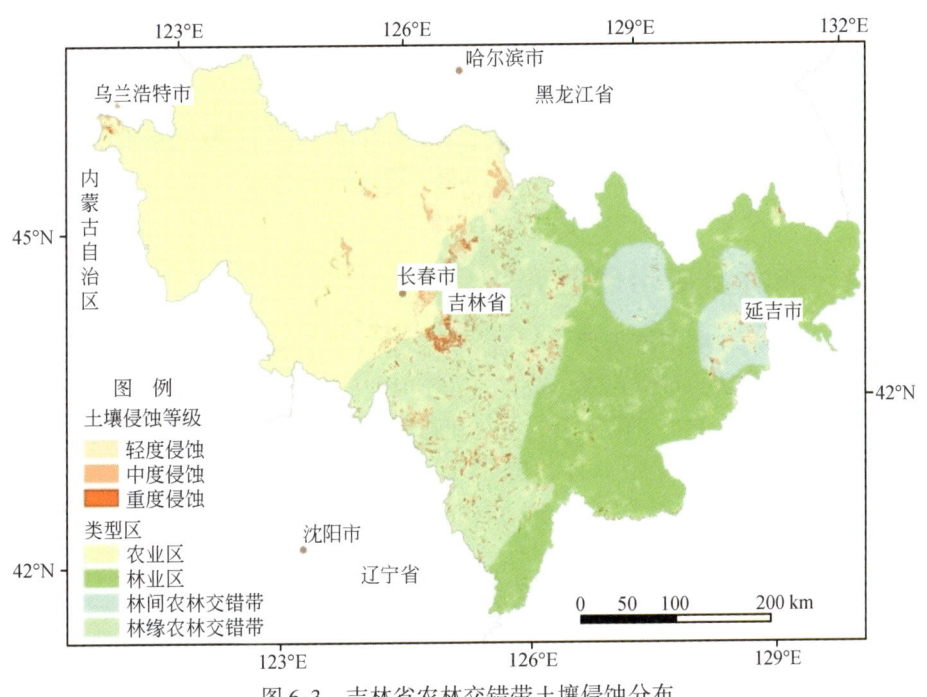

图 6-3 吉林省农林交错带土壤侵蚀分布

统计结果见表 6-1。

表 6-1 吉林省土壤侵蚀分布统计　　　　　　　　　　（单位：%）

项目	农业区	林业区	林间农林交错带	林缘农林交错带	总计
土地百分比	39.45	29.95	6.26	24.34	100
轻度侵蚀	14.26	25.06	14.17	46.51	100
中度侵蚀	16.38	24.08	7.23	52.31	100
强度侵蚀	6.14	7.98	3.85	82.03	100
总和	14.12	23.10	11.03	51.75	100

从表 6-1 中可以看出，农林交错带中土壤侵蚀的总面积占吉林省总土壤侵蚀面积的 62.78%，而相应农林交错带的面积仅占吉林省总面积的 30.60%。其中林缘农林交错带所占的比例最高，其土壤侵蚀总面积比例达到了 51.75%，而相应的土地面积比例仅有 24.34%。因此农林交错带是区域上土壤侵蚀问题的典型地区。对于林间农林交错带，其土地面积百分比最小，土壤侵蚀百分比也最小，但两者之间的比例却仅次于林缘农林交错带。当前林间农林交错带的土壤侵蚀比林缘农林交错带稍轻，原因可能是土地开发历史短。随着开发时间的进一步延长，其土壤侵蚀程度可能比林缘农林交错带更严重，这主要由于吉林东部林间农林交错带的降水比中部的林缘农林交错带更多，更容易造成土壤侵蚀。

此外，不同程度的土壤侵蚀在不同生态带的分布也有明显差别。在农业区和林业区，土壤侵蚀类型以轻度侵蚀和中度侵蚀为主，而在农林交错带，特别是林缘农林交错带，土壤侵蚀程度严重的类型比例更高。对于林间农林交错带，以轻度土壤侵蚀为主，但土地百分比和土壤侵蚀百分比的比例却是最高，进一步佐证了林间农林交错带土壤侵蚀的高风险性和土地开发的高脆弱性。

总体来说，农林交错带是区域上水土流失高风险区。正如农牧交错带中的荒漠化问题，水土流失是农林交错带中的典型生态问题。因此对农林交错带土地利用/覆被变化及其生态环境效应的研究具有积极的意义。

6.2.4 农林交错带时空变化

本节以东北地区和嫩江流域两个尺度为例，基于两期数据分析农林交错带时空变化。将两期农林交错带空间位置进行叠加，得到 1978~2010 年农林交错带的变动，如图 6-4 所示。农林交错带的变化分为消失的和新增的农林交错带。其中，消失的农林交错带指的是 1978 年农林交错带，而 2010 年成为非农林交错带；新增的农林交错带指的是 1978 年非农林交错带，而 2010 年成为农林交错带。

结合图 6-4 可以看出，消失的农林交错带可以分为两类，由农林交错带转变为哪一类决定，总面积为 40 463 km²。如果消失的农林交错带一侧与农业区相邻，即农林交错带转变为农业区，说明农业区范围扩展，农林交错带范围相对缩小。如果消失的农林交错带一侧与林业区相邻，即农林交错带转变为林业区，说明林业区范围扩展，农林交错带范围相对缩小。尽管两者都表现为农林交错带范围缩小，但前者代表了农林交错带中的森林被持续砍伐，由农业用地与森林共存转变为纯农业用地，主要分布于嫩江流域的大兴安岭东侧和小兴安岭西侧、三江平原以及辽西丘陵东部，面积为 35 705 km²。后者代表了农林交错带中的退耕还林现象，由农业用地与森林共存转变为以森林为主，主要分布于辽东丘陵区和吉林东部的延吉山间盆地，面积为 4758 km²。

新增的农林交错带也分为两种类型，其一在靠近农业区一侧增加，其二在靠近林业区一侧增加。前者说明农林交错带向农业区一方面扩展，即农业区中的退耕还林，这种类型在东北地区尚未出现，即 1978~2010 年东北农业区中没有明显的面状造林现象。后者说明农林交错带向林业区一方面扩展，即林业区中的森林砍伐和农业活动，这种类型在东北地区面积较广，主要分布于大兴安岭东部、小兴安岭中北部、长白山地区，面积为 66 283 km²，说明这些地区森林边缘的森林砍伐比较普遍。

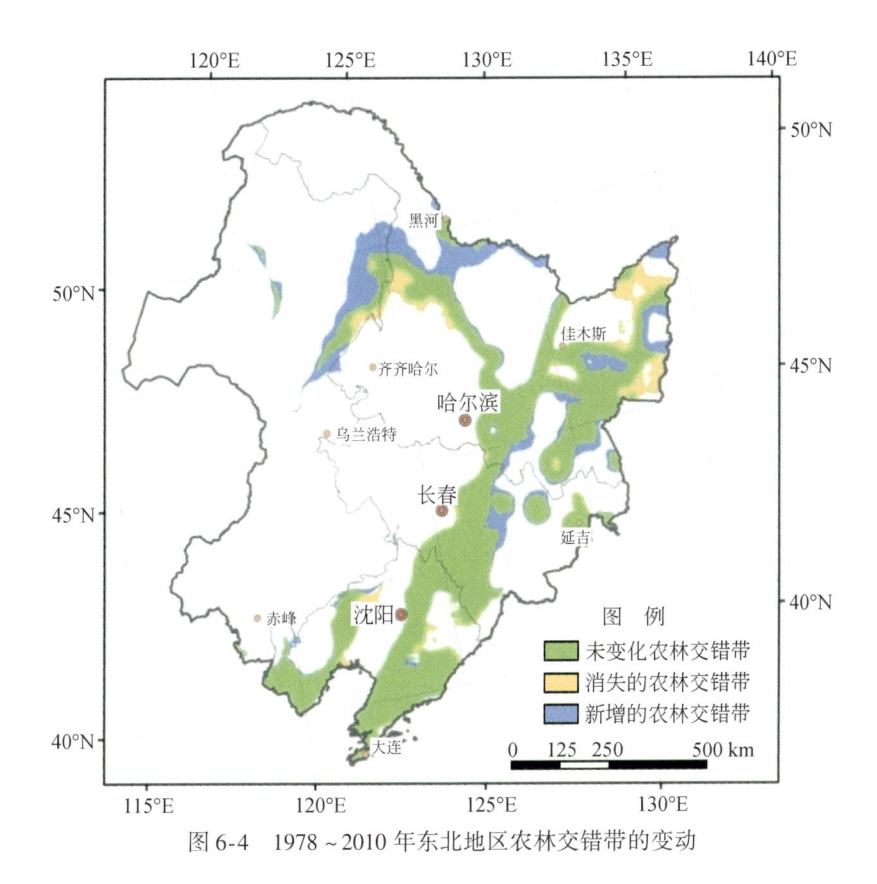

第 6 章　中国东北地区农林交错带时空变化与土地利用景观特征研究

图 6-4　1978~2010 年东北地区农林交错带的变动

从表 6-2 中可以看出，1978~2010 年，农林交错带面积变化较大，其中消失的农林交错带面积占未变化农林交错带面积的 17.34%，新增的农林交错带面积占未变化农林交错带面积的 28.40%，这说明农林交错带与林业区之间的土地利用变化明显比农林交错带与农业区之间的土地利用变化更加剧烈。这造成了两个结果：一是农林交错带总面积增加，即从 1978 年的 273 861km² 增加到 2010 年的 299 681km²；二是农林交错带平均宽度增加。

表 6-2　1978~2010 年东北地区农林交错带面积变化　　　　（单位：km²）

年份	农林交错带面积	未变化的农林交错带面积	变化的农林交错带面积	消失的农林交错带面积
1978	273 861	233 398	消失 40 463（17.34%）	退耕造成 4 758
2010	299 681		新增 66 283（28.40%）	砍伐造成 35 705

从图 6-4 中可以看出，东北地区农林交错带在过去 30 多年中，以嫩江流域北部变化最为显著。嫩江流域位于东北平原西北部，地势西北高，东南低。西北部以森林覆被为主，东南部以耕地为主，两者是嫩江流域最主要的两种土地利用方式。1978~2010 年，耕地的增长最为显著，其代价是林地和草地的减少，即人们通过对林地和草地的砍伐和开垦增加耕地。其中，林地有 662.8km² 变成了耕地，草地则有 335km² 变成了耕地。此外还通过对未利用地，主要是沼泽湿地的开发来扩大耕地面积。同时，还有部分耕地

转变为其他土地利用类型,其中建设用地所占比重最大,达到63.86%。总体来说,耕地面积净增加1000km², 与1978年相比增加了74.32%; 林地面积净减少842.7km², 与1978年相比减少了31.74%。

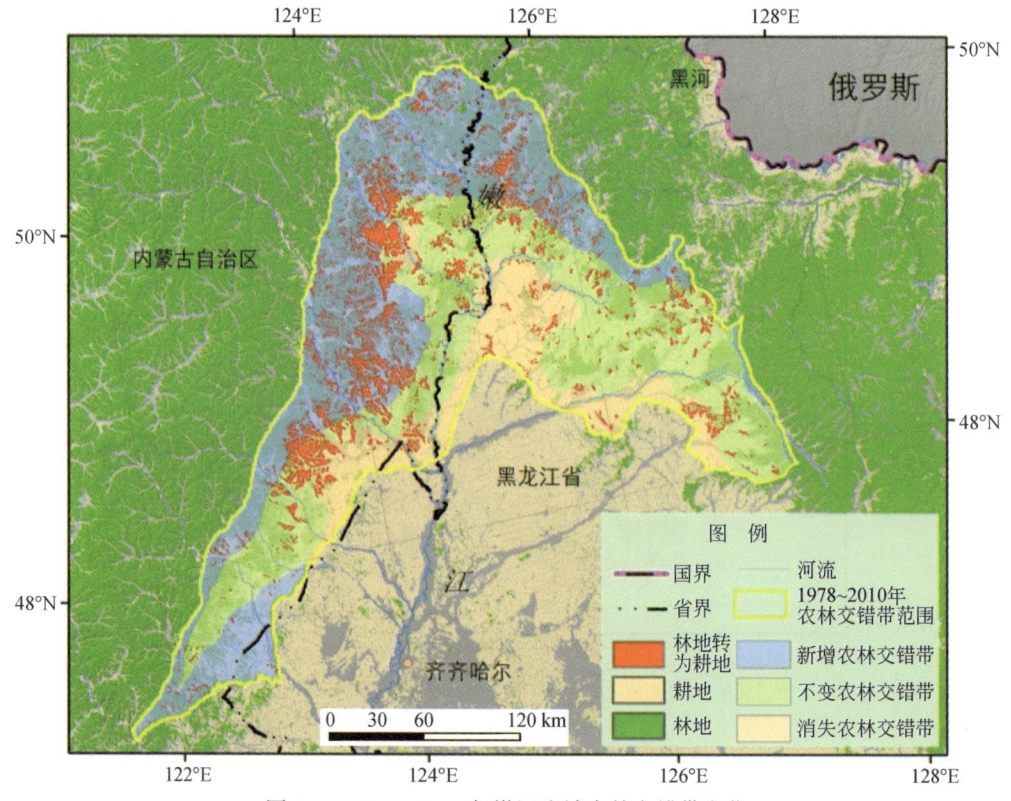

图 6-5　1978~2010年嫩江流域农林交错带变化

对于嫩江地区农林交错带的范围,1978年为3.024万km², 到了2010年已经增加至4.567万km²。其中,两个时期农林交错带范围重叠的部分只有2.112万km², 减少了0.912万km², 同时新增了2.455万km²; 新增的面积占1978年面积的81.18%。其空间分布见图6-5。

嫩江流域农林交错带的变化代表了耕地逐渐取代林地的过程,该变化既反映了土地利用中土地本身的自然特征,也反映了人类因素与自然环境因素的综合效应。刘纪远(1996)提出了一套量化土地利用程度的分析方法,即将土地利用程度按照土地综合体在社会因素影响下和自然平衡保持状态下,分为四级并分级赋予指数,从而给出土地利用程度的定量表达。其中,未利用地被赋予1级;林、草和水体被划分为粗放利用土地级,为2级;耕地为农用地,被赋予3级;城镇、居民点等建设用地被赋予4级。而林地向耕地的转变则代表了土地利用程度的增加,农林交错带在区域上的变动则代表了区域土地利用程度格局的变化。

计算1978年和2010年嫩江流域农林交错带范围的土地利用程度,根据本文对嫩江流域农林交错带的三个划分,即消失的农林交错带、未变的农林交错带和新增的农林交错带,分析三个区域土地利用程度的变化。

表 6-3 嫩江流域农林交错带土地利用程度变化

年份	未变的农林交错带	新增的农林交错带	消失的农林交错带
1978	2.18	1.94	2.45
2010	2.37	2.17	2.62

从表 6-3 中可以看出,总体上从消失的农林交错带,经过未变化的农林交错带,到新增的农林交错带,三个范围土地利用程度具有显著的减少趋势。同时从 1978~2010 年,同一地区土地利用程度明显增加。其中,新增的农林交错带在 1978 年为森林带,因此具有最低的土地利用程度。到 2010 年,该地区土地利用程度增加到 2.17,接近 1978 年未变化农林交错带的值。对于未变化的农林交错带,土地利用程度从 1978 年的 2.18 增加到 2010 年的 2.37,逐渐接近消失的农林交错带在 1978 年的值。而对于消失的农林交错带,2010 年已经转变为农业区,其土地利用程度最高。总体来说,随着空间上从农业区逐渐向森林区的过渡,土地利用程度越来越小;随着时间的变化,同一区域土地利用程度越来越大。

6.3 东北地区农林交错带土地利用剖面分析

不同地区农林交错带宽度差别较大,在大兴安岭东坡与小兴安岭西坡交汇位置,即松嫩平原最北端,农林交错带宽度较大;而小兴安岭与松嫩、三江平原过渡地区,农林交错带宽度很小。同时由于农林交错带两侧土地利用变化程度的差异,东北地区农林交错带平均宽度在 1978~2010 年呈增加的趋势。本节将构建五个农林交错带典型土地利用剖面线,以分析其空间格局特征与变化。

本节所选的 5 个典型土地利用剖面线分别位于松嫩平原北端、三江平原、长白山山间盆地、长白山、松嫩平原过渡区。每个剖面线都与 1978 年、2010 年农林交错带叠加区域基本保持垂直,并与区域上地形延伸方向基本一致。具体位置见图 6-6。

本节在剖面线分析中所采用的土地利用数据为一级类,包括耕地、林地、草地、建设用地、水体和未利用地。首先沿着剖面线对土地利用数据进行采样,采样间隔设置为 300m,即每条剖面线上形成距离为 300m 的一系列样点。每个样点代表一种土地利用类型。其中,将耕地设置为 1,将林地设置为 2,将其他类型设置为 0。然后提取其中的耕地和林地点,根据空间位置对其进行邻域统计,计算每个样点 5km 范围内耕地点和林地点的平均值,并赋给该样点。最后与其他土地利用类型样点合并,得到剖面线上耕地与林地土地利用格局,见图 6-7。其中,0 值代表其他土地利用类型,1~2 的值代表该样点 5km 范围内耕地和林地的比例。值越大,说明林地越多;值越小,说明耕地越多。图 6-7 (a) (b) (剖面线 A、B) 为近南北方向,土地利用剖面左侧为北端,右侧为南端;图 6-7 (c)~(e) (剖面线 C、D、E) 为东西方向,左侧为西端,右侧为东端。

图 6-6 土地利用剖面位置

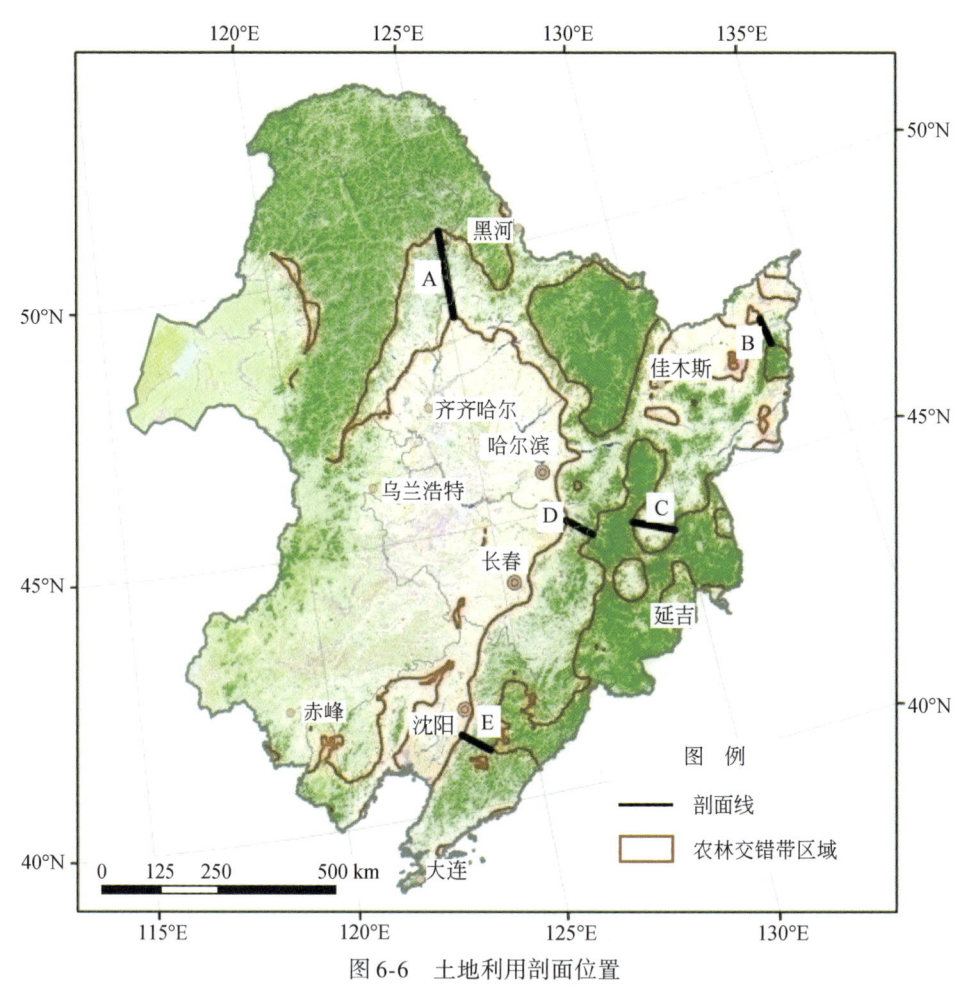

注：农林交错带区域为 1978 年和 2010 年叠加，土地利用为 2010 年。

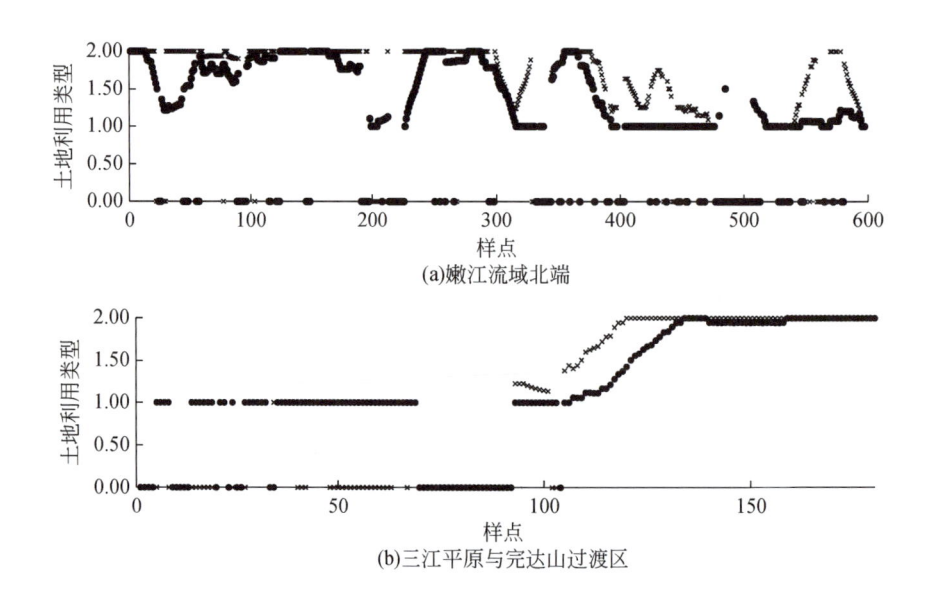

(a) 嫩江流域北端

(b) 三江平原与完达山过渡区

(c) 长白山地区山间盆谷地

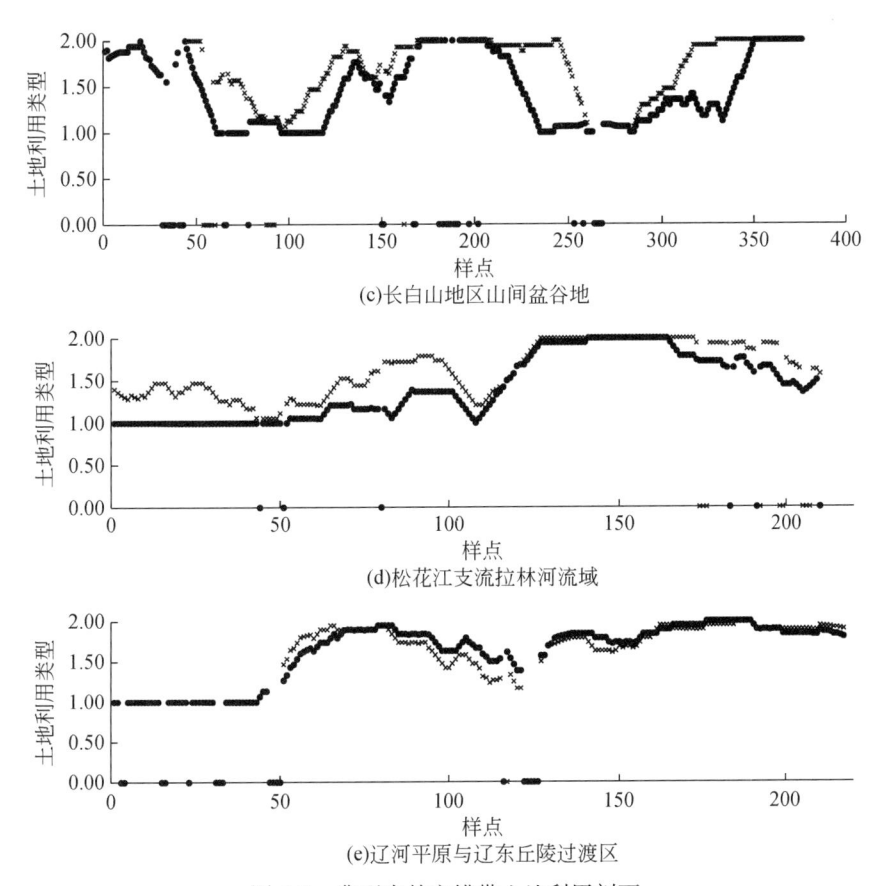

(d) 松花江支流拉林河流域

(e) 辽河平原与辽东丘陵过渡区

图 6-7 典型农林交错带土地利用剖面

注：按顺序分别代表图 6-6 中的 A、B、C、D、E。其中，×号虚线表示 1978 年土地利用状态，实心圆虚线表示 2010 年土地利用状态。横坐标表示沿着剖面线方向的每个样点，纵坐标表示每个样点上的土地利用类型。1 代表耕地，2 代表林地，0 代表其他类型，1~2 之间的值代表剖面线 5km 长度内耕地和林地的比例。其值越大，林地越多。

图 6-7（a）（剖面线 A）位于嫩江流域，松嫩平原向大兴安岭过渡的地区，该地区耕地与林地斑块分布较分散，除了耕地和林地以外，还有草地、湿地等其他土地覆被类型。该剖面线长度为 178.9km，共 597 个样点。在该剖面线上，农林交错带的宽度从 1978 年的 100km 左右，增加到 2010 年的 138km 左右。其中，消失的农林交错带宽度为 42km 左右，增加的农林交错带宽度为 80km 左右。采样顺序从森林区向农业区，1978 年，在样点 0~300 几乎不存在耕地，300 以后耕地和林地相间分布。到 2010 年，样点 1~300 已经有部分林地转变为耕地，森林破碎化明显，而样点 400 以后林地已经很少出现，成为典型的农业区。可以看出，剖面线 A 地区森林内部部分地区首先被砍伐，开垦为耕地，同时森林边缘也被蚕食，在两者共同作用下，原有森林区不断转变为农林交错带，而农林交错带又转变为农业区。该地区耕地扩张主要发生在嫩江中游，地形以丘陵和台地为主，在平坦易于农田开垦的地方首先毁林开荒，经由河谷、沟谷进行扩张，特别是沿着铁路、公路两侧耕地扩展更为集中。

图 6-7（b）（剖面线 B）位于三江平原与完达山过渡区，该地区耕地与林地分布集中，两者之间的过渡趋势明显。剖面线采样顺序从农业区向林业区，其中，由于三江平

原农业区中沼泽湿地等其他土地利用或覆盖类型分布较多，导致样点 0～100 中 0 值较多；而样点 100 以后其他土地利用类型已不多见，过渡区以耕地和林地为主，随着向森林区继续采样，已经基本全部为林地样本。1978 年，耕地和林地交错分布的样点基本位于 93～119，空间距离大约 7.8km。2010 年，耕地和林地交错带分布的样点则基本位于 107～134，空间距离大约 8.1km。两个时间二者宽度基本保持不变，但空间位置向森林区移动了大约 14 个样点的距离，即 4.2km。与剖面线 A 不同，剖面线 B 地区森林砍伐以森林边缘的蚕食为主，森林内部破碎化程度很小，同时农林交错区耕地与林地的比例呈单调变化，从农业区向林业区持续递增。这可能与当地地形条件有关，从三江平原到完达山山区的过渡基本上高程连续增加，没有大的地形波动，因此剖面线上土地利用变化相对简单。

图 6-7（c）（剖面线 C）位于长白山地区的山间盆谷地中，具体位置在牡丹江市。作为典型的山间农林交错带，中间分布有两个北东向的断陷盆地，沿着剖面线分别为牡丹江和穆棱河谷地，被张广才岭、老爷岭和太平岭分割开来。沿着牡丹江和穆棱河，冲积河谷同山前洪积阶地连成一体，使地势开阔形成较大谷地平原，该区域地层较为年轻，土壤肥沃、灌溉便利，耕地主要分布在此。中低山地区地势高拔，坡度较大，土壤较薄，母质较粗，是主要的森林分布区。中低山到河谷的过渡地带为丘陵、漫岗区，海拔 300～500m，地貌波状起伏，坡度较缓，地表土壤层 20～40cm，农业开垦存在一定的风险。从图 6-7 中可以看出，1978～2010 年，耕地扩展面积较大，从冲积河谷向山区扩展，与其他剖面线不同的是，该地区耕地扩展呈对称性。土地覆被发生转变的位置主要分布于丘陵、漫岗区，其中穆棱河谷地土地利用耕地扩展范围较大，在剖面线上 30～40 个样点距离，即 10km 左右。

图 6-7（d）（剖面线 D）位于松花江支流拉林河流域，舒兰市和五常市交界处。该地区地形波动明显，耕地与林地分布与地形关系密切，根据采样点序列，样点 0～50 森林斑块已经消失，全部转变为耕地；样点 50～120 和样点 165～210 森林面积减少，而样点 130～165 森林基本保持不变。由于开发较早，1978 年在地形相对平坦的山前平原和山间河谷中已经分布有相当数量的耕地，在图上表现为乘号虚线中下凹的部分。1978～2010 年并没有形成如剖面线 A 类似的森林内部首先破碎情况，而是在原有耕地的基础上扩展。

图 6-7（e）（剖面线 E）位于辽宁省，辽河平原与辽东丘陵过渡区。与其他剖面位置相比，该地区土地开发历史最为悠久，丘陵地区大量的山间沟谷地被开垦为耕地，森林破碎化最为严重。根据图 6-7，该剖面线位置上发生了退耕还林现象，这与其他位置相比存在显著差异。在样点序列上，样点 80～185 在 2010 年林比例明显大于 1978年，特别是样点 85～120 更为显著。在农林交错带的尺度上，东北地区森林显著扩展的地区主要位于辽东丘陵和吉林省东部，如延吉地区。作为重要的生态保护区域，长白山区在国家和地方一系列生态保护政策的支持下，山林管护经营承包、自然保护区与生态功能区建设都导致了林地面积增加，耕地面积减少。另一方面是果园面积的扩大，部分农耕用地转变为经济林用地，在土地利用图上表现为林地面积增加。

总体来说，由于地形、气候、土地开发方式的差异，不同位置的农林交错带具有不同的剖面特征，反映了区域土地利用格局和过程。

6.4 基于景观指数的农林交错带土地利用格局变化分析

大兴安岭东侧是东北地区生态交错带类型最复杂的地区，从北向南包括了农林交错带、林牧交错带、农林牧交错带和农牧交错带。在过去的几十年里，土地利用格局发生了巨大的变化，造成了生态交错带分布格局的显著变化，其中农林交错带的变化最为典型。本节目的是从景观生态学的角度，分析大兴安岭东侧不同类型的生态交错带中耕地、林地和草地变化的空间格局和异质性。同时选择两个环境因素坡度和干燥度，根据各生态交错带中这两个因素的分异，分析其中景观特征的变化。通过对比不同类型的生态交错带，从而刻画出农林交错带的典型景观特征和土地利用变化特征。

6.4.1 典型研究区

该典型研究区位于大兴安岭东侧，包括大兴安岭东麓和松辽平原西部，范围为 116°22′E~126°4′E，42°55′N~51°37′N，见图 6-8。该地区是典型的温带季风气候，并具有明显的大陆性特征，年平均降水量为 400~700mm，主要集中在 6~9 月，尤其是 7 月、8 月。年平均气温为 -1.1~4.4℃，冬季严寒漫长，夏秋季降水集中，春季干燥多风，秋季降温剧烈，常有冻害发生。海拔从东南向西北增加，从 130m 递增至 2000m，导致气温和水分条件具有一个相同方向的变化趋势。

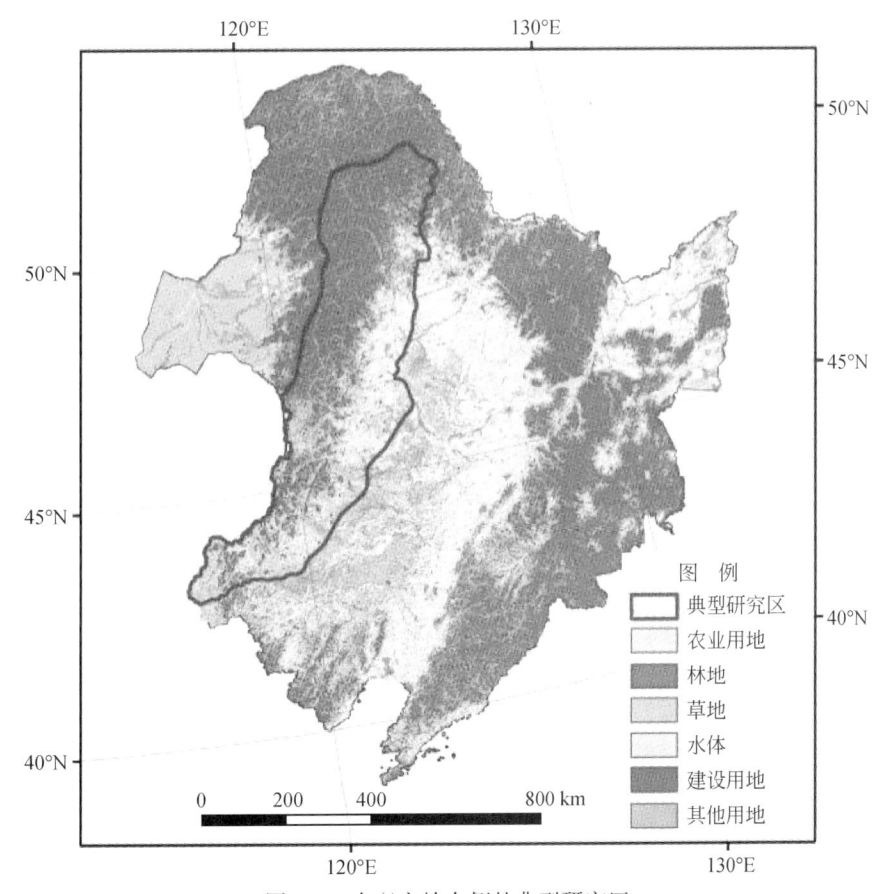

图 6-8 大兴安岭东侧的典型研究区

6.4.2 数据与方法

按照上文方法得到典型研究区各生态交错带的分布，包括农林交错带（AF）、农牧交错带（AG）、农林牧交错带（AFG）和林牧交错带（FG）。此外，本文还选择了两个环境因素，分别是坡度和干燥度，以分析在不同因素分布条件下，不同交错带空间格局和异质性的变化。其中，坡度是根据 90m 分辨率的 SRTM 数据（Shuttle Radar Topography Mission）计算得到的。干燥度（AI）的计算是根据日均温达到 10℃时积温和降水的比值（于贵瑞等，2004）得到

$$AI = \frac{0.16 \times \sum T \geq 10℃}{\sum r \geq 10℃} \quad (6-1)$$

式中，$\sum T \geq 10℃$ 和 $\sum r \geq 10℃$ 分别代表日均温达到10℃时的积温和降水量，该值代表了潜在蒸散量和降水量之比。积温和降水量数据是根据气象站观测值进行三维二次趋势面模拟与残差内插相结合的方法计算得到的，所建方程的回归效果达到 0.001 极显著的水平（于贵瑞等，2004）。一般地，湿润区的干燥度小于 1.00、1.00~1.50、1.50~3.50、大于 3.50 则分别对应湿润区半湿润区、半干旱区、干旱区。

在描述土地利用格局及其异质性时，本节选择景观指数进行定量分析。景观指数选择了边界密度（ED）和核心斑块面积比（CPL），该指数之间具有互补的生态学意义以及很小的自相关（Gustafson，1998；Tang et al.，2005，2008）。该指数的计算利用 Fragstats（UMASS 2004）和 ArcGIS 软件。

基于周长和面积的比，ED 用来刻画景观斑块的形状：

$$ED = \frac{\sum E_i}{\sum A_i} \quad (6-2)$$

式中，E_i 是土地覆被类型 i 斑块边长之和；A_i 是斑块总面积。随着单位面积上斑块边长的增加，ED 从 0 一直增加。

与 ED 不同，CPL 指数通过计算总面积中核心面积的百分比来描述破碎化程度，较高的 CPL 值代表斑块的破碎化程度较低，其计算公式为

$$CPL = \sum \frac{a_{icore}}{\sum A_i} \quad (6-3)$$

式中，a_{icore} 是核心区的面积，其生态学意义是未被干扰的生境；A_i 是景观的总面积。为了获得每个景观斑块的核心面积，本节对尖锐的边缘进行了平滑处理。

6.4.3 景观指数分析结果

首先对典型研究区 1978~2010 年每个生态交错带的景观特征进行整体分析。基于上述两个景观指数，计算其 ED 值和 CPL 值，结果如表 6-4 所示。

表6-4　每种生态交错带中的ED和CPL变化（1978~2010年）

项目	农林交错带 1978年	农林交错带 2010年	农牧交错带 1978年	农牧交错带 2010年	林牧交错带 1978年	林牧交错带 2010年	农林牧交错带 1978年	农林牧交错带 2010年
ED	6.280	14.831	7.566	9.356	8.718	10.513	14.467	16.193
CPL	30.981	21.060	32.912	35.738	30.375	28.011	30.094	32.350

根据表6-4，1978~2010年，在所有的生态交错带中，ED值都是增加的，而CPL值在农林和林牧交错带中降低，在农牧和农林牧交错带中是增加的。ED值的增加表示2010年单位面积的边界长度比1978年高，其原因是区域上的景观破碎化。其中，农林交错带中ED值的增加是最明显的，对应着森林景观被耕地破碎的过程。在其他生态交错带中，由于森林和草地转变为耕地，结果与之类似。在农林和林牧交错带中的CPL值的降低具体意味着森林的破碎化，因为森林砍伐破坏了原有森林斑块，这与ED变化的结果相似。对于农牧和农林牧交错带，CPL值的增加可能是由于多个斑块被合并为较大斑块，虽然ED有所增加，但斑块数量的减少使CPL反而增加，即斑块形状更加不规则。

6.4.3.1 坡度对土地利用格局异质性变化的影响

坡度对不同类型的生态交错带中耕地、森林和草地的分布具有显著的影响，进而影响到景观的异质性。土地利用在不同坡度上的特征能够反映出坡度对区域土地利用格局的效应。我们根据坡度分级，将每种生态交错带划分为9个坡度带，首先计算了每种生态交错带上坡度的面积分布，如图6-9所示。其中，坡度分级基于8个值，分别是2.5°、5°、7.5°、10°、12.5°、15°、17.5°和20°。

对于所有生态交错带，绝大多数面积分布于坡度小于15°的地区，但不同类型的生态交错带之间仍然有明显差别。作为最平坦的生态交错带，农牧交错带的坡度集中于0°~5°，超过了其面积的90%。林牧交错带中超过70%的面积坡度大于5°，是平均坡度最大的生态交错带。农林和农林牧交错带的坡度分布则介于农牧和林牧之间。

1978~2010年，坡度0°~5°的区域面积明显降低，而坡度5°~15°的区域面积明显增加，即所有生态交错带都从低地逐渐向高地移动。在农林和林牧交错带中，这种移动趋势更加明显，其中农林交错带是从0°~5°移动到5°~10°，而林牧交错带则是从1°~10°移动到10°~15°。不同生态交错带的移动与主要土地利用变化有关，在森林和耕地变化比例较多的生态交错带中这种移动更明显。

除了分析生态交错带分布变化与坡度之间的关系，本节还计算了每种生态交错带中每个坡度区土地利用景观的ED值和CPL值。通过分析不同坡度上景观指数的变化，可以得到生态交错带内部，以及不同生态交错带之间土地利用格局和异质性的变化与差异。

根据图6-10，农林交错带的ED值在1978年和2010年的最大值都位于2.5°~7.5°，即土地利用斑块的边界最集中的区域是2.5°~7.5°，该区域也就是最典型的耕地和森林转换区。对于坡度小于2.5°的地区，集中了绝大多数的耕地；坡度大于

7.5°的地区集中了更多的林地。坡度大于15°的地区面积很小，其景观指数已经难以与坡度小的地区比较。1978~2010年，ED值显著增加，特别是2.5°~10°的区域，这意味着该区域森林-耕地转换边界增加。此外从曲线中可以看出，ED峰值右侧的增加值明显比左侧的增加值大，表明峰值向较大坡度地区移动，反映出农林交错带森林-耕地转换边界向着更大坡度地区移动。

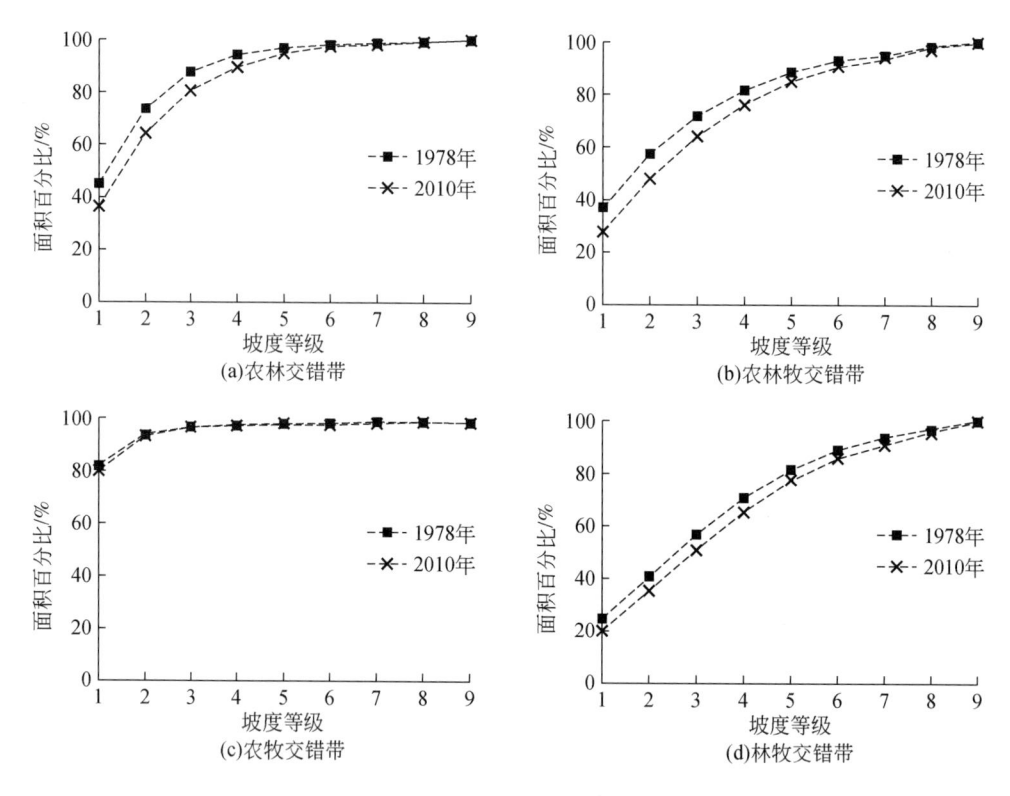

图6-9 1978~2010年各生态交错带的坡度分布

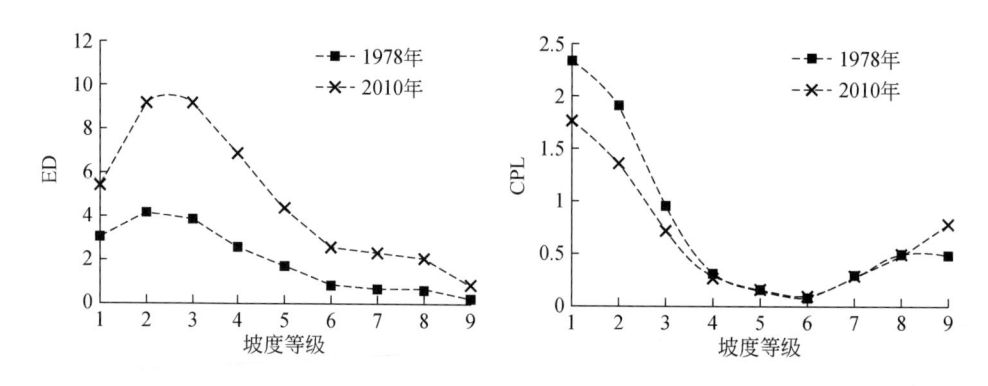

图6-10 1978~2010年农林交错带中ED值和CPL值随着坡度的变化

CPL值与每个坡度区域中的破碎化程度有关。对于坡度小于15°的地区，CPL值随着坡度的增加而减小。CPL的减小是由于坡度本身破碎化程度的增加，从而导致土地利用斑块的坡度分区更加破碎。这是因为在农林交错带中，坡度较小地区的土地以耕地为主，斑块面积大，具有较大的 CPL 值。随着坡度的增加，坡度斑块变得越来越破碎，斑块数量增加，平均斑块面积减小，因此具有较小的 CPL 值。1978~2010 年，低坡度区的 CPL 值减小程度更大，这是因为低坡度区土地利用变化带来的斑块破碎程度降低更明显。随着坡度的增加，土地利用变化引起的破碎度变化效应越来越弱。

根据图 6-11，农林牧交错带较大的 ED 值位于 2.5°~5°区域，与农林交错带相比尽管曲线形状相似，但峰值要小。这意味着绝大多数土地利用转换区位于坡度 2.5°~5°的位置。在过去的 30 年里，曲线的形状基本没有发生大的变化，这表明土地利用类型之间的转换区仍然集中在这个区域，但有更多的转换边界出现。

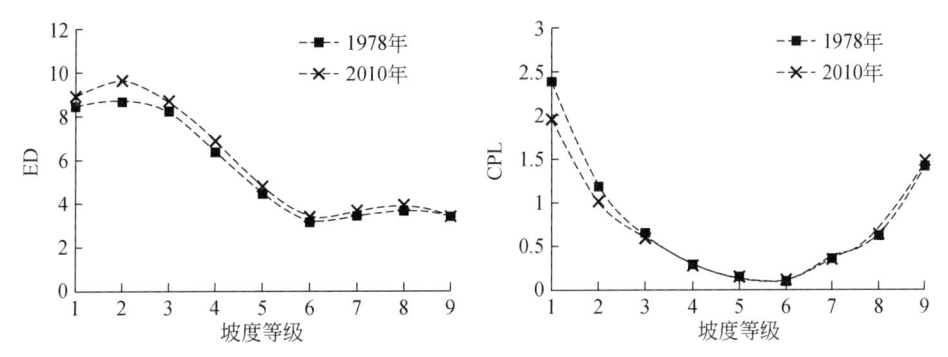

图 6-11 1978~2010 年农林牧交错带中 ED 值和 CPL 值随着坡度的变化

与农林交错带类似，农林牧交错带的 CPL 值凹向 12.5°~15°，而在坡度较小和坡度较大的地区 CPL 值较大。与农林交错带相比，较大坡度区的 CPL 值与最小值之间的差明显大许多。原因可能是农林牧交错带中，坡度较大的地区有更大的面积比例，从而体现出更加明显的坡度效应。1978~2010 年，CPL 值的变化同样与农林交错带类似。农林和农林牧交错带之间景观异质性的相似性可能导致了两个交错带中从平原到山区相似的土地利用转换位置。

根据图 6-12，农牧交错带 ED 的最大值同样位于 2.5°~5°的坡度区中，该位置是耕地和草地之间主要的转换区。结合农牧交错带总面积分布情况，即超过 90% 的面积坡度小于 5°，本节认为农牧交错带中耕地和草地之间的转换区主要位于坡度较大的地区。1978~2010 年，该区域 ED 值的变化也非常明显，这是由于低地上的土地利用斑块比高地上的土地利用斑块面积更大，边界的密度很小。

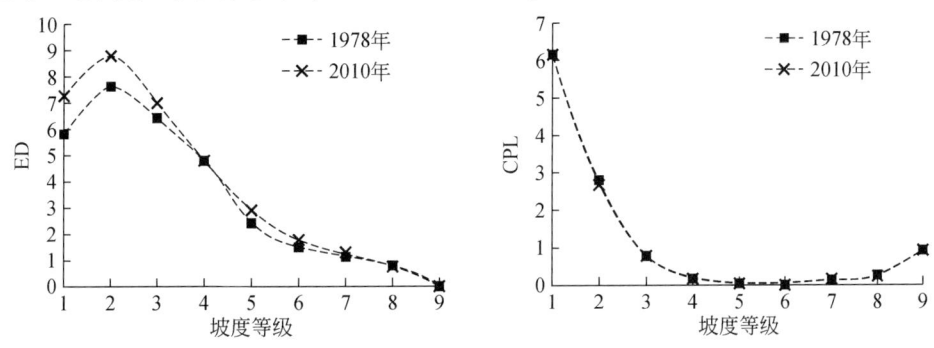

图 6-12 1978~2010 年农牧交错带中 ED 值和 CPL 值随着坡度的变化

与农林和农林牧交错带相比，随着坡度的增加，农牧交错带中的 CPL 值更快地达到最小值，其坡度接近 10°，这是因为农牧交错带是研究区中最平坦的生态交错带。与其他生态交错带相比，1978～2010 年，农牧交错带的 CPL 曲线基本上没有发生明显的变化，即使是在坡度较小的地区。这可能是由于土地集中在主要几个坡度区中，而且土地利用变化随坡度变化很小。

作为研究区平均坡度最大的生态交错带，林牧交错带 ED 值的分布和变化明显与其他生态交错带不同。从图 6-13 可以看出，随着坡度的增加，ED 值明显出现了两个峰值。其中，一个位于 5°～7.5°坡度区，另一个位于 15°～20°坡度区。两个峰值代表了森林和草地之间转换区的两个分布，分别位于坡度较大的地区和坡度较小的地区。根据不同时期 ED 曲线的差异，1978～2010 年，ED 值的增加与坡度之间具有明显的相关关系，随着坡度的增加，ED 值的增加越来越明显。ED 值的这种变化表明在林牧交错带中的森林砍伐在过去的 30 年中更加剧烈。

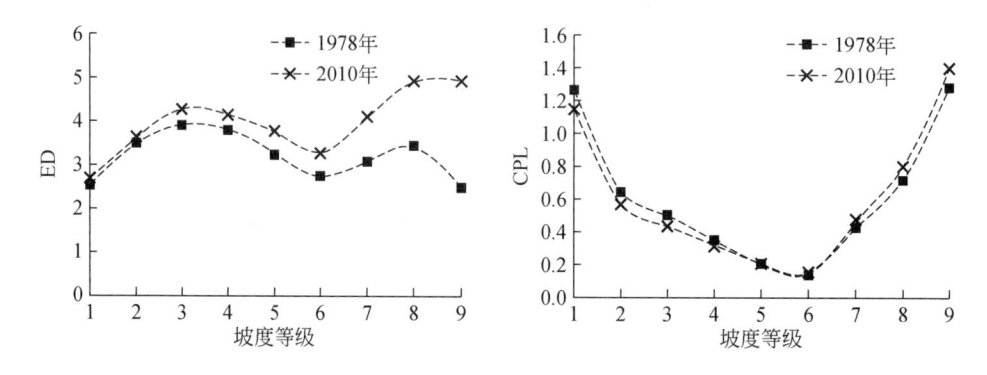

图 6-13　1978～2010 年林牧交错带中 ED 值和 CPL 值随着坡度的变化

基于 CPL 曲线，CPL 值的变化可以被划分为两部分：第一部分坡度小于 15°，其中，CPL 在 1978～2010 年有所降低；第二部分坡度大于 15°，其中，CPL 在 1978～2010 年有所增加。在坡度较小的第一部分，CPL 值的降低表明过去森林砍伐增加了土地利用斑块的数量，导致了斑块平均核面积的减小。在坡度较大的第二部分，CPL 值的增加表明了森林砍伐将破碎的草地斑块连接为更大的斑块，导致了平均核面积的增加。

通过坡度和景观指数的分析，以及与农林牧交错带、农牧交错带和林牧交错带的比较，可以看出农林交错带中的土地利用格局及其变化特征与坡度之间具有以下关系。

1）坡度 2.5°～7.5°是耕地和林地的主要转换区，在与耕地有关的三种生态交错带中（农林交错带、农牧交错带和农林牧交错带），农林交错带土地利用转换区的平均坡度最大。

2）1978～2010 年，ED 值的增加非常显著，特别是 2.5°～10°区域，同时 CPL 值的下降趋势也远大于其他类型的生态交错带，表明在区域上林地景观的破碎化程度最高。

3）ED 曲线峰值两侧在 1978～2010 年的变化显示，森林砍伐具有向着更大坡度地区移动的趋势。

6.4.3.2 干燥度对土地利用格局异质性变化的影响

在研究区中，干燥度指数从西北向东南有增加的趋势，该趋势受以下两个因素控制：①地形的抬升和季风使降水从东南向西北递增；②由于海拔的增加，积温从东南向西北递减，导致了潜在蒸散发量相应降低。

只有在湿润气候条件下才会产生森林景观，而干燥程度同样影响着草地和耕地之间的转变。该影响与在此基础上的人为活动导致了不同的生态交错带的干燥程度具有明显的差异。本节计算了每种生态交错带以及研究区整个生态交错带中不同干燥度指数区的面积百分比，如表6-5所示。

表 6-5 每种生态交错带中不同干燥度指数区的面积百分比 （单位:%）

生态交错带	0.50~0.75*		0.75~1.00*		1.00~1.25*		1.25~1.50*		1.50~2.00*	
	1978年	2010年	1978年	2010年	1978年	2010年	1978年	2010年	1978年	2010年
整体	3.74	9.94	33.53	39.36	32.10	24.52	26.85	21.69	3.77	4.49
农林		17.42	86.33	77.85	13.67	4.73				
农牧					30.32	19.50	61.70	62.60	7.98	17.90
林牧	11.74	27.41	64.03	60.87	17.76	10.60	3.81	1.12	2.66	
农林牧	2.17	3.01	23.25	31.68	46.11	45.50	25.67	18.83	2.80	0.97

* 干燥度指数区。

根据表6-5，每种生态交错带具有不同的干燥或湿润条件。其中，农林交错带与林牧交错带的干燥度相似，绝大多数被划分为湿润区，具有丰富的水资源，这是因为较高的海拔和较低的温度导致较多的降水和较少的蒸散发，从而发育了森林景观。农牧交错带是最干燥的生态交错带，其主要的原生植被是草地。在粮食需求驱动下，水资源相对丰富的部分草地被开垦为耕地，如在河谷和低地，形成了农牧交错带的格局。农林牧交错带具有从农牧交错带向林牧交错带过渡特征。

1978~2010年，生态交错带的干燥条件随着生态交错带的移动有了明显变化，在这里我们假设区域上的气候条件不发生明显变化。对于农林、林牧和农林牧交错带，具有从干燥区向湿润区移动的趋势。考虑到研究区内气候随着高程变化，这意味着生态交错带向着较高的地区移动。对于农牧交错带，具有从湿润区向干燥区移动的趋势，即干燥区的草地转变为耕地，而原农牧交错带中的草地面积减少，逐渐成为纯农业区。农牧交错带与其他生态交错带的这种差异可能是由于被耕地所代替的主要是草地，是干燥气候条件的植被。而在农林交错带和林牧交错带中，耕地代替森林，以及草地代替森林，土地利用转换的目标是湿润气候条件的植被。

随着干燥度指数从湿润区向干燥区增加，农林交错带的ED值在1978年具有增加的趋势，而在 2010 年则有减少的趋势。对于农林交错带，森林主要分布在较湿润的地区，而耕地主要分布在较干旱的地区。1978~2010 年的变化表明，绝大多数森林和耕地之间的转换边界具有从较干旱区向较湿润区移动的趋势。1978~2010 年 ED 值的明显增加也表明了斑块边界的增加，或者说斑块数量的增加。对于农林交错带的 CPL，在 1978 年随着干燥度指数的增加而减少，而在 2010 年则是随着干燥度指数的增加而增加。这意味着在这个时间段内，森林的破碎化发展较明显，形成了大量的土地利用小斑块，而耕地则融合为较大面积的斑块，具有较大的平均核面积。在湿润区，1978 年的森林面积比 2010 年的森林面积更多；在干燥区，2010 年具有比 1978 年更多的耕地。这些格局的变化是 1978~2010 年农林交错带不同位置土地利用破碎化、均质化过程的结果。

在较干旱的农牧交错带内部，草地主要分布于更加干旱的地区，而耕地则主要分布于较湿润区。无论是 1978 年，还是 2010 年，ED 值都随着干燥度指数的增加而增加。这意味着绝大多数草地和耕地之间的转换都位于农牧交错带中较湿润的地区。对于 CPL 值，1978 年，干燥度指数在 1.25~1.5 区域的值比其他地区更大，而在 2010 年则一直随着干燥度指数的增加而增加。一般来说，CPL 值应当随着干燥度指数的增加而增加，这是因为随着干燥度的增加耕地斑块减少，相对均质化的草地具有较大的核面积。而 1978 年在 1.25~1.5 区域中最大值的出现应该是由于除耕地和草地外其他土地利用类型斑块的消失导致的草地斑块的合并。无论是 ED 还是 CPL，2010 年的值都大于 1978 年的值。其中 CPL 值的增加表明了斑块数量的减少，从而导致平均核面积的增加。结合 ED 值的增加和斑块面积的减少，1978~2010 年，农牧交错带中土地利用斑块的形状应该变得更加不规则，或者说某一些耕地斑块的不规则扩展。

与农牧交错带类似，林牧交错带中 ED 值随着干燥度指数的增加而减少，而 CPL 值则随着干燥度指数的增加而增加。同时，两个指数 1978~2010 年都增加。这些变化的原因也和农牧交错带中类似。从较湿润区到较干燥区，ED 值的降低表明了斑块数量的减少，而 CPL 值的增加则表明景观变得更加均质性。ED 值和 CPL 值 1978~2010 年的增加则意味着某些草地斑块的扩展，可能是由于沿着地形将森林砍伐后形成的草地。

根据表 6-6，绝大多数的农林牧交错带位于 0.75~1.50 区域内。随着干燥度指数的增加，农林牧交错带的 ED 值相应减少，而 CPL 值则增加。同时，两者 1978~2010 年都增加。这个趋势和农牧交错带、林牧交错带相同，但是 ED 值却比其他两种生态交错带大许多。这种较大的 ED 值可能是由于农林牧交错带主要是三种土地利用类型混合交错形成的，比其他生态交错带具有更多的边界类型。农林牧交错带本质上是农牧交错带向林牧交错带过渡的类型。随着地形和水资源量的变化，农业用地从西北的高地向东南的低地增加，而森林则相应减少。因此农林牧交错带在较湿润区与林牧交错带类似，而在较干燥区则与农牧交错带类似。

表 6-6　每种生态交错带中不同干燥度指数区 ED 和 CPL 的空间变化和时间变化

生态交错带		0.50~0.75*		0.75~1.00*		1.00~1.25*		1.25~1.50*		1.50~2.00*	
		1978年	2010年	1978年	2010年	1978年	2010年	1978年	2010年	1978年	2010年
农林	ED		18.628	5.893	13.965	8.343	14.302				
	CPL		21.463	31.332	27.667	28.539	36.563				
农牧	ED					10.009	14.622	6.530	7.855	5.624	7.883
	CPL					29.202	31.264	35.977	36.563	31.542	39.051
林牧	ED	10.762	13.489	8.897	9.584	8.164	8.553	4.307	3.320	3.665	
	CPL	28.249	23.204	28.752	29.024	36.4148	41.854	41.118	31.293	36.434	
农林牧	ED	15.456	16.503	16.493	18.406	15.455	16.425	11.124	11.730	7.281	10.923
	CPL	30.536	29.254	27.678	29.515	31.044	33.000	31.422	37.225	27.815	29.251

*干燥度指数区。

通过干燥度和景观指数的分析，以及与农林牧交错带、农牧交错带和林牧交错带的比较，可以看出以下几点。

1）在大兴安岭东部农林交错带中，湿润程度的变化主要受海拔高度的影响，而耕地和森林的分布也具有相似的趋势，森林分布较多的地区比耕地分布较多的地区更加湿润。

2）不同生态交错带在区域上的分布在干燥度指数上有明显差异，农林交错带中的耕地在区域上所有耕地中的湿润程度最高。

3）在农林交错带内部湿润的森林区，整体上斑块数量增加，主要是耕地斑块的增加，景观趋向破碎化；而在较干燥的农业区，整体上斑块数量减少，主要是林地斑块的减少，景观趋向均质化。由于干燥度指数图分级的斑块比坡度图大，可以更加明显地刻画区域差异。

参 考 文 献

白淑英, 张树文, 张养贞, 等. 2007. 土地利用/土地覆被时空分布100年数字重建——以大庆市杜尔伯特蒙古族自治县为例. 地理学报, 62 (4): 427-436.

鲍文东. 2007. 基于GIS的土地利用动态变化研究. 济南: 山东科技大学博士学位论文.

蔡红艳. 2011. 基于MODIS物候特征的黑龙江流域植被动态编绘研究. 长春: 中国科学院东北地理与农业生态研究所博士学位论文.

陈海山, 许蓓. 2012. 欧亚大陆冬季雪深的时空演变特征及其影响因子分析. 地理科学, 32 (2): 129-135.

陈建军. 2005. 东北地区土地利用变化研究中的尺度问题. 长春: 中国科学院东北地理与农业生态研究所博士学位论文.

陈静, 张树文, 张养贞. 2009. 近十五年来东北地区沼泽湿地变化研究. 内蒙古师范大学学报 (自然科学汉文版), 38 (1): 85-91.

陈全功, 张剑, 杨丽娜. 2007. 基于GIS的中国农牧交错带的计算和模拟. 兰州大学学报 (自然科学版), 43 (5): 24-28.

陈效述, 韩建伟. 2008. 我国东部温带植物群落的季相及其时空变化特征. 植物生态学报, 32 (2): 336-346.

陈效述, 胡冰, 喻蓉. 2007. 中国东部温带植被生长季节的空间外推估计. 生态学报, 27 (1): 65-74.

陈佑启, Verburg P H, 徐斌. 2000. 中国土地利用变化及其影响的空间建模分析. 地理科学进展, 19 (2): 116-127.

陈佑启, 杨鹏. 2001. 国际上土地利用/覆被变化研究的新进展. 经济地理, 21 (1): 95-100.

程序. 1999. 农牧交错带研究中的现代生态学前沿问题. 资源科学, 21 (5): 1-8.

丁一汇, 任国玉, 石广玉, 等. 2006. 气候变化国家评估报告（Ⅰ）: 中国气候变化的历史和未来趋势. 气候变化研究进展, (2) 1: 3-7.

高吉喜, 吕世海, 等. 2009. 中国生态交错带. 北京: 中国环境科学出版社.

葛全胜, 戴君虎, 何凡能. 2003. 过去300年中国部分省区耕地资源数量变化及驱动因素分析. 自然科学进展, 13 (8): 825-832.

葛全胜, 戴君虎. 2005. 20世纪前、中期中国农林土地利用变化及驱动因素分析. 中国科学 (D辑), 35 (1): 54-63.

宫攀, 陈仲新, 唐华俊, 等. 2006. 土地覆盖分类系统研究进展. 中国农业资源与区划, 27 (4): 35-40.

国志兴, 王宗明, 宋开山, 等. 2008. 1982—2003年东北地区植被覆盖变化特征分析. 西北植物学报, 28 (1): 155-163.

金翠. 2009. 基于MODIS时间序列数据的东北地区土地覆盖分类与变化监测研究. 长春: 中国科学院东北地理与农业生态研究所硕士学位论文.

李家洋, 陈半勤, 葛全胜, 等. 2005. 全球变化与人类活动的相互作用——我国下阶段全球变化研究工作重点. 地球科学进展, 20 (4): 371-377.

李明诗, 彭世揆, 周林, 等. 2006. 基于ASTER数据的决策树自动构建及分类研究. 国土资源遥感, 3: 33-42.

李世奎, 侯光良, 欧阳海, 等. 1988. 中国农业气候资源和农业气候区划. 北京: 科学出版社.

刘爱霞, 王静, 刘正军. 2007. 基于 MODIS 数据的环北京地区土地资源监测研究. 测绘科学, 32 (6): 132-134.

刘纪远. 1996. 中国资源环境遥感宏观调查与动态研究. 北京: 科学出版社.

刘庆. 1999. 青藏高原东部（川西）生态脆弱带恢复与重建进展. 资源科学, 21 (5): 57-61.

刘勇洪. 2005. 基于 MODIS 数据的中国区域土地覆盖分类研究. 北京: 中国科学院遥感应用研究所硕士学位论文.

刘勇洪, 牛铮. 2004. 基于 MODIS 遥感数据的宏观土地覆盖特征分类方法与精度分析研究. 遥感技术与应用, 19 (4): 217-224.

刘勇洪, 牛铮, 王长耀. 2005. 基于 MODIS 数据的决策树分类方法研究与应用. 遥感学报, 9 (4): 405-412.

刘勇洪, 牛铮, 徐永明, 等. 2006. 基于 MODIS 数据设计的中国土地覆盖分类系统与应用研究. 农业工程学报, 22 (5): 992104.

骆成凤, 王长耀, 刘勇洪, 等. 2005. 利用 BP 算法进行新疆 MODIS 数据土地利用分类研究. 干旱区地理, 28 (4): 258-262.

牟金玲, 狄娟. 2007. 黑龙江干流中上游段水文特性. 黑龙江水利科技, 35 (2): 101-102.

牛铮, 王长耀. 2008. 碳循环遥感基础与应用. 北京: 科学出版社.

潘耀忠, 李晓兵, 何春阳. 2000. 中国土地覆盖综合分类研究 2 基于 NOAA/ AVH RR 和 Holdridg ePE. 第四纪研究, 20 (3): 270-281.

裴欢. 2006. 基于 MODIS 数据的北疆积雪信息提取及其应用研究. 乌鲁木齐: 新疆大学硕士学位论文.

石朋, 芮孝芳. 2005. 降雨空间插值方法的比较与改进. 河海大学学报（自然科学版）, 33 (4): 361-366.

宋小宁, 赵英时. 2003. MODIS 图像的云检测及分析. 中国图像图形学报, 8 (9): 1079-1083.

孙颔, 石玉林. 2003. 中国农业土地利用. 南京: 江苏科学技术出版社.

孙华生. 2009. 利用多时相 MODIS 数据提取中国水稻种植面积和长势信息的研究. 杭州: 浙江大学博士学位论文.

汪权方, 李家永, 陈百明. 2006. 基于地表覆盖物光谱特征的土地覆被分类系统——以鄱阳湖流域为例. 地理学报, 61 (4): 359-368.

王建国, 樊军, 王全九, 等. 2011. 黄土高原水蚀风蚀交错区植被地上生物量及其影响因素. 应用生态学报, 22 (3): 556-564.

王静爱, 徐霞, 刘培芳. 1999. 中国北方农牧交错带土地利用与人口负荷研究. 资源科学, 21 (5): 19-24.

王军邦. 2004. 中国陆地净生态系统生产力遥感模型研究. 杭州: 浙江大学博士学位论文.

王正兴, 刘闯, Huete A. 2003. 植被指数研究进展: 从 AVHRR-NDVI 到 MODIS-EVI. 生态学报, 5 (23): 579-586.

王正兴, 刘闯, 陈文波, 等. 2006. MODIS 增强型植被指数 EVI 与 NDVI 初步比较. 武汉大学学报, 5 (31): 407-410.

吴传钧, 郭焕成. 1994. 中国土地利用. 北京: 科学出版社.

吴正方, 靳英华, 刘吉平, 等. 2003. 东北地区植被分布全球气候变化区域响应. 地理科学, 23 (5): 564-570.

徐新良, 刘纪远, 庄大方, 等. 2004. 基于 3S 技术的中国东北地区林地时空动态特征及驱动力分析. 地理科学, 24 (1): 55-60.

徐永明, 刘勇洪, 魏鸣, 等. 2007. 基于 MODIS 数据的长江三角洲地区土地覆盖分类. 地理学报, 62 (6): 640-648.

许文婷，吴炳方，颜长珍，等．2005．用SPOT2VGT数据制作中国2000年度土地覆盖数据．遥感学报，9（2）：204-214．

杨立民，朱智良．1999．全球及区域尺度土地覆被土地利用遥感研究的现状和展望．自然资源学报，14（4）：340-344．

于贵瑞，何洪林，刘新安，等．2004．中国陆地生态信息空间化技术研究（1）——气象/气候信息的空间化技术途径．自然资源学报，19（4）：535-544．

于信芳，庄大方．2006．基于MODIS NDVI数据的东北森林物候期监测．资源科学，28（4）：111-117．

张培松，武伟，刘洪斌，等．2007．基于MODIS影像对NDVI和EVI的分类研究．西南师范大学学报（自然科学版），32（2）：70-75．

张树文，蔡红艳，匡文慧，等．2009．基于遥感技术的黑龙江上中游河道特征研究．地理科学，29（6）：846-851．

张树文，张养贞，李颖，等．2006．东北地区土地利用/覆被时空特征分析．北京：科学出版社．

张霞，孙睿，张兵，等．2006．基于MODIS植被指数时间谱的华北平原土地覆盖分类．农业工程学报，22（12）：128-133．

赵哈林，赵学勇，张铜会，等．2002．北方农牧交错带的地理界定及其生态问题．地球科学进展．17（5）：739-746．

赵英时．2003．遥感应用分析原理与方法．北京：科学出版社．

郑焕能，胡海清，姚树人．1992．林火生态．哈尔滨：东北林业大学出版社．

郑焕能，胡海清．1987．森林燃烧环．东北林业大学学报，15（5）：1-5．

郑焕能，贾松青，胡海清．1986．大兴安岭林区的林火与森林恢复．东北林业大学学报，14（4）：1-7．

中国科学院地理研究所．1965．中国动植物物候观测年报（第1号）．北京：科学出版社．

周道玮，卢文喜，夏丽华，等．1999．北方农牧交错带东段草地退化与水土流失．资源科学，21（5）：57-61．

朱震达，刘恕，杨有林．1984．试论中国农牧交错地区沙漠化土地整治的可能性和现实性．中国科学，4（3）：197-205．

Achard F, Mollicone D, Stibig H, et al. 2006. Areas of rapid forest-cover change in boreal Eurasia. Forest Ecology and Management, 237: 322-334.

Ahlcrona E. 1995. CORINE Land Cover-A pilot project in Sweden. Sensors and Environmental Applications of Remote Sensing. 19-22.

Alton P. 2009. A simple retrieval of ground albedo and vegetation absorptance from MODIS satellite data for parameterization of global Land-Surface Models. Agricultural and Forest Meteorology, 149 (10): 1769-1775.

Amiro B D, Chen M, Liu J. 2000. Net primary productivity following forest fire for Canadian ecoregions. Canadian Journal of Forest Research, 30: 939-947.

Anderson J R, Hardy E E, Roach J T, et al. 1976. A Land Use and Land Cover Classification System for Use with Remote Sensor Data, A Revision of the Land Use Classification System as Presented in U. S. Geological Survey Circular 671. Washington: United States Government Printing Office.

Anderson J R. 1971. Land use classification schemes used in selected recent geographic applications of remote sensing. Photogrammetric Engineering, 37 (4): 379-387.

Antonio DI Gregono, Louisa J M Jansen. 1997. FAO Land Cover Classification: A Dichotomous, Modular-Hierarchical approach. http://www.fao.org/waicent/faoinfo/agricult/AGL/AGLS/FGDCFAO.HTML.

Arnot C, Fisher P F, Wadsworth R, et al. 2004. Landscape metrics with ecotones: Pattern under uncertainty. Landsc Ecol., 19: 181-195.

Askeyev O V, Sparks T H, Askeyev I V, et al. 2010. East versus West: Contrasts in phenological patterns.

Global Ecology and Biogeography, 19: 783-793.

Ayres M P, Lombardero M J. 2000. Assessing the consequences of global change for forest disturbance from herbivores and pathogens. Science of Total Environment, 262: 263-286.

Balzter h, Gerard F F, George C T, et al. 2005. Impact of the Arctic Oscillation pattern on interannual forest fire variability in Central Siberia. Geophysical Research Letters, 32, L1470 9. 1-L14709. 4.

Balzter H, Gerard F, George C, et al. 2007. Coupling of vegetation growing season anomalies and fire activity with hemispheric and regional-scale climate patterns in central and east Siberia. Journal of Climate, 20: 3713-3729.

Bartalev S A, Belward A S, Erchov D V, et al. 2003. A new SPOT4-VEGETATION derived land cover map of Northern Eurasia. Int. J. Remote Sensing, 24 (19): 1977-1982.

Bartholome E, Belward A S. 2005. GLC 2000: A new approach to global land cover mapping from Earth Observation Data. International Journal of Remote Sensing, 26 (9): 1959-1977.

Bartsch A. 2010. Ten years of sea winds on QuikSCAT for snow applications. Remote Sensing, 2 (4): 1142-1156.

Beck P S A, Atzberger C, Høgda K A, et al. 2006. Improved monitoring of vegetation dynamics at very high latitudes: A new method using MODIS NDVI. Remote Sensing of Environment, 100: 321-334.

Bergen K M, Conard S, Houghton R, et al. 2003. NASA and Russian scientists observe land-cover and land-use change and carbon in Russian forests. Journal of Forestry, 101 (4): 34-40.

Betancourt J L, Schwartz M D, Breshears D D, et al. 2005. Implementing a U. S. National Phenology Network. http://www.usanpn.org/files/publications/Beatancourt_ etal_ 2005. pdf, Feb. (EOS Trans. AGU 86, 539-541).

Boots B. 2001. Using local statistics for boundary characterization. GeoJournal, 53: 339-345.

Borak J S, Strahler A H. 1999. Feature selection and land cover classification of a MODIS-like data set for a semiarid environment. International Journal of Remote Sensing, 20 (5): 919-938.

Brasnett B. 1999. A global analysis of snow depth for numerical weather prediction. Journal of Applied Meteorology, 38 (6): 726-740.

Breiman L, Friedman J H, Olshend R A, et al. 1984. Classification and Regression Trees. Wadsworth, Monterey, CA.

Brodley C E, Friedl M A, Strahler A H. 2000. New approaches to classification in remote sensing using homogeneous and hybrid decision trees to map land cover. International Journal of Remote Sensing, 20 (4): 103-116.

Brown J F, Loveland T R, Ohlen D O, et al. 1999. The global land-cover characteristics database: The users' perspective. Photogrammetric Engineering and Remote Sensing, 65 (9): 1069-1074.

Brown R C, Derksen L, Wang. 2007. Assessment of spring snow cover duration variability over northern Canada from satellite datasets. Remote Sensing of Environment, 111 (2-3): 367-381.

Buermann W, Anderson B, Tucker C J, et al. 2003. Interannual covariability in northern hemisphere air temperatures and greenness associated with El Nino-Southern Osillation and the Arctic Oscillation. Journal of Geophysical Research, 108: 4396.

Buttner G, Steenmans C, Bossard M, et al. 2000. Land Cover-Land Use Mapping within the European CORINE Programme. Remote Sensing for Environment al Data in Albania: A Strategy for Integrated Management, 72: 89-100.

Cai H Y, Zhang S W, Bu K, et al. 2011. Intergrating geographical data and phenological characteristics derived from MODIS data for improving land over mapping. Journal of Geographic Sciences, 21 (4):

705-718.

Camarero J J, Guti E. 2002. A multivariate approach to the study of the spatial structure of treeline ecotone. Community Ecology, 3 (1): 9-18.

Chandra G, Zhiliang Z, Bradley R. 2005. A comparative analysis of the global land cover 2000 and MODIS Land Cover Data Sets. Remote Sensing of Environment, 94: 123-132.

Chmielewski F M, Rötzer T. 2001. Response of tree phenology to climate change across Europe. Agricultural and Forest Meteorology, 108: 101-112.

Chuvieco E, Martin M P, Palacios A. 2002. Assessment of different spectral indices in the red-near-infrared spectral domain for burned land discrimination. International Journal of Remote Sensing, 23: 5103-5110.

Cleland E E, Chuine I, Menzel A, et al. 2007. Shifting plant phenology in response to global change. Trends in Ecology and Evolution, 22 (7): 357-365.

Clement R, Navarro C R, Gitas I. 2009. Monitoring post-fire regeneration in Mediterranean ecosystems by employing multitemporal satellite imagery. International Journal of Wildland Fire, 18: 648-658.

Cohen J, Entekhabi D. 2001. The influence of snow cover on Northern Hemisphere climate variability. Atmosphere-Ocean, 39 (1): 35-53.

Crimmins T M, Crimmins M A, Bertelsen C D. 2010. Complex responses to climate drivers in onset of spring flowering across a semi-arid elevation gradient. Journal of Ecology, 98: 1042-1051.

Cruickshank M M, Tomlinson R W. 1996. Application of CORINE land cover methodology to the UK-Some issues raised from northern Ireland. Global Ecology and Biogeography Letters, 5 (4/5): 235-248.

Dai L, Che T, Wang J, et al. 2012. Snow depth and snow water equivalent estimation from AMSR-E data based on a priori snow characteristics in Xinjiang, China. Remote Sensing of Environment, 127: 14-29.

Defries R S, Hansen M, Townshend J R G, et al. 1998. Global land cover classifications at 8 km spatial resolution: The use of training data derived from Landsat imagery in decision tree classifiers. International Journal of Remote Sensing, 19 (16): 3141-3168.

Defries R S, Jonathan Cheung-Wai Chan. 2000. Multiple criteria for evaluating machine learning algorithms for land cover classification from satellite data. Remote Sensing of Environment, 74: 503-515.

Defries R S, Townshend J R G. 1994. NDVI Derived Landcover Classifications at a Global Scale. International Journal of Remote Sensing, 15 (17): 3567-3586.

Delbart N, Kergoat L, Toan T L, et al. 2005. Determination of phenological dates in boreal regions using normalized difference water index. Remote Sensing of Environment, 97: 26-38.

Delbart N, Toan T, Kergoat Laurent, et al. 2006. Remote sensing of spring phenology in boreal regions: A free of snow-effect method using NOAA-AVHRR and SPOT-VGT data (1982-2004). Remote Sensing of Environment, 101: 52-62.

Delbert N, Picard G, Le Toan T, et al. 2008. Spring phenology in boreal Eurasia over a nearly century time scale. Global Change Biology, 14: 603-614.

Derksen C. 2008. The contribution of AMSR-E 18.7 and 10.7 GHz measurements to improved boreal forest snow water equivalent retrievals. Remote Sensing of Environment, 112 (5): 2701-2710.

Dery S J, Brown R D. 2007. Recent Northern Hemisphere snow cover extent trends and implications for the snow-albedo feedback. Geophys Res Lett 34 (L22504).

Di Gregorio A, Jansen L J M. 2000. Land Cover Classification System (LCCS): Classification Concepts and User Manual. FAO.

Dyer J. 2008. Snow depth and streamflow relationships in large North American watersheds. Journal of Geophysical Research-Atmospheres, 113 (D18): 1537-1546.

Eklundh L, Jonsson P. 2009. Timesat 3. 0 Software Manual. Lund University, Sweden.

Emilio C, Peter E, Alexander P T, et al. 2008. Generation of long time series of burn area maps of the boreal forest from NOAA-AVHRR composite data. Remote Sensing of Environment, 112: 2381-2396.

Eric C, Brown de Colstoun, Walthall C L. 2006. Improving global scale land cover classifications with multi-directional POLDER data and a decision tree classifier. Remote Sensing of Environment, 100: 474-485.

Fangju W, Hall G B. 1996. Fuzzy representation of geographical boundaries in GIS. Geogr. Inf. Syst, 10: 573-590.

Feranec J, Otahel J, Suri M. 1995. The CORINE Land Cover Project in Slovakia. Ekologia Bratislava, 14: 49-52.

Fischer A. 1994. A model for the seasonal variations of vegetation indices in coarse resolution data and its inversion to extract crop parameters. Remote Sensing of Environment, 48: 220-230.

Fisher P, Arnot C, Wadsworth R, et al. 2006. Detecting change in vague interpretations of landscapes. Ecol Inf, 1: 163-178.

Fitzjarrald D R, Acevedo O C, Moore K E. 2001. Climatic consequences of leaf presence in the eastern United States. Journal of Climate, 14: 598-614.

Foody G M, Boyd D S. 1999. Fuzzy mapping of tropical land cover along an environmental gradient from remotely sensed data with an artificial neural network. Journal of Geographical Systems, 1 (1): 23-35.

Fortin M J, Olson R J, Ferson S, et al. 2000. Issues related to the detection of boundaries. Landscape Ecology, 15 (5): 453-466.

Foster J L, Hall D K, Kelly R E J, et al. 2009. Seasonal snow extent and snow mass in South America using SMMR and SSM/I passive microwave data (1979-2006). Remote Sensing of Environment, 113 (2): 291-305.

Fraser R H, Li Z, Cihlar J. 2000. Hotspot and NDVI Differencing Synergy (HANDS): A new technique for burned area mapping over boreal forest. Remote Sensing of Environment, 74, 362-276.

Frei A, Tedesco M, Lee S, et al. 2012. A review of global satellite-derived snow products. Advances in Space Research, 50 (8): 1007-1029.

Frey K E, Smith L C. 2003. Recent temperature and precipitation increases in West Siberia and their association with the Arctic Oscillation. Polar Research, 22: 287-300.

Friedl M A, McIver D K, Hodges J C F, et al. 2002. Global land cover mapping from MODIS: Algorithms and early results. Remote Sensing of Environment, 83: 287-302.

Friedl M A, Sulla-Menashe D, Tan B, et al. 2010. MODIS Collection 5 global land cover: Algorithm refinements and characterization of new datasets. Remote Sensing of Environment, 114: 168-182.

Fries R S D E, Hansen M, Townshend J R G, et al. 1998. Global Land Cover Classification at 8km Spatial Resolution: The Use of Training Data Derived from Landsat Imagery in Decision Tree Classifiers. International Journal of Remote Sensing, 19 (16): 3141-3168.

Gao B C. 1996. NDWI-a Normalized Difference Water Index for remote sensing of vegetation liquid water from space. Remote Sensing of Environment, 58: 257-226.

GaoY, Xie H, Lu N, et al. 2010. Toward advanced daily cloud-free snow cover and snow water equivalent products from Terra-Aqua MODIS and Aqua AMSR-E measurements. Journal of Hydrology, 385 (1-4): 23-35.

Giri C, Defourny P, Shrestha S. 2003. Land cover characterization and mapping of continental Southeast Asia using multi-resolution satellite sensor data. International Journal of Remote Sensing, 24 (21): 4181-4196.

Gopal S, Woodcock C E, Strahler A H. 1998. Fuzzy neural network classification of global land cover from a

1°AVHRR data set. International Journal of Remote Sensing, 21 (4): 2579-2594.

Gustafson E. 1998. Quantifying landscape spatial pattern: What is the state of the art? Ecosystems, 1 (2): 143-156.

Hansen M C, Defries R S, Townshend J R G, et al. 2000. Global land cover classification at 1km spatial resolution using a classification tree approach. International Journal of Remote Sensing, 21 (6-7): 1331-1364.

Haruyama S, Masuda Y, Kondoh A, et al. 2011. Evaluation of land-cover change in Amur Basin using NDVI derived from NOAA/AVHRR PAL dataset. http://www.chikyu.ac.jp/AMURE/2006proceeding-no.4/14. masuda-haruyama-129-138. pdf. (accessed in 6 April. 2011).

Hay GJ, Marceau DJ, Dube P, et al. 2001. A multiscale framework for landscape analysis: Object-specific analysis and upscaling. Landsc Ecol, 16: 471-490. doi: 10. 1023/A: 1013101931793.

Herold M, Mayaux P, Woodcock C E, et al. 2008. Some challenges in global land cover mapping: An assessment of agreement and accuracy in existing 1km datasets. Remote Sensing of Environment, 112: 2538-2556.

Heumann B W, Seaquist J W, Eklundh L, et al. 2007. AVHRR derived phenological change in the Sahel and Soudan, Africa. 1982-2005. Remote Sensing of Environment, 108: 385-392.

Heymann Y, Steenmans Ch, Croissille G. 1994. CORINE Land Cover. Technical Guide, Office for Official Publications of the European Communities (Luxembourg).

Hicks B R, Long D G. 2006. Diurnal Melt Detection on Arctic Sea Ice Using Tandem QuikSCAT and Sea Winds Data. Ieee International Geoscience and Remote Sensing Symposium, 2006: 4112-4114.

Hill R A, Granica K, Smith G M, et al. 2007. Representation of an alpine treeline ecotone in SPOT 5 HRG data. Remote Sens Environ 110: 458-467.

Hofierka J, Parajka J, Mitasova H, et al. 2002. Multivariate interpolation of precipitation using regularized spline with Tension. Transactions in GIS, 6 (2): 135-150.

Homan J W, Luce C H, McNamara J P, et al. 2011. Improvement of distributed snowmelt energy balance modeling with MODIS-based NDSI-derived fractional snow-covered area data. Hydrological Processes, 25 (4): 650-660.

Homer C, Dewitz J, Fry J, et al. 2007. Completion of 2001 National Land Cover Data base for the Conterminous United States. Photogrammetric Engineering and Remote Sensing, 73 (4): 337-341.

Homer C, Huang C Q, Yang L M, et al. 2004. Development of A 2001 National Land Cover Data base for the United States. Photogrammetric Engineering and Remote Sensing, 70 (7): 829-840.

Huang C, Davis L S, Townshend J R G. 2002. An assessment of support vector machines for land cover classification. International Journal of Remote Sensing, 23 (4): 725-749.

Huete A R, Didan K, Miura T, et al. 2002. Overview of the radiometric and biophysical performance of the MODIS vegetation indices. Remote Sensing of Environment, 83: 195-213.

Huete A R, Liu H R, Batchily K, et al. 1997. A comparison of vegetation indices global set of TM images for EOS-MODIS. Remote Sensing of Environment, 59: 440-451.

Hufkens K, Scheunders P, Ceulemans R. 2009. Ecotones in vegetation ecology: Methodologies and definitions revisited. Ecological Research, 24 (5): 977-986.

Jaagus J. 1997. The impact of climate change on the snow cover pattern in Estonia. Climatic Change, 36 (1-2): 65-77.

Jacoby G C, D'Arrigo R D, Davaajamts T. 1996. Mongolian tree rings and 20th-century warming. Science, 273: 71-773.

参 考 文 献

Jacquez G M, Maruca S, Fortin M J. 2000. From fields to object: A review of geographic boundary analysis. Journal of Geographical Systems, 2 (3): 221-241.

Joy S M. 2003. A non-parametric, supervised classification of vegetation types on the Kaibab National Forest using decision trees. International Journal of Remote Sensing, 24 (9): 1835-1852.

Jupp T E, Taylor C M, Balzter H, et al. 2006. A statistical model linking Siberian forest fire scars with early summer rainfall anomalies. Geophys Res Lett, 33: L14701.

Jönsson P, Eklundh L. 2002. Seasonality extraction and noise removal by function fitting to time-series of satellite sensor data. IEEE Transactions of Geoscience and Remote Sensing, 40 (8): 1824-1832.

Kang S, Running S, Lim J, et al. 2003. A regional phenology model for detecting onset of greenness in temperate mixed forests, Korea: An application of MODIS leaf area index. Remote Sensing of Environment, 86: 232-242.

Kavzoglu T, Mather P M. 2003. The use of backpropagating artificial neural network in land cover classification. International Journal of Remote Sensing, 24 (23): 4907-4938.

Kent M, Moyeed R A, Reid C L, et al. 2006. Geostatistics, spatial rate of change analysis and boundary detection in plant ecology and biogeography. Progress in Physical Geography, 30 (2): 201-231.

Klemas V V, Dobson J E, Ferguson R L, et al. 1993. A coastal land cover classification system for the NOAA coastwatch change analysis project. Journal of Coastal Research, 9 (3): 862-872.

Kobak K I, Turchinovich I Y, Kondrasheva N Y, et al. 1996. Vulnerability and adaptation of the larch forest in eastern Siberia to climate change. Water, Air and Soil Pollution, 92: 119-127.

Kucera J, Yasuoka Y, Dye D G. 2005. Creating a forest fire database for the Far East Asia using NOAA/AVHRR observation. International Journal of Remote Sensing, 26, 2423-2439.

Kulkarni A V, Mathur P, Rathore B P, et al. 2002. Effect of global warming on snow ablation pattern in the Himalaya. Current Science, 83 (2): 120-123.

Lambin E F, Geist H. 2006. Land Use and Land Cover Change Local Processes and Global Impacts. Berlin, Germany: Springer Press.

Lavalle C. 2002. Towards an Urban Atlas. Environment Issue Report 30. European Environment Agency (EEA). Copenhagen, Denmark: 36-42.

Lee W T. 1922. The Face of the Earth as Seen from the Air: A Study in the Application of Airplane Photography to Geography. New York: American Geographical Society, Special Publication 4.

Liang T, Huang X, Wu C, et al. 2008. An application of MODIS data to snow cover monitoring in a pastoral area: A case study in Northern Xinjiang, China. Remote Sensing of Environment, 112 (4): 1514-1526.

Liu J Y, Zhuang D F, Luo D, et al. 2003. Land cover calssification of China: Integrated analysis of AVHRR imagery and geophysical data. International Journal of Remote Sensing, 24 (12): 2485-2500.

Liu J, Liu M, Deng X, et al. 2002. The land use and land cover change database and its relative studies in China. Journal of Geographical Sciences, 12 (3): 275-282.

Liu J, Liu M, Tian H, et al. 2005. Spatial and temporal patterns of China's cropland during 1990-2000: An analysis based on Landsat TM data. Remote Sensing of Environment, 98 (4): 442-456.

Liu J, Zhuang D, Ling Y. 1998. Vegetation integrated classification and mapping using remote sensing and GIS techniques in Northeast China. Journal of Remote Sensing, 4: 285-291.

Los S O, Collatz G J, Bounoua L, et al. 2001. Global interannual variations in sea surface temperature and land surface vegetation, air temperature, and precipitation. J. Climate, 14: 1535-1549.

Lotsch A, Tian Y, Friedl M A, et al. 2003. Land cover mapping in support of LAI and FPAR retrievals from EOS-MODIS and MISR: Classification methods and sensitivities to errors. International Journal of Remote

Sensing, 24 (10): 1997-2016.

Loveland T R, Estes J E, Scepan J. 1999. Global land cover mapping and validation-foreword. Photogrammetric Engineering and Remote Sensing, 65 (9): 1011-1012.

Loveland T R, Reed B C, Brown J F, et al. 2000. Development of a global land cover characteristics database and IGBP DISCover from 1km AVHRR data. International Journal of Remote Sensing, 21: 1303-1330.

Matthews E. 1983. Global vegetation and land use: New high resolution data bases for limited studies. Journal of Climatology and Applied Meteorology, 22: 4742-487.

McCallum I, Obersteiner M, Nilsson S, et al. 2006. A Spatial Comparison of Four Satellite Derived 1km Global Land CoverDatasets. International Journal of Applied Earth Observation and Geoinformation, 8: 246-255.

McIntire E J B, Fortin M J. 2006. Structure and function of wildfire and mountain pine beetle forest boundaries. Ecogeography, 29 (3): 309-318.

Menzel A. 2000. Trends in phenological phases in Europe between 1951 and 1966. International Journal of Biometeorol, 44: 76-81.

Moulin S, Kergoat L, Viovy N, et al. 1997. Global-scale assessment of vegetation phenology using NOAA/AVHRR satellite measurements. Journal of Climate, 10 (6): 1154-1170.

Mucher C A, Steinnocher K T, Kressler F P, et al. 2000. Land cover characterization and change detection for environmental monitoring of Pan Europe. International Journal of Remote Sensing, 21 (6&7): 1159-1181.

Myneni R B, Keeling C D, Tucker C J, et al. 1997. Increased plant growth in the northern high latitudes from 1981-1991. Nature, 386: 698-702.

Noormets A. 2009. Phenology of ecosystem processes: Applications in global change research. New York, NY: Springer.

Novorotskii P V. 2007. Climate changes in the Amur River Basin in the Last 115 years. Russian Meteorology and Hydrology, 32 (2): 102-109.

Pal M, Mather P. 2002. A comparison of decision tree and backprogation neural network classifiers for land use classification. IEEE International Geoscience and Remote Sensing Symposium, 503-505.

Park H, Yabuki H, Ohata T. 2012. Analysis of satellite and model datasets for variability and trends in Arctic snow extent and depth, 1948-2006. Polar Science, 6 (1): 23-37.

Pelissier R, Goreaud F. 2001. A practical approach to the study of spatial structure in simple cases of heterogeneous vegetation. J Veg Sci, 12: 99-108.

Pereira J M C. 1999. A comparative evaluation of NOAA/AVHRR vegetation indexes for burned surface detection and mapping. IEEE Transactions on Geoscience and Remote Sensing, 37: 217-226.

Piao S L, Fang J Y, Ciais P, et al. 2009. The carbon balance of terrestrial ecosystems in China. Nature, 458: 1009-1014.

Pinty B, Verstraete M M. 1992. GEMI: A non-linear index to monitor global vegetation from satellites. Vegetatio, 101: 15-20.

Pitas I. 2000. Digital Image Processing Algorithms and Applications. New York: Wiley.

Potapov P, Hansen M, Stehman S, et al. 2008. Combining MODIS and Landsat imagery to estimate and map boreal forest cover loss. Remote Sensing of Environment, 112: 3708-3719.

Pulliainen J T, Grandell J, Hallikainen M T. 1999. HUT snow emission model and its applicability to snow water equivalent retrieval. Ieee Transactions on Geoscience and Remote Sensing, 37 (3): 1378-1390.

Richardson A D, Black T A, Ciais P, et al. 2010. Influence of spring and autumn phenological transitions on forest ecosystem productivity. Philosophical Transactions of the Royal Scociety B, 365: 3227-3246.

Robinson D A, Dewey K F, Heim R R. 1993. Global Snow Cover Monitoring-an Update. Bulletin of the American Meteorological Society, 74 (9): 1689-1696.

Roerink G J, Menenti M, Soepboer W, et al. 2003. Assessment of climate impact on vegetation dynamics by using remote sensing. Physics and Chemistry of the Earth, 28: 103-109.

Rutter N, Cline D, Li L. 2008. Evaluation of the NOHRSC snow model (NSM) in a one dimensional mode. Journal of Hydrometeorology, 9 (4): 695-711.

Salomonson V V, Appel I. 2004. Estimating fractional snow cover from MODIS using the normalized difference snow index. Remote Sensing of Environment, 89 (3): 351-360.

Salomonson V V, Appel I. 2006. Development of the Aqua MODIS NDSI fractional snow cover algorithm and validation results. IEEE Transactions on Geoscience and Remote Sensing, 44 (7): 1747-1756.

Schimel D, House J, Hibbard K, et al. 2001. Recent patterns and mechanisms of carbon exchange by terrestrial ecosystems. Nature, 414: 168-172.

Schulze E, Lloyd J, Kelliher F, et al. 1999. Productivity of forests in the Eurosiberian boreal region and their potential to act as a carbon sink-a synthesis. Global Change Biology, 5: 703-722.

Schwartz M D, Ahas R, Aasa A. 2006. Onset of spring starting earlier across the Northern Hemisphere. Global Change Biology, 12: 343-351.

Schwartz M D, Reed B C, White M A. 2002. Assessing satellite derived start-of-season measures in the conterminous USA. International Journal of Climatology, 22 (14): 1793-1805.

Shen Z, Yin R, Qi J. 2009. Land cover changes in Northeast China from the late 1970s to 2004 // Yin R. An Integrated Assessment of China's Ecological Restoration Programs. 55-67.

Sirikul N. 2006. Comparisons of MODIS vegetation index products with biophysical and flux tower measurements. PhD Dissertation, the University of Arizona.

Sukhinin A I, French N H F, Kasischke E S, et al. 2004. AVHRR-based mapping of fires in Russia: New products for fire management and carbon cycle studies. Remote Sensing of Environment, 93: 546-564.

Suzuki R, Nomaki T, Yasunari T. 2001. Spatial distribution and its seasonality of satellite-derived vegetation index (NDVI) and climate in Siberia. International Journal of Climatology, 21: 1321-1335.

Suzuki R, Nomaki T, Yasunari T. 2003. West-east contrast of phenology and climate in northern Asia revealed using a remotely sensed vegetation index. International Journal of Biometeorology, 47: 126-138.

Suzuki R, Tanaka S, Yasunari T. 2000. Relationships between meridional profiles of satellite-derived vegetation index (NDVI) and climate change. International Journal of Climatology, 20: 955-967.

Tait A B, Hall D K, Foster J L, et al. 2000. Utilizing multiple datasets for snow-cover mapping. Remote Sensing of Environment, 72 (1): 111-126.

Takala M, Luojus K, Pulliainen J, et al. 2011. Estimating northern hemisphere snow water equivalent for climate research through assimilation of space-borne radiometer data and ground-based measurements. Remote Sensing of Environment, 115 (12): 3517-3529.

Tang J, Wang L, Yao Z. 2008. Analyses of urban landscape dynamics using multi-temporal satellite images: A comparison of two petroleum-oriented cities. Landscape and Urban Planning, 87 (4): 260-278. doi: 10. 1016/j. landurbplan. 2008. 06. 011.

Tang J, Wang L, Zhang S. 2005. Investigating landscape pattern and its dynamics in Daqing, China. International Journal of Remote Sensing, 26 (8): 2259-2280.

Tchebakova N M, Parfenova E, Soja A J. 2009. The effects of climate, permafrost and fire on vegetaiton change in Siberia in a changing climate. Environment Research Letter. http://iopscience. iop. org/1748-9326/4/4/045013/fulltext. (accessed in 6 April).

Thonicke K, Venevsky S, Sitch S, et al. 2001. The role of fire disturbance for global vegetation dynamics: Coupling fire into a Dynamic Global Vegetation Model. Global Ecology and Biogeography, 10: 661-677.

Tuanmu M N, Viña A, Bearer S, et al. 2010. Mapping understory vegetation using phenological characteristics derived from remotely sensed data. Remote Sensing of Environment, 114: 1833-1844.

Turner B LÒ, Skole D, Fisher G, et al. Land Use and Land Cover Change: Science/ Research Plan. IGBP Report No. 35 and HDP Report No. 7. 1995, Stockholm and Geneva.

UMass. 2004. Landscape Ecology Program. http://umass.edu/landeco/research/fragstats/documents/conceptual%20Background/Background%2OC.html (last accessed on 26 December 2011).

van der Werf G R, Randerson J T, Collatz G J, et al. 2004. Continental-scale partitioning of fire emissions during the 1997 to 2001 El Nino/La Nina period. Science, 303: 73-76.

Vogelmann J E, Howard S M, Yang L M, et al. 2001. Completion of the 1990s national land cover data set for the conterminous United States from landsat: The matic mapper data and an cillary data sources. Photogrammetric Engineering and Remote Sensing, 67 (6): 650-662.

Wang J, He T, Zhou Q, et al. 2004. Developing land use/cover classification system based on remote sensing data in China. Remote Sensing for Environmental Monitoring, GIS Applicat ions and Geology VI, 5574: 52-60.

Wania F, Hoff J T, Jia C Q, et al. 1998. The effects of snow and ice on the environmental behaviour of hydrophobic organic chemicals. Environmental Pollution, 102 (1): 25-41.

Wardlow B D, Egbert S L, Kastens J H. 2007. An alysis of time series MODIS 250m vegetation index data for crop classification in the U. S. Central Great Plains. Remote Sensing of E- nvironment, 108: 290-310.

White J, Ryan K, Key C, et al. 1996. Remote sensing of forest fire severity and data for regional ecological analysis. International Journal of Applied Earth Observation and Geoinformation, 4: 161-173.

White L L, Zak D R, Barnes B V. 2004. Biomass accumulation and soil nitrogen availability in an 87-year-old Populus grandidentata chronosequence. Forest Ecology and Management, 191: 121-127.

White M A, Thornton P E, Running S W. 1997. A continental phenology model for monitoring vegetation responses to interannual climatic variability. Global Biogeochemical Cycles, 11: 217-234.

Wilson M F, Henderson Sellers A. 1985. A global archive of land cover and soils data for use in general circulation models. Journal of Climatology, 5: 119-143.

Womble W H. 1951. Differential systematics. Science 114: 315-322. doi: 10.1126/science.114.2961.315.

Wu W, Shibasaki R, Yang P, et al. 2008. Validation and comparisonof 1km global land cover products in China. International Journal of Remote Sensing, 29 (13): 3769-3785.

Wulder M, Boots B. 1998. Local spatial autocorrelation characteristics of remotely sensed imagery assessed with the Getis statistic. Int J Remote Sens, 19: 2223-2231.

Xiao J Y, Shen Y J, Ce J F, et al. 2006. Evaluating urban expansion and land use change in Shijiazhuang, China, by using GIS mid remote sensing. Landscape and Urban Planning, 75 (1-2): 69-80.

Xiao X, Boles S, Liu J Y, et al. 2002. Characterization of forest types in Northeastern China, using multi-temporal SPOT-4 VEGETATION sensor data. Remote Sensing of Environment, 82: 335-348.

Xu D, Yan H. 2001. A study of the impacts of climate change on the geographic distribution of Pinus koraiensis in China. Environment International, 27: 201-205.

Yu F, Price K, Ellis J, et al. 2003. Response of seasonal vegetation development to climatic variations in eastern central Asia. Remote Sensing of Environment, 87: 42-54.

Yue T X, Fan Z M, Liu J Y. 2007. Scenarios of land cover in China. Global and Planetary Change, 55:

317-342.

Zhan X, Sohlberg R A, Townshend J R G, et al. 2002. Detection of land cover changes using MODIS 250m data. Remote Sensing of Environment, 83: 336-350.

Zhang X Y, Friedl M A, Schaaf C B, et al. 2003. Monitoring vegetation phenology using MODIS. Remote Sensing of Environment, 84 (3): 471-475.

Zhang X Y, Shobha K, Brad. 2011. Estimation of biomass burned areas using multiple-satellite-observed active fires. IEEE Transactions on Geoscience and Remote Sensing, 49 (11): 4469-4482.

Zhang X, Friedl M, Schaaf C, et al. 2004. Climate controls on vegetation phenological patterns in northern mid-and high latitudes inferred from MODIS data. Global Change Biology, 10: 1133-1145.

Zhou L, Kaufmann R K, Tian Y, et al. 2003. Relation between interannual variations in satellite measures of northern forest greenness and climate between 1982 and 1999. Journal of Geophysical Research, 108: D1, 4004, doi: 10.1029/2002JD002510.

Zhou L, Tucker C, Kaufmann R, et al. 2001. Variations in northern vegetation activity inferred from satellite data of vegetation index during 1981—1991. Journal of Geophysical Research, 106 (d17): 20069-20083.